SANACIÓN CENTRADA EN EL ALMA

El Extraordinario Viaje de un Psicólogo
a las Dimensiones de las Sub-personalidades,
los Espíritus y las Vidas Pasadas

Thomas Zinser, Ed.D.

Derechos de autor 2010 por Thomas Zinser, Ed.D.

Todos los derechos reservados. Ninguna parte de esta publicación puede ser reproducida, almacenada en un sistema de recuperación, o transmitida, en cualquier forma o por cualquier medio, electrónico, mecánico, fotocopia, grabación, o de otra manera, sin el permiso previo por escrito del editor.

Libro de tapa blanda, ISBN 978-0-9834294-4-9

Publicado por
Union Street Press
2701 Union SE
Grand Rapids MI 49507

Traducido al Español por Karin Momberg

Dedicado a Jane

Contenidos

Prólogo vii
Agradecimientos xi
Introducción xiii

Primera Parte: Entre la Dimensión Física y la Espiritual 1
   Capítulo 1   Mundos Dentro de Otros Mundos 3
   Capítulo 2   Terapia de Estados del Ego 15
   Capítulo 3   En un Callejón sin Salida 27
   Capítulo 4   En la Frontera del Espíritu 37
   Capítulo 5   Se Abre una Puerta: El Encuentro con Gerod 47
   Capítulo 6   Espíritus Terrenales 63
   Capítulo 7   El Despertar 83

Segunda Parte: Sanando el Mundo Interior 103
Introducción 105
   Capítulo 8   A Través del Espejo 107
   Capítulo 9   La Parte Protectora de la Mente 121
   Capítulo 10 El Yo Superior 129
   Capítulo 11 Sanación Centrada en el Alma 141
   Capítulo 12 Estados del Ego: Los Seres Internos 151
   Capítulo 13 Mundos Internos 163

Tercera Parte: Dimensiones del Alma 173
Introducción 175
   Capítulo 14 Vidas pasadas: El Tejido de Historias del Alma 177
   Capítulo 15 Oscuridad y Maldad 193
   Capítulo 16 El Acuerdo 215
   Capítulo 17 El Poder de la Luz 237
   Capítulo 18 El Alma 247

Epílogo 259
Glosario 261
Notas 265
Bibliografía 269

Prólogo

Hay libros que se adelantan un poco a su época y otros que se adelantan mucho. Los primeros son más fáciles de evaluar porque, aunque van más allá de la sabiduría convencional, suelen dejar intacta una parte suficiente de esa sabiduría como para permitirnos evaluar el éxito o el fracaso de sus innovaciones. Los libros que se adelantan mucho a su época son mucho más difíciles de evaluar porque a menudo cuestionan los cimientos sobre los que nos apoyamos. Por eso suelen incomodarnos profundamente, incluso enfadarnos. No continúan la conversación que estábamos teniendo, sino que inician una nueva conversación en un nuevo territorio, importando nuevos supuestos que desafían la sabiduría convencional. *Sanación Centrada en el Alma*, de Thomas Zinser, es uno de esos libros. Es un libro importante que está muy adelantado a su época.

Zinser no está interesado en mantener la conversación que la mayoría de los psicólogos mantienen hoy en día, embelesados como están con la cartografía de los diversos correlatos neurológicos de la experiencia humana. En lugar de ello, en *Sanación Centrada en el Alma*, Zinser invita al lector a adentrarse en un paisaje experiencial espectacularmente amplio, un paisaje tan ajeno a la mente moderna que algunos lectores sencillamente se negarán a entrar, a pesar de las pruebas, a pesar de sus resultados clínicos positivos. Qué lástima que esto ocurriera, porque Zinser, en sintonía con otros terapeutas de orientación espiritual, nos está mostrando un nuevo continente.

La mente moderna dice que los seres humanos sólo viven una vez en la Tierra, pero en *Sanación Centrada en el Alma* los clientes de Zinser demuestran que la reencarnación es la regla. La mente moderna dice que, a menos que la psicopatología la destroce, el Yo habla con una sola voz, pero la *Sanación Centrada en el Alma* demuestra que el Yo es típicamente un coro de muchas voces y que la totalidad integrada es uno de los grandes logros de la vida.

La mente moderna dice que el mundo espiritual es una ilusión o una compensación o una hipótesis dudosa en el mejor de los casos, mientras que la *Sanación Centrada en el Alma* ofrece la comunión con la luminosa realidad espiritual como el bálsamo que cura las heridas más profundas de la vida.

Sin embargo, lo más sorprendente e innovador de *Sanación Centrada en el Alma* es el diálogo fundamental que lo puso en marcha y que subyace en cada página: un diálogo de quince años entre un terapeuta de formación universitaria e inclinación secular y un ser desencarnado llamado Gerod, canalizada por una compañera de trabajo. De este diálogo inusual surgió una colaboración clínica que moldeó los contornos de toda la vida profesional de Zinser. En sesiones casi semanales, Zinser le presentaba a Gerod sus casos más difíciles y Gerod lo aconsejaba, actuando como una especie de supervisor espiritual. En aras de la sanación, Gerod compartía lo que veía desde su perspectiva no física y ofrecía a Zinser sugerencias y estrategias que podía utilizar para eludir los diversos bloqueos que encontraba con clientes específicos. En este camino, Gerod inició a Zinser en un paisaje psicológico y espiritual muy diferente del que había asimilado en la escuela de posgrado. Pieza por pieza, Gerod le proporcionó un mapa detallado del funcionamiento del inconsciente, invitándolo a ponerlo a prueba en su práctica clínica, y eso es exactamente lo que hizo Zinser.

Semana tras semana, año tras año, Zinser iba y venía entre sus pacientes y sus conversaciones con Gerod, ampliando sistemáticamente sus conocimientos de la psique profunda. Bajo la tutela de Gerod aprendió a navegar por su costa, identificar a sus ciudadanos, negociar con sus guardianes y tratar con delicadeza a los más alborotados. Puso a prueba las sugerencias de Gerod para sacar a la luz recuerdos vivos de traumas pasados, liberar fragmentos del alma y devolver lo que se había perdido o, en algunos casos, robado. Durante años luchó contra las fuerzas que mantienen fragmentada la experiencia humana, encerrada en pliegues ocultos de dolor congelados en el tiempo, viviendo en las sombras, alejadas de la Luz. No se equivoquen, Zinser libraba una batalla, porque la oscuridad no cede su terreno sin dar la pelea. Este no es un libro para los débiles de corazón o para aquellos con una visión color de rosa sobre cómo alcanzar la plenitud espiritual. Es un libro que sigue el sufrimiento humano hasta su origen y plantea preguntas profundas sobre por qué la vida es como es. Sus respuestas son profundas, coherentes y conmovedoras.

Quienes estén familiarizados con la hipnosis reconocerán la considerable habilidad clínica de Zinser como hipnoterapeuta, y quienes estén familiarizados con la literatura sobre la terapia de vidas pasadas reconocerán la valentía de un clínico dispuesto a seguir a sus pacientes a un territorio que de otro modo no habría explorado. Sin embargo, lo que diferencia el estudio de Zinser es la profundidad de la perspectiva espiritual que emerge en su trabajo y la sutileza de su cartografía del alma. Para sanar a sus clientes, Zinser tenía que comprender las raíces del trastorno que se había apoderado de sus vidas y el tira y afloja de las fuerzas que forjan la voluntad humana. En este nivel profundo, la línea que separa al médico del metafísico se hace transparente. No se puede sanar sin cruzar a la realidad espiritual, sin abordar personalmente las poderosas fuerzas tanto de la Oscuridad como de la Luz.

En *Sanación Centrada en el Alma*, Zinser lleva a sus lectores a un viaje espiritual que se prolongó durante muchos años, a medida que iba atravesando el alma capa tras capa. En concisos capítulos salpicados de ricos relatos de casos extraídos de las notas que tomaba durante sesiones con sus clientes y de las transcripciones de sus conversaciones con Gerod, Zinser inicia al lector en los mismos misterios en los que él se inició. Nos hace sentir su confusión e incertidumbre, honrando la resistencia que acompaña a los grandes avances paradigmáticos. Por último, la validación de sus métodos y los conocimientos de Gerod residen en la salud y el bienestar emergentes de sus clientes: la *Sanación Centrada en el Alma*.

Los ya iniciados en la psicología espiritual probablemente encontrarán familiares los primeros capítulos, pero se verán ampliamente recompensados, y sospecho que sorprendidos, a medida que la trama se complica en los capítulos posteriores. Mucho más que un libro sobre terapia de vidas pasadas, *Sanación Centrada en el Alma* es una obra que explora los acuerdos espirituales fundamentales que enmarcan toda la experiencia humana. Es un viaje enriquecedor y gratificante, un libro muy adelantado a su época, y es de esperar que sea un libro cuyo tiempo ha llegado.

—Christopher M. Bache, PhD.
Autor de *Noche Oscura, Temprano Amanecer*.

Agradecimientos

Son tantas las personas que han participado en el desarrollo de Sanación Centrada en el Alma y en la creación de este libro que no podría nombrarlas a todas, entre ellos se encuentran mis clientes, amigos y familia. Son cientos de personas y me siento agradecido de cada una de ellas. Quisiera agradecer especialmente aquellos que me apoyaron con Sanación Centrada en el Alma en el comienzo. Entre ellos están: Grace, Beth, Laurel, Bob, Michele, Charlie, Kathy, Rilma, Mónica, Ed, Judy, dos Linda 'K', Don, Jodie, Jackie, Tricia, Lee, Mary Kay, Carol, Cathy, Andy, Jeff, Pat, and Bree.

Agradezco también a mis amigos que leyeron, editaron e hicieron sugerencias a lo largo de la redacción de este manuscrito. En especial quisiera agradecer a Christopher Bache, Michael Jamail, Michael Kivinen, David Fideler, Gary Breen, Chantal Allard, Alex Rachel, y Ralph Allison. Todos han contribuido a mejorar este libro.

Un agradecimiento especial a Katharine, que durante tanto tiempo mantuvo abierta la puerta a través de la cual Gerod y yo podíamos comunicarnos. Su dedicación a esta larga exploración estaba arraigada en su deseo de ayudar a los que sufren.

Estoy agradecido de Gerod y a los muchos otros seres de Luz que han ayudado de tantas formas. Un agradecimiento especial a Tinnabulation, Byron y Nattaranda. Finalmente, estoy agradecido de Jane, Aaron y Rachel, por su sacrificio y apoyo durante tantos años. Cada uno ayudó de diferentes maneras, y es su amor lo que tantas veces me ayudó a sostenerme. Las palabras no bastan.

Introducción

El laberinto es un lugar poderoso para sanarse de cualquier enfermedad o dolor, tanto si se cura la enfermedad como si no. Caminar con la enfermedad y el dolor puede invitar a la sanación al nivel más profundo posible, restaurando la relación correcta con la propia vida, con Dios, con el pasado, con el propio cuerpo, con las relaciones. —Melissa Gayle West, extracto de su libro *'Explorando el Laberinto'*

Nuevo Territorio
Este libro es una odisea hacia las dimensiones psíquicas y espirituales del Yo y de la realidad. Lleva al lector hacia un viaje a través de los límites de la conciencia ordinaria y a reinos que son a la vez extraños y familiares. A través de la mente de otros, es un viaje a nuestra propia mente y alma para comprender que no sólo somos seres físicos y psicológicos, sino también psíquicos y espirituales.

Sanación Centrada en el Alma cuenta la historia de mi trabajo como psicólogo clínico y una serie de acontecimientos extraordinarios que nos llevaron a mis clientes y a mí, más allá de los límites de la conciencia ordinaria y nos permitieron trabajar en niveles inusualmente profundos de la mente y el alma. Este trabajo condujo a una cartografía sin precedentes de estas dimensiones internas y a un método de sanación que puede beneficiar a otros. El propósito de este libro es compartir este conjunto de conocimientos y el modelo de sanación que surgió de él.

El elemento extraordinario de esta historia es la información que recibí de una entidad espiritual llamada Gerod. Esta información se refería tanto a los clientes con los que yo trabajaba como a las dimensiones psíquicas y espirituales de la realidad en general. Recibí esta información y orientación a través de una forma de comunicación espiritual llamada canalización.

La canalización es un fenómeno en el que una persona permite temporalmente que una entidad espiritual se comunique a través de ella, ya sea verbalmente o por escrito. Es como si la persona fuera capaz de 'hacerse a un lado' y permitir que otra entidad consciente controle ciertas funciones del cuerpo para comunicarse.

La canalización es un fenómeno controvertido en nuestra cultura occidental, dominada por la ciencia empírica. La controversia es la misma que rodea a muchos otros fenómenos psíquicos y espirituales de los que oímos hablar y sobre los que leemos: *la visión remota, los viajes fuera del cuerpo, la precognición y la comunicación con los muertos*, por nombrar algunos. En el fondo, la controversia cuestiona si las dimensiones psíquicas y espirituales son reales. La canalización, por definición, afirma que son reales.

Numerosos libros, antiguos y modernos, afirman ser información canalizada. La serie *Habla Seth*, de Jane Roberts, *Un Curso de Milagros*, de Helen Schucman y William Thetford, y la serie *Conversaciones con Dios*, de Neil Donald Walsh, son los ejemplos más recientes y conocidos de material canalizado. Muchas personas de nuestra cultura aceptan la canalización y este tipo de obras, incluida la Biblia, como un fenómeno válido y una fuente de conocimiento espiritual. Sin embargo, también hay muchas personas en nuestra cultura occidental que ven el contenido de estos libros como ficción, productos de la imaginación humana o, peor aún, como delirios o fraudes descarados.

Lo que resultó ser único y crucial en mi colaboración con Gerod era que su información podía ser probada. Gerod me dio información sobre clientes específicos y sobre fenómenos psíquicos y espirituales particulares que podían ser explorados en sesiones de terapia a lo largo del tiempo, y comprobados independientemente con cada cliente. Esta posibilidad de verificación me llevó a incluir a Gerod como fuente de información y orientación en mi enfoque terapéutico. Después de descubrir el tipo de información que Gerod podía ofrecer, y la posibilidad de verificación clínica, comencé una colaboración activa con Gerod y mis clientes.

Los beneficiarios de la información de Gerod eran las personas con las que yo estaba trabajando. Su información conducía sistemáticamente a la resolución de los bloqueos, impasses e interferencias que encontraba con tantos clientes cuando trabajaba en los niveles inconscientes. Además del beneficio inmediato para cientos de clientes, esta colaboración que duró catorce años también condujo a una exploración sistemática y científica de estos reinos psíquicos y espirituales. Fue una exploración hacia mundos internos mucho más complejos, vivos y estratificados de lo que jamás hubiera imaginado.

Aunque Gerod es un elemento extraordinario en esta historia, no es su eje central. La idea central de la historia es que las dimensiones psíquicas y espirituales son reales y que existimos en ellas de una forma tan real como en el mundo físico. La sanación es el foco central del libro. Hay fenómenos, condiciones, entidades y fuerzas que existen en estos niveles inconscientes que causan dolor, conflicto y miedo. Sanación Centrada en el Alma es un método que ayuda a la persona a acceder y trabajar en estos niveles de la mente y el alma para resolver miedos, percepciones erróneas y bloqueos que mantienen a una persona afligida.

Presentaré otros aspectos de la mente que son a la vez conscientes y perceptivos, pero que son independientes de la mente consciente, y que funcionan, para bien y para mal, a niveles inconscientes. Escribiré sobre las fuerzas psíquicas y espirituales que operan en estos niveles, fuerzas que pueden afectarnos, y de hecho lo hacen, mental, emocional e incluso físicamente. También escribiré sobre el fenómeno de los espíritus: si existen y si hay un punto de contacto mediante el cual las almas desencarnadas pueden interactuar con una persona. Éstos son los temas y fenómenos centrales de esta historia. Este viaje de descubrimiento no podría haberse realizado sin la participación de Gerod, pero los hallazgos sobre estas dimensiones psíquicas y espirituales son el punto central de la historia y se sostienen por sí mismos. Estos hallazgos también son los que serán verificados o no por otros terapeutas.

Dos Puntos de Vista

Antes de comenzar el relato, es necesario abordar dos temas. Ambos tienen que ver con las limitaciones de percepción y lenguaje a las que nos enfrentamos siempre que intentamos abordar las realidades psíquicas y espirituales. Este libro no es una excepción. Uno es un tema cultural, la otra personal. El primero tiene que ver con las limitaciones de nuestra cultura occidental a la hora de abordar las realidades no físicas -o metafísicas-. Vivimos en una cultura dominada por la ciencia empírica como árbitro de lo real. Si algo no puede reducirse a sus componentes físicos, probarse y medirse, entonces no es real. El resultado es que no reconocemos oficialmente las realidades psíquicas y espirituales, ni tenemos un lenguaje común para hablar de ellas.

La ciencia empírica se ha ganado su autoridad y control en nuestra cultura gracias al extraordinario éxito de las ciencias naturales y físicas para explicar nuestra realidad física. Estas explicaciones han sido y siguen siendo validadas por las tecnologías altamente avanzadas que hemos creado basándonos en ellas. Y funcionan. Consideremos el hecho de que vivimos en una cultura que está al borde de la nanotecnología, la medicina de células madre y la ingeniería genética a gran escala. En algún momento, y en gran parte debido a este éxito, la ciencia empírica y sus métodos se han convertido en la norma de nuestra cultura para juzgar si algo es real o no.

El problema es que los fenómenos psíquicos y espirituales -incluida la canalización- cuestionan y contradicen lo que la ciencia empírica dice que es cierto. El empirismo se basa en el supuesto fundamental de que la materia es la base de la realidad. Si las dimensiones psíquicas y espirituales son reales, el empirismo se verá obligado a abandonar su supuesto más básico. Se cuestionaría todo. Sería un juego completamente nuevo. La ciencia tendría que encontrar un nuevo terreno y desarrollar nuevos métodos para conocer estos reinos no físicos y cómo se interconectan con lo físico.

Quiero reconocer de antemano este problema de paradigmas para que no se convierta en una distracción o impedimento para el lector. Viniendo de un punto de vista empírico, uno puede tener la sensación de estar constantemente intentando meter clavijas cuadradas en agujeros redondos. No pretendo que los fenómenos sobre los que leerás en este libro acaben demostrándose empíricamente. No sé si lo serán, ni siquiera si pueden serlo. (Es más probable que cambie nuestra idea de lo *empírico*.) Sin embargo, sí afirmo que los fenómenos psíquicos y espirituales son reales y que pueden afectarnos, y de hecho lo hacen, de manera significativa. Desde mi punto de vista, el problema no es si pueden demostrarse empíricamente, sino más bien, si son reales, ¿cómo los entendemos y hablamos de ellos?

Este libro pide al lector que salga temporalmente del paradigma de la ciencia empírica y deje de lado sus exigencias de demostración y prueba físicas. En su lugar, se centrará en los fenómenos psicológicos, psíquicos y espirituales que forman parte de la experiencia humana y que, cuando se estudian en sus propios términos, revelan dimensiones de la conciencia y la realidad que van más allá de lo físico. Tenemos que aplicar una medida diferente. Son dimensiones que no se rigen por las leyes de la materia, sino de la conciencia.

Para el empirista, la pregunta de fondo en este libro es si estos fenómenos, y lo que implican, son reales y verdaderos. Una vez contada la historia, el lector puede volver a poner en juego el paradigma empírico y llegar a sus propias conclusiones sobre estos fenómenos y la realidad más amplia que implican.

El Terreno de la Experiencia

Además de las limitaciones de nuestro paradigma occidental, hay un segundo asunto aún más problemático al tratar con las realidades psíquicas y espirituales. Tiene que ver con el cambio de percepción que se requiere de una persona para conocer y experimentar estas realidades. Podemos creer que estas dimensiones existen, o pensar y hablar de ellas intelectualmente, pero conocerlas a través de la experiencia implica un cambio en la percepción y la conciencia.

La situación es análoga a esas imágenes del *Ojo Mágico* en 3D que se venden en todos los centros comerciales. La imagen parece una manta llena de colores y diseños. Sin embargo, si enfocas de la forma adecuada, tu percepción cambia de repente y ves objetos y figuras tridimensionales. Sin embargo, tienes que cambiar tu enfoque o no verás esta otra dimensión. Una vez que experimentes el cambio de percepción, te resultará fácil cambiar tu visión de una perspectiva a otra. Percibir las realidades psíquicas y espirituales es como la imagen del *Ojo Mágico*. Implica un cambio perceptual. Sin embargo, a diferencia de la imagen del *Ojo Mágico*, se trataría de un cambio de una realidad tridimensional a una multidimensional.

Conocemos este tipo de cambio por el término "*conversión*". Normalmente, escuchamos el término en el contexto de una conversión religiosa, una experiencia de renacimiento. Este tipo de conversión suele hacer hincapié en la adhesión del converso a los principios y creencias de una religión concreta. Sin embargo, la *conversión* debe entenderse en un sentido mucho más amplio, como un fenómeno humano experimentado por personas de distintas culturas y a lo largo del tiempo. Aquí se hace énfasis en la experiencia en sí y en la alteración de la percepción y la conciencia de una persona. El elemento consistente en estos informes es el conocimiento declarado o implícito por parte de la persona sobre un orden superior o mayor de la realidad.

El problema es que quienes no han experimentado este cambio de percepción no tienen una base experiencial sobre la cual juzgar las afirmaciones de quienes sí lo han hecho. Carl Jung, el psiquiatra suizo, decía que esta dicotomía es la que separa a las personas. "Uno dice que ha tenido una experiencia religiosa, el otro que no, y ahí se acaba la conversación". Estoy seguro de que hay muchas razones por las que alguien hace este cambio y otro no. Creo que tiene que ver con una mezcla de los temas conocidos como: naturaleza, crianza y providencia.

El desafío de escribir este libro sobre las realidades psíquicas y espirituales consistió en encontrar un terreno y lenguaje en común con el cual abordar ambos puntos de vista. Al principio, intenté escribir este libro como un científico objetivo. Iba a ser una presentación intelectual de mis descubrimientos. Intentaba contar la historia desde fuera. Lo que complicaba aún más el reto era saber que, incluso entre quienes ya sabían o creían que estos reinos existían, seguía sin haber un lenguaje y un marco referencial para hablar de ellos. No podía dar por sentado que mi lenguaje y mis términos serían los mismos que los del lector.

Al final, me di cuenta de que tenía que contar la historia de adentro hacia afuera. Sólo introduciendo al lector en la historia clínica, donde estos fenómenos fueron descubiertos y tratados, podría ofrecer un terreno común para ambos puntos de vista. Esto incluye la base experiencial para aquellos que aún no están seguros de estas realidades invisibles, y un contexto para comunicar claramente el significado de los términos para aquellos que tienen su propio lenguaje y conceptos.

Este libro pide al lector que se ponga temporalmente en el lugar de un profesional clínico y siga el curso de la investigación a medida que pasa de un problema o fenómeno clínico al siguiente, y se expande de un nivel de comprensión a niveles cada vez más profundos. Todo el mundo ha sido clínico en algún momento de su vida. ¿Quién no se ha encontrado con problemas, ha tenido que dar un paso atrás y tratar de determinar las causas y buscar posibles soluciones? Toda investigación clínica tiene su lógica, y ésta también la tenía. Espero que al dar al lector este contexto clínico, pueda mostrar dónde se ancla el conocimiento de estos reinos en la experiencia. Además, al definir los distintos términos en el contexto de la experiencia humana, espero que mi lenguaje sobre estas realidades sea claro y comprensible para el lector.

Este libro narra mi investigación de las realidades psíquicas y espirituales centrándose en fenómenos clínicos, acontecimientos y conocimientos específicos que representaron un avance significativo en la investigación. Cada capítulo puede considerarse una viñeta independiente con su propio tema o enfoque. Sin embargo, cada viñeta se basa en los capítulos anteriores a medida que la historia pasa de una perspectiva centrada en el ego a otra centrada en el alma.

Al final del libro, el lector encontrará un glosario al que puede recurrir como referencia rápida para encontrar el significado de algunos términos centrales. Además, la ilustración de la página siguiente es un modelo visual del mundo interior que se presenta en este libro. Creo que puede ser útil que la veas al principio, aunque su significado sólo se aclarará más adelante.

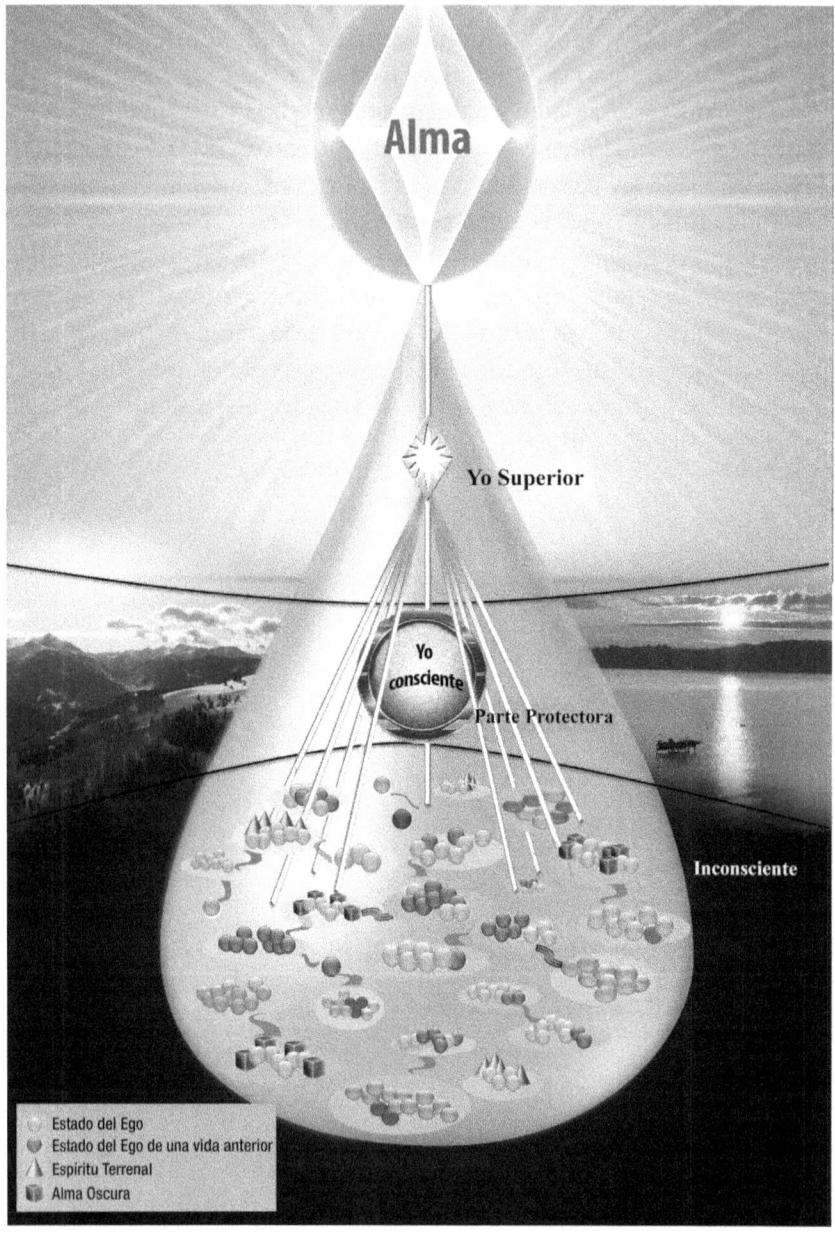

Primera Parte
Entre la Dimensión Física y la Espiritual

1

Mundos Dentro de Otros Mundos

El materialismo científico no tiene derecho a reclamar para sí la verdad absoluta, porque al examinar el mundo de una manera supuestamente objetiva pasa por alto el hecho de que el examen lo realiza, sin duda, una entidad no objetiva: un ser humano individual. Lo subjetivo forma parte inseparable de la experiencia. Por muy cómodo que sea hacerlo, la ciencia no puede separar el "yo" del "ello". —William James.

Paula Dos
Cuando acepté a Paula como cliente, no sabía que tenía personalidad múltiple. Paula tampoco lo sabía. Era el año 1982 y yo acababa de renunciar a mi puesto de psicólogo en un hospital psiquiátrico local. Llevaba unos seis meses en la práctica privada cuando una mujer de la iglesia de Paula me recomendó. Paula tenía treinta y pocos años y buscaba tratamiento debido a su creciente ansiedad y depresión en los meses posteriores a la muerte de su padre. Había dejado lo que parecía ser un puesto de éxito en una empresa nacional para volver a casa con su madre. Cuando la vi, Paula estaba muy deprimida y parecía haber perdido todo deseo de restablecer su estilo de vida independiente. Por el contrario, su depresión y ansiedad amenazaban con dominarla por completo.

Las primeras semanas que pasé evaluando la situación de Paula se convirtieron rápidamente en seis meses. Paula tenía tantas crisis emocionales, dolencias médicas y obstáculos en general, que nunca pudimos llegar al meollo de las cosas. Siempre estábamos tratando de apagar incendios en distintos frentes.

A medida que la terapia de Paula continuaba, empecé a encontrar una fuerte resistencia a causa de sus miedos y defensas. Tenía muy pocos recuerdos de su vida antes de los trece años, y cuanto más intentábamos explorar este período, más ansiosa se ponía Paula. Había rechazado con vehemencia la hipnosis como herramienta para acceder a los recuerdos. Parecía tener miedo de recordar, y esto en sí mismo era un indicio de que había algo que temía.

Le recomendé a Paula que probáramos un paso intermedio. Le sugerí que utilizáramos la *Imaginería Afectiva Guiada (IAG)* como una forma segura de explorar el terreno interior de sus recuerdos y sentimientos. La IAG es una técnica en la que el cliente, en un estado de relajación, recibe una serie de palabras, una por una, y se le pide que elabore una imagen para cada una de ellas. La primera imagen, por ejemplo, es *La Pradera*. Una vez que el cliente ha entrado en cierto nivel de relajación, el terapeuta le sugiere que se imagine a sí mismo en una pradera. Aparte de la palabra "pradera", el terapeuta no hace ninguna otra estipulación o sugerencia. La pradera en sí, en todos sus detalles, es creación del propio cliente, y es a través de esa creación que el material personal del cliente comienza a presentarse inmediatamente. Una vez que la persona ha podido desarrollar la sensación de "estar allí", el terapeuta le pide que mire a su alrededor y cuente lo que ve. A partir de ese momento, se desarrolla la fantasía. La persona puede ver un edificio a lo lejos, o un grupo de hombres a caballo que vienen hacia ella, o puede ver una mancha oscura de tierra donde todo ha muerto. En su ensayo sobre Imaginería Afectiva Guiada, Hanscarl Leuner describe el uso terapéutico de las imágenes y la fantasía una vez que el cliente ha podido entrar en un estado de relajación.

> El objeto de la fantasía se vuelve considerablemente más vívido; aumenta en color y plasticidad, se convierte en un objeto tridimensional y se sitúa en un entorno por el que el sujeto puede pasear alrededor de la casa imaginaria y observar la parte trasera de la misma. En otras palabras, . . . un mundo cuasi-realista y perceptible se desarrolla en la conciencia del sujeto o paciente. Éste puede moverse libremente en este mundo de fantasía óptica, aunque siempre es consciente de que se encuentra en un estado artificialmente fomentado por el

terapeuta y que, por lo tanto, las cosas que percibe en su ensoñación no representan la realidad. (1)

La persona fantasea su propio mundo basándose en estas imágenes y luego es libre de interactuar, recrear o transformar lo que está ocurriendo. Es como la realidad virtual: no es exactamente igual, pero en cierto modo se parece mucho.

Después de que Paula y yo habláramos largo y tendido sobre esta técnica, finalmente accedió a probarla en nuestra siguiente sesión. Sin embargo, esa sesión no tuvo lugar. La próxima vez que nos vimos, la ansiedad de Paula era tan intensa que le sugerí que simplemente probara un breve período de relajación con los ojos cerrados. Le dije que esto sería bueno como un primer paso y como preparación para la visualización guiada.

Hicieron falta varias sesiones, pero Paula por fin fue capaz de imaginar la pradera y luego, en su imaginación, fue capaz de entrar mentalmente en la pradera y describirla. El proceso fue lento. Tenía tanto miedo de perder el control que me obligué a ir más despacio de lo que creía necesario. En las sesiones posteriores, Paula se sintió más cómoda con el procedimiento de visualización y trabajamos con dos imágenes más. Todo parecía ir bien hasta que llegamos a la imagen de *La Casa*. Paula estaba recorriendo su casa imaginaria habitación por habitación cuando, de repente, gritó y empezó a asustarse. Se agarró a los brazos de la silla y le costaba respirar. Inmediatamente, le dije que se concentrara en mi voz. La tranquilicé, la ayudé a calmar la respiración y, poco a poco, la ayudé a salir de la imaginación y volver a la conciencia cotidiana. Cuando lo hizo, Paula me dijo que se había encontrado cara a cara con alguien que se parecía a ella, pero más joven, quizá de unos veinte años. Luego me dijo que la joven también se llamaba Paula.

Este encuentro cambió el curso de la terapia. El problema inmediato era si Paula permitiría que esta otra 'Paula' se comunicara. La perspectiva era aterradora para Paula. Dijo que era como si siempre lo hubiera sabido, que había otra persona, pero que nunca lo había reconocido, ni siquiera a sí misma. Ahora se había encontrado cara a cara con ella.

Al final, Paula accedió a entrar de nuevo en la relajación (siempre y cuando no la llamáramos hipnosis) y permitir que esta otra Paula se presentara si lo deseaba. En la primera sesión en la que lo intentamos,

'Paula Dos' se presentó. Obviamente había cierta disposición por parte de alguien para abrir esta puerta, y cuando Paula Dos se presentó directamente, quedó claro que ella estaba a cargo.

La transformación me tomó por sorpresa. De repente me encontré con una versión de Paula, segura de sí misma, aguda y enérgica. Dijo que se llamaba Paula, y acordamos que la llamaríamos Paula Dos.

En la media hora siguiente, me contó cosas sobre el pasado de Paula de las que Paula no tenía ningún recuerdo. También dijo que ella era la punta del iceberg, y que había muchos otros dentro además de ella. Parecía tener también una gran perspicacia sobre la vida actual de Paula. Paula Dos era algo condescendiente con Paula, pero al mismo tiempo parecía aceptarla. También me dijo que estaba impidiendo que Paula escuchara nuestra conversación.

Esta fue mi primera experiencia con un alter de la personalidad*. Llevaba dos años trabajando con Paula y la conocía bien. Conocía sus patrones de habla, sus gestos y sus patrones emocionales. También sabía mucho sobre su forma de pensar. Al escuchar a Paula Dos, me di cuenta de que ella tenía su propia identidad y un centro de conciencia distinto al de Paula. Según los relatos de Paula Dos, realmente parecía haber aquí algún tipo de mundo interno presente operando tras bambalinas. No podría decir qué tan amplia era la separación entre Paula y Paula Dos, pero desde mi punto de vista, parecía significativa. A juzgar también por la capacidad de Paula Dos para asumir la conciencia y controlar el cuerpo, este mundo interior probablemente desempeñaba un papel muy importante en la vida de Paula.

Consideré el descubrimiento de Paula Dos, y de las otras subpersonalidades a las que se refería, como un gran avance en el tratamiento de Paula. Era como si hubiéramos encontrado las piezas que faltaban. Aparentemente, estas personalidades sabían lo que había sucedido en su pasado, y hablar con ellas ofrecía la promesa de que Paula podría conocer por fin la verdad sobre sí misma. Al traerlas para que compartieran sus historias, esperaba que Paula pudiera reunir las piezas que faltaban en su vida. Creía que, si esto sucedía, Paula podría finalmente empezar a dejar atrás tanto dolor y trauma del pasado y comenzar una verdadera sanación. Desde un punto de vista terapéutico,

---

* Utilizaré la palabra 'alter' para referirme a lo que llamamos alter de la personalidad.

sólo parecía haber una manera de proceder. Paula y yo estábamos de acuerdo en que esas partes de ella necesitaban contar sus historias.

Personalidades Múltiples

Conocer a Paula Dos me puso en contacto con un mundo del que sabía muy poco en 1983. Nada de lo que había leído u oído sobre las sub-personalidades me preparó para la experiencia en sí. Paula Dos no era un recorte unidimensional que a veces sustituía a Paula para ocuparse de un problema y luego volver a marcharse. Al contrario, se comportaba como una persona compleja por derecho propio. Insistió en que se la tratara con el mismo respeto y consideración que a Paula. A simple vista, era obviamente un factor importante en la vida de Paula. Paula Dos era consciente de su propia identidad. Tenía recuerdos y hablaba de sí misma y de su pasado, incluyendo acontecimientos y experiencias de los que Paula no tenía conciencia. Me contó cosas sobre el funcionamiento inconsciente de Paula que tenían mucho sentido. Finalmente, como demostró en nuestras sesiones, Paula Dos era capaz de tomar el control del cuerpo y estar plenamente presente en la realidad consciente. Parecía tener una mente propia. Escuchándola describir su vida, uno podría conceder que ella tenía más historia y vida que Paula. Y hasta hace poco, Paula Dos había vivido sin que Paula estuviese consciente de ella.

Desde que nos conocimos, creí que Paula Dos era la clave en la terapia de Paula. También supuse que si comprendía cómo había llegado a existir Paula Dos y cómo funcionaba, obtendría nuevos conocimientos sobre la mente. ¿Qué tenía exactamente Paula Dos, por ejemplo, que le permitía estar consciente al mismo tiempo que Paula? ¿Cómo podía instantáneamente, aparentemente a la velocidad del pensamiento, bloquear las emociones o la conciencia de Paula? ¿Qué determinaba que una u otra estuvieran "fuera"?

También supuse que algún tipo de integración de ambas sería lo mejor para Paula. Sin embargo, no sabía exactamente qué significaría el resultado de tal integración, ni siquiera pensé en ello de forma muy detallada. Desde mi punto de vista, se suponía que era una sola identidad, una sola mente, un solo cuerpo. Supuse que, en última instancia, la vida de Paula sería mejor si incorporaba a Paula Dos.

Una vez que los álteres comenzaron a aparecer, tuve que depender de Paula Dos y de las otras para que me contaran sus historias y lo que sabían sobre el pasado de Paula, sobre el mundo interior y cómo funcionaba. Actuaban como personas y yo hablaba con ellas como personas. Tenían conciencia de sí mismas; cada una tenía su propia identidad; y eran capaces de actuar independientemente de Paula, el Yo consciente. Además, muchos de estos álteres, aunque no todos, eran conscientes de Paula y de su realidad consciente.

Estos álteres eran capaces de intervenir en el mundo consciente de Paula de diversas maneras. Un alter, por ejemplo, podía desviar deliberadamente una línea de pensamiento antes de que Paula le prestara demasiada atención y posiblemente comenzara a recordar una experiencia traumática. Un alter podía incluso tomar el lugar de Paula en la realidad consciente si ella se asustaba demasiado, o si otros en su interior decidían que ella no podía manejar una situación. Paula Dos afirmó que esto le ocurría a menudo.

En el supermercado, por ejemplo, cuando Paula se sintió herida por el comentario insensible de una cajera, Paula Dos salió al frente. Controló la situación al instante, antes de que los sentimientos heridos de Paula pudieran desencadenar otros recuerdos o sentimientos que pudieran hacerla entrar en pánico. Paula Dos detuvo las emociones, actuó como si nada hubiera pasado y se volvió muy formal y breve con la cajera. Paula, mientras tanto, no volvió a ser consciente hasta que estuvo en la puerta del coche con las llaves en la mano.

Mi problema inmediato tras conocer a Paula Dos y tomar conciencia de las personalidades múltiples fue el torrente de información que me inundó. Muchos de los álteres estaban dispuestos a hablar conmigo cuando sabían que estarían a salvo. Sin embargo, cada uno de ellos tenía sus propias experiencias, sentimientos y recuerdos, y a menudo sus propias agendas. Una personalidad podía necesitar toda una hora de terapia, o incluso más, para trabajar sus experiencias y emociones.

Empecé a conocer muchos álteres, y hablé con cada uno de ellos, al menos brevemente, para hacerme una idea preliminar de quiénes eran y dónde podían encajar en el mundo interior de Paula. Fue como tener veinte clientes nuevos en varios meses. Veinte relaciones nuevas para comenzar y veinte historias nuevas que aprender. ¡Y todo en una hora a la semana! Fue muy lento. El lado positivo, sin embargo, fue que me dio tiempo para estudiar en qué consistía este fenómeno.

Disociación

Mis propias lecturas y la consulta con varios colegas me ayudaron a llegar a ciertos conocimientos básicos sobre el Trastorno de Personalidad Múltiple y sobre los enfoques terapéuticos que parecían más eficaces. Los álteres se consideraban estados psicológicos creados por la mente como defensa contra el dolor intolerable, el shock o el trauma. El término psicológico para esta defensa es *disociación*. A través de este proceso de disociación, la conciencia del Yo consciente se separa de la experiencia inmediata. En su lugar, se crea un alter que asume el rol de la conciencia y la responsabilidad de la supervivencia en el mundo. El propósito del alter es ser y hacer lo que la situación requiera para sobrevivir.

El problema es que los álteres siguen existiendo una vez superado el trauma. De hecho, continúan la defensa conteniendo el trauma y manteniéndolo separado de la personalidad consciente. La ignorancia, sin embargo, no es felicidad.

La persona paga un precio doble por esta protección continua. En primer lugar, la persona vive en una realidad fragmentada que la hace sentirse vulnerable, ansiosa y confusa la mayor parte del tiempo. En segundo lugar, los álteres adquieren vida propia. Crean un mundo en la sombra, por así decirlo, en el que siguen afectando a la personalidad consciente y, en ocasiones, toman el control de ésta.

En el tratamiento del Trastorno de Personalidad Múltiple, hay dos objetivos básicos. El primero, y normalmente más inmediato, es ayudar al cliente a establecer una mayor estabilidad en su mundo cotidiano. La fragmentación interna del TPM suele provocar crisis y conflictos en el mundo exterior de las relaciones interpersonales, el trabajo y la satisfacción de las necesidades diarias. En la terapia, esto significa descubrir el sistema interno de los álteres. ¿Quién se encarga de qué y quién puede anular a quién? La idea es que el tratamiento sea un trabajo de equipo y que las distintas personalidades se pongan de acuerdo sobre asuntos tales como: no hacer daño al cuerpo, dejar que los demás "salgan" a determinadas horas y no interferir en el horario de trabajo de la persona.

Este primer objetivo es más práctico. Tiene que ver con la estructura de poder interna y con ayudar al cliente a ser consciente de ella para poder trabajarlo. Conocer la estructura de poder interno, por ejemplo, es importante para saber qué álteres pueden tomar el control en caso de emergencia, o cuáles son los más propensos a causar conflictos, o quién podría solucionar los problemas cuando las cosas salen mal.

El segundo y principal objetivo del tratamiento del Trastorno de Personalidad Múltiple es sanar la fragmentación. Sin embargo, esto requiere una comprensión más profunda del sistema interno y lleva mucho más tiempo. Implica trabajar con cada uno de los álteres para que compartan su experiencia con el Yo consciente y puedan liberar su dolor y angustia. En el proceso, el Yo consciente recupera y empieza a integrar las piezas que faltan en su vida.

Al hacer conscientes los recuerdos, el alter ya no necesita mantener su experiencia separada del Yo consciente. La disociación, entonces, puede empezar a resolverse y, teóricamente, el alter puede integrarse. Esto se puede imaginar como una especie de proceso de fusión en el que el alter se mezcla con el Yo consciente. También se cree que cualquier área de funcionamiento que realice el alter puede ser incorporada y asumida por el Yo.

Esto me resultaba familiar. Una gran parte de la psicoterapia consiste en ayudar al cliente a realizar este tipo de trabajo. Es Freud básico.

Su idea fundamental era que las experiencias traumáticas, normalmente de la infancia, podían reprimirse y convertirse en una fuente inconsciente de dolor, conflicto o enfermedad. Freud descubrió que, al traer estas experiencias a la conciencia, una persona podía sentir alivio y una resolución de sus síntomas y angustia. El proceso se denomina *abreacción*. La teoría es que la sanación se produce cuando una persona experimenta una liberación emocional e integra la experiencia a través del recuerdo, la abreacción y la narración.

Me suscribí a este principio y fue una guía básica en mi práctica de la psicoterapia. La diferencia, sin embargo, con respecto al TPM era la disociación, más que la represión, de la experiencia, y la extrema autonomía y habilidad que los álteres ejercían en el control de la mente consciente.

Las Profundidades de la Fragmentación

El mayor problema al tratar a Paula era que su mundo interior era mucho más complejo y extenso de lo que ninguno de nosotros conocía. Con el paso de los meses se hizo evidente que había muchas más personalidades de las que ni siquiera Paula Dos y los demás habían sido conscientes. Había que hacerse las mismas preguntas con cada una de ellas. ¿Qué papel desempeñaban para el Yo? ¿Qué recuerdos guardaban? ¿Con qué frecuencia salían? ¿Qué les impulsaba a salir o a tomar el control? ¿Qué poder o influencia ejercían sobre la mente consciente? Siempre me encontraba en la posición de no saber qué esperar, o con quién podría encontrarme de una sesión a otra.

A medida que iba conociendo los diferentes álteres, también se hizo evidente que formaban diferentes sistemas y subgrupos dentro del mundo interior de Paula. Algunos de ellos se conocían entre sí y otros no. Tratar de entender cómo interactuaban estos subgrupos -no sólo con Paula, sino también entre sí-agregó un nuevo nivel de complejidad tanto clínica como teórica. Paula y yo tratamos de mantener un mapa de su mundo interno a medida que surgían las diferentes personalidades y grupos, pero siempre fue un trabajo en progreso, que tenía que ser revisado y redibujado a medida que avanzábamos.

En términos de una analogía moderna, trabajar con Paula era como estar en una 'sala de chat de Internet'. El término se refiere a un sitio en Internet en el que muchas personas, cada una con un ordenador, están presentes en tiempo real y se comunican entre sí directamente. En una sala de chat, aunque no puedes ver quién está allí, tienes una lista de nombres en la esquina de la pantalla de tu ordenador indicando quién está presente.

Con el tiempo, llegas a saber quién está detrás de los nombres, ya que te comunicas directamente con cada persona o lees lo que se comunican entre sí. También te das cuenta de los diferentes subgrupos que operan en la sala de chat y aprendes las reglas. Llegas a saber, por ejemplo, quién se apresurará a defender a quién o quién se pondrá de parte de los demás en determinadas situaciones.

La diferencia con Paula es que no había pantalla. No había una lista de nombres en la esquina que me dijera quién estaba allí, y no podía observar ni oír cómo se relacionaban entre sí las personalidades. Sólo me enteraba de quién estaba presente cuando se anunciaba o se le incitaba a presentarse. Me llevó tiempo identificar las personalidades y comprender cómo cada una se relacionaba con Paula y con las demás. El propio proceso terapéutico parecía estar en un estado constante de búsqueda y descubrimiento.

Una vez, por ejemplo, Paula relató un episodio de terror abrumador que se había desencadenado mientras conducía. Sintió tanto terror que temió perder el control del coche. Eso fue lo último que recordó antes de encontrarse en el sofá de su casa viendo la televisión.

Mientras la ayudaba a repasar paso a paso lo que había sucedido inmediatamente antes de que empezara el terror, recordó haber visto a una chica joven corriendo por la calle. Paula no tenía ni idea de por qué la visión de la chica corriendo desencadenó tal terror, pero me dijo que estaba empezando a sentirlo de nuevo incluso mientras me hablaba de ello. Cuando lo comprobé con las personalidades, ninguna de ellas se atribuyó la responsabilidad ni admitió saber nada al respecto. Este tipo de situaciones ocurrían a menudo y nos obligaban a buscar -en la sesión actual o en otra posterior-a la persona que las había provocado.

Había muy pocas respuestas, por supuesto. Trabajar con Paula sólo dos veces por semana durante una hora no era tiempo suficiente para desentrañar todo el funcionamiento de su mundo interior. En la terapia, aún tenía que solucionar otros problemas, ayudarla a ocuparse de sus asuntos y escuchar sus quejas, antes de que estuviera preparada para ocuparse de las áreas de dolor en las que se centraba la terapia. El tiempo pasó demasiado rápido para seguir todos los asuntos en detalle. Debes ocuparte de lo que puedes. Sin embargo, la creencia que nos guiaba era que cada personalidad había sido creada para lidiar con el dolor; que el dolor podía liberarse y sanarse; y que, una vez liberado, el alter y su experiencia se integrarían con el Yo consciente.

A lo largo del año siguiente, me sumergí en el estudio de la disociación y el Trastorno de Personalidad Múltiple. También me remitieron otros tres clientes a los que se les había diagnosticado Trastorno de Personalidad Múltiple. Mi experiencia con Paula se repitió al trabajar con estos nuevos clientes. Mi inmersión en el fenómeno de la multiplicidad comenzó a profundizarse muy rápidamente. Cada uno revelaba un mundo interior complejo y único que estaba muy vivo y activo a niveles internos. Sin embargo, al igual que Paula, mis nuevos clientes ya tenían cierta conciencia de su multiplicidad, y los tres conocían al menos algunas de sus personalidades. En cuanto a su tratamiento, desde el principio tuve que ponerme al día. Cada uno de estos cuatro clientes recibía una avalancha de información. Sin embargo, los objetivos seguían siendo los mismos para todos: 1) mantener la estabilidad de todas las personalidades en su mundo interior y exterior; y 2) facilitar el proceso de integración de cada fragmento mediante el recuerdo, el intercambio y la liberación.

Fue la asistente social de uno de estos nuevos clientes quien me habló por primera vez de la Sociedad Internacional para el Estudio de la Personalidad Múltiple y la Disociación. (2) Me dio un folleto en el que se anunciaba la Segunda Conferencia Anual que se celebraría en octubre de 1985 en Chicago. Me uní a esta organización una semana después de leer el folleto e hice planes para asistir a la conferencia dentro de un par de meses.

2

Terapia de Estados del Ego

La organización de las sub-personalidades es muy reveladora y a veces sorprendente, desconcertante o incluso aterradora. Se descubre cómo en los distintos roles se manifiestan rasgos muy diferentes y a menudo bastante antagónicos. Estas diferencias de rasgos que se organizan en torno a un rol justifican, en nuestra opinión, el uso de la palabra "sub-personalidad". El común de la gente pasa de una a otra sin tener una conciencia clara, conectadas por un hilo muy fino de memoria; pero en términos prácticos son seres diferentes: actúan de forma diferente, muestran rasgos muy diferentes.—Robert Assagioli, extracto de su libro 'Psicosíntesis'.

Estados del Ego y Sub-Personalidades

Lo que aprendí en Chicago sobre el TPM y disociación fue invaluable. Me proporcionó una gran cantidad de información. Me dio un enfoque y una dirección para aprender más sobre el TPM y cómo ayudar a mis clientes. Me enseñó qué recursos estaban disponibles y a quién podía acudir como líderes en este campo.

Mi impresión de la conferencia fue que se estaba compartiendo una enorme cantidad de información en esta área, pero que nadie tenía que precipitarse a hacer grandes afirmaciones y pronunciamientos. La mayoría de los participantes eran médicos y, como yo, buscaban ayuda práctica y respuestas para las mil preguntas que se plantean en el tratamiento de este trastorno. Hablaban de los mismos temas y preguntas que yo me planteaba al principio con Paula y que empecé a encontrarme con mis nuevos clientes con TPM. Al escuchar las experiencias de los demás, me advirtieron sobre las situaciones con las que probablemente me encontraría en el futuro, como la hospitalización de urgencia o un alter enfadado.

Los participantes compartieron técnicas y experiencias clínicas sobre las diversas facetas del diagnóstico y el tratamiento. Aprendí mucho de todas las charlas. Sin embargo, las dos cosas más importantes que aprendí fueron los temas referentes a los *estados del ego* y la *señalización ideomotora*. El primero es un fenómeno psicológico, y el segundo, una poderosa técnica hipnótica para comunicarse con el inconsciente.

Asistí a un taller previo a la conferencia titulado *Terapia de Estados del Ego en el Trastorno de Personalidad Múltiple* de John Watkins PhD. y su esposa, Helen Watkins, M.A. Hablaron de su enfoque terapéutico que reconoce, como en el caso del Trastorno de la Personalidad Múltiple, que todo el mundo posee personalidades inconscientes. Las llamaban *estados del ego** y consideraban los álteres de la personalidad como una forma extrema del mismo fenómeno. Dijeron que, para la mayoría de las personas, los estados del ego no son tan distintos y autónomos como los álteres, sino que se encuentran en el mismo continuo.

Según este modelo, todos tenemos estados del ego que operan a un nivel inconsciente. De acuerdo a la perspectiva de John y Helen Watkins, la mente crea normalmente estos estados independientes como una función adaptativa que hace posible que la mente consciente viva en un mundo complejo, una especie de división del trabajo y especialización. Los estados del ego son como subconjuntos de la mente consciente que realizan determinadas funciones y desempeñan diferentes papeles para una persona. Algunos estados del ego se crean para ayudar a lidiar con las exigencias y crisis normales del crecimiento. Otros estados del ego, como ocurre con tantos álteres de la personalidad, se crean como respuesta a un trauma o abuso. Una vez creados, estos estados del ego, cada uno con su propia respuesta adaptativa, pueden activarse más adelante cuando se produzca una situación o amenaza similar.

En su libro '*Hypnotherapeutic Techniques*' (Técnicas Hipnoterapéuticas) John Watkins describe la dinámica de estos estados del ego:

---

* Término utilizado por primera vez por Paul Federn, uno de los primeros seguidores de Freud.

Dentro de la personalidad, en un momento dado, un estado del ego suele ser "ejecutor". Constituye "el Yo" en "el ahora". Incluye los comportamientos y las experiencias que se activan en ese momento, que se sienten y sobre los que se actúa. En ese momento, el estado ejecutivo es el más energizado con el objetivo del ego. Otros estados del ego, separados por una barrera del estado ejecutivo, están por el momento relativamente inmovilizados. Su impacto sobre el individuo es "inconsciente". Por ejemplo, cuando el individuo está en una fiesta, un estado es "ejecutivo" y otro conjunto de comportamientos y experiencias son operativos. Al día siguiente, cuando está en el trabajo, el "estado de fiesta" ha dejado de ser ejecutivo y es sustituido por otro. Su comportamiento y sus experiencias son diferentes. (1)

Normalmente, según Watkins, estos estados del ego están bastante bien integrados. Sólo un estado del ego es "ejecutivo" a la vez, mientras que los otros permanecen en un nivel inconsciente y, hasta cierto punto, latentes. La mayoría de nosotros navegamos por estos diferentes estados con tanta fluidez que ni siquiera solemos ser conscientes de la transición de un estado al siguiente. Sin embargo, según Watkins, los problemas surgen cuando un estado del ego está demasiado diferenciado o disociado de la mente consciente y actúa de un modo que crea conflicto o angustia al Yo consciente. Por ejemplo, un estado del ego basado en el miedo a la autoridad podría entrar en conflicto con la necesidad de la mente consciente de tomar una decisión importante ante posibles críticas severas. Un estado del ego de este tipo podría reaccionar con una ansiedad tan intensa ante esta amenaza que la persona consciente se siente paralizada e incapaz de decidir.

Los estados del ego, según Watkins, también pueden desencadenarse y activarse mutuamente mientras compiten por el control ejecutivo, y la mente consciente puede acabar sintiéndose como en una montaña rusa. Aunque los estados del ego implicados en estos conflictos permanecen ocultos a la vista, los efectos de sus conflictos pueden empezar a manifestarse en una variedad de síntomas: ansiedad, arrebatos emocionales, enfermedades psicosomáticas y depresión son los tipos de afecciones que pueden producirse habitualmente.

John Watkins describió estos estados del ego excesivamente diferenciados como inadaptados. Afirmó que el proceso de creación de estados del ego puede salir mal. Ante situaciones extremas, como un trauma físico, un abuso o un shock, pueden crearse estados del ego muy diferenciados del Yo consciente, y cuanto mayor sea la diferenciación, mayor será su potencial para crear conflicto y angustia. Según Watkins, en su extremo, la diferenciación da lugar a la disociación y a la creación de álteres de la personalidad. Sostiene que en algún punto del proceso se pasa de la diferenciación a la disociación.

> Los límites entre estados del ego varían en permeabilidad de una persona a otra y, probablemente, incluso de vez en cuando dentro de un mismo individuo. En un extremo del continuo, existe una comunicación casi completa entre elementos de diferentes estados del ego. Las fronteras son simbólicas, y la jurisdicción "federal" sobre toda la persona la hace altamente integrada. En el otro extremo están las verdaderas personalidades múltiples, en las que las fronteras entre los respectivos estados del ego son tan rígidas e impermeables que "María" ignora por completo la existencia de "Juana", y cuando una es ejecutiva también es amnésica respecto al periodo durante el cual la otra estuvo activada. La mayoría de la gente se encuentra en algún punto intermedio. (2)

John y Helen Watkins subrayan que todos nos encontramos en este mismo continuo. Cada persona tiene estados del ego y los mismos principios y dinámicas que rigen los álteres de la personalidad también rigen los estados del ego, aunque en grados menores y variables.

> Nosotros (Watkins y Watkins, 1979, 1981, 1982; Watkins y Johnson, 1982) hemos reunido cada vez más pruebas de que la división de la personalidad se encuentra en un continuo que va desde la diferenciación adaptativa normal en un extremo hasta la disociación patológica inadecuada en el otro, donde se produce el verdadero trastorno de personalidad múltiple. Las regiones intermedias del continuo consisten en "estados del ego", patrones encubiertos de comportamiento y experiencia, a los que normalmente sólo se puede acceder bajo hipnosis. (3)

Al situarnos a todos en el mismo continuo, el modelo de John y Helen Watkins implicaba claramente que mis propios clientes podrían beneficiarse utilizando este mismo método. En efecto, decían que todos tenemos una variedad de personalidades a nivel inconsciente, y que pueden causar los mismos tipos de dolor y conflicto que yo observaba con los álteres de la personalidad.

Apoyaron estas afirmaciones con numerosos ejemplos clínicos y varios segmentos grabados en vídeo de algunas de sus propias sesiones con clientes. También demostraron cómo identificar un estado del ego y el tipo de preguntas que hay que hacer. En su libro, publicado en la misma época, John Watkins decía que estos estados del ego responden a preguntas como:

> "¿Cómo te llamas?" "¿De dónde vienes?" "¿Cuánto tiempo llevas con la persona?" "¿En qué circunstancias naciste?" y "¿Cuál es tu función dentro de Jorge?", etc.

Refiriéndose al trabajo que él y su esposa habían estado haciendo con estados del ego en su práctica clínica, afirmó además que ellos:

> … descubrieron que estas entidades se describían a sí mismas como poseedoras de identidad, contenido y funciones específicas dentro de la economía psicológica del individuo en su totalidad, y a menudo podían indicar sus orígenes, a veces relacionados con sucesos traumáticos. En otras palabras, actuaban como "personalidades múltiples encubiertas". (4)

Desde un punto de vista clínico, la pregunta central era si estos estados del ego podían ser un factor significativo a la hora de causar problemas psicológicos y emocionales en una persona. ¿Pueden estos estados mentales, por ejemplo, estar implicados en las crisis de pánico de una persona, en sus ataques de ira instantáneos o en su constante sentimiento de ineptitud? ¿Puede haber en alguien, por ejemplo, un estado *parental* que se critique constantemente a sí mismo y a los demás? ¿O puede haber un estado *infantil* que percibe cualquier crítica como un rechazo y la vive como una pérdida de amor? Cuando un cliente se queja de un cambio repentino en su estado de ánimo que ha persistido durante días, o tiene un sentimiento continuo de culpa que no tiene ningún sentido consciente para él, ¿puede tratarse del desencadenamiento de un estado del ego en su interior? Basándome en el taller de John y Helen Watkins, la respuesta fue definitivamente sí. Basándome en mi propia experiencia, tenía mucho sentido.

En 1985, la idea de que cada uno de nosotros tiene estados del ego o sub-personalidades no era un gran salto para mí. En el taller, me identifiqué fácilmente con lo que John y Helen Watkins decían: que todos tenemos estas partes del ego, que suelen funcionar a niveles inconscientes; que actúan como personalidades pero que, de hecho, son organizaciones complejas de sentimientos, comportamientos y motivaciones.

Tenía sentido que pudiera haber estados internos dentro de cada uno de nosotros que parecieran funcionar por separado de la mente consciente, pero que no fueran tan extremos o disociados como en el caso de los álteres de la personalidad. Ya conocía diferentes escuelas de pensamiento y práctica en las que las *sub-personalidades* eran un concepto central. Carl Jung las llamaba *complejos* (5); Eric Berne las denominaba estados *paterno*, *adulto* e *infantil*; y Roberto Assagioli las llamaba *sub-personalidades*. Estos autores y otros en el campo reconocieron estos estados complejos que John Rowan define como *"regiones semipermanentes y semiautónomas de la personalidad capaces de actuar como personas"*. (6)

En mi propia práctica clínica, había utilizado a menudo técnicas que trataban al cliente como si hubiera partes diferentes y distintas de sí mismo. En terapia de grupo, había practicado el Psicodrama, una técnica desarrollada por el doctor Jacob L. Moreno, en la que un miembro del grupo, el protagonista, asigna papeles a otros miembros del grupo para recrear y representar una escena o situación significativa. Suele tratarse de una situación que se ha ido repitiendo en la vida de la persona, en la que otra parte de ella parece tomar el control y provoca conflicto y dolor.

En una línea similar, a menudo utilizaba juegos de rol o la técnica de la silla doble* para ayudar a clientes a reconocer diferentes "partes" de sí mismos. Mi propia experiencia con álteres de la personalidad en los dos años anteriores ya me había mostrado lo complejas y poderosas que pueden ser estas partes de la mente consciente, y los grados extremos de autonomía que pueden alcanzar. No era difícil imaginar los estados del ego como una versión más limitada y atenuada de los álteres, en la que

---

* Una técnica en la que el terapeuta y el cliente se enfrentan y dialogan. El terapeuta juega el rol de la mente consciente del cliente o una de estas "partes" de la mente consciente. Es una forma de representar para el cliente un patrón de comportamiento o percepción que le está causando problemas.

los extremos de disociación cobraban vida propia. Desde este punto de vista, álteres y estados del ego eran nombres para el mismo fenómeno.

El "continuo" de John y Helen Watkins tenía sentido para mí, y lo que hacían en su enfoque de la terapia también lo tenía. Para mí esto no supuso realmente un salto. El salto fue cuando afirmaron que a través de la hipnosis podíamos contactar y comunicarnos directamente con estados del ego de una persona. En pocas palabras, ubica a alguien en la silla, indúcele el trance y podrás comunicarte con uno de los estados del ego de esa persona, independientes de la mente consciente. De ser cierto, podría ser una forma poderosa de ayudar a un cliente a acceder directamente a las fuentes inconscientes de su dolor y abrir estos niveles a la sanación y la resolución. En esencia, a diferencia de los álteres de la personalidad que pueden salir por sí solos y comunicarse directamente con el terapeuta, John y Helen Watkins afirmaban que con clientes normales utilizaban la hipnosis para ir a su interior y encontrarlos.

Una cosa es trabajar con un cliente en trance y hacerle sugerencias "como si" hubiera partes de la mente inconsciente escuchando y capaces de responder. Otra cosa es decir que esas partes podían hablar. Implicaba que poseían cierto nivel de inteligencia y autonomía. Como terapeuta, sería cuestión de hablar "con" y no "a". Reforzaba la idea de que estas partes son como álteres de la personalidad que obviamente son conscientes y capaces de comunicarse. Desde un punto de vista clínico, si los estados del ego poseyeran la capacidad de comunicarse, entonces este enfoque ofrecía la misma base de verificación que con los álteres. Al hablar con otra persona, todos sabemos con bastante rapidez si nos estamos comunicando o estamos diciendo tonterías.

Señalización Ideomotora

En los meses posteriores a la conferencia, amplié mi estudio sobre los TPM y los álteres de la personalidad para incluir estados del ego y las diferentes técnicas hipnóticas y terapéuticas utilizadas para trabajar con ellos. Descubrí otras escuelas de pensamiento y práctica que también reconocían estados del ego como fenómenos reales y como un tema importante en la terapia. No todos estos enfoques los denominaban *estados del ego*, pero los describían de un modo muy similar al de John y Helen Watkins.

Otra cosa que estos enfoques tenían en común era el uso de una técnica hipnótica llamada *señalización ideomotora*. Se trata de una técnica para comunicarse con la mente inconsciente de una persona a través de señales corporales -normalmente movimientos de la cabeza o de los dedos-en lugar de palabras. Cuando has escuchado a alguien decir que está de acuerdo con algo y mueve la cabeza de un lado a otro, probablemente hayas visto un ejemplo de señalización ideomotora. El Yo consciente dice una cosa, el inconsciente otra.

Conocía esta técnica antes de la conferencia en Chicago, pero la consideraba como una forma de comunicarme con álteres de la personalidad que se negaban a aparecer y hablar. En la conferencia se puso rápidamente de manifiesto la importancia y el amplio uso de la señalización ideomotora en el campo de la hipnoterapia. John y Helen Watkins hablaron sobre el uso de la señalización ideomotora en su propio trabajo, y surgió en diferentes charlas y demostraciones durante la conferencia. En los meses siguientes, siguió apareciendo mientras estudiaba los diferentes enfoques para trabajar con el TPM y estados del ego.

El descubrimiento de la señalización ideomotora suele atribuirse al doctor Milton Erickson (9) un psiquiatra famoso por su éxito en el tratamiento de personas mediante hipnosis. Erickson descubrió que la mente inconsciente podía comunicarse mediante señales, como movimientos de la cabeza o de los dedos, en lugar de tener que utilizar respuestas verbales. Erickson dio el paso de utilizar deliberadamente estas señales para eludir la mente consciente y comunicarse directamente con la mente inconsciente. A continuación, se muestra un extracto en el que Erickson trabaja con un cliente para establecer señales ideomotoras mientras induce el trance.

> "Algo que todo el mundo sabe es que las personas pueden comunicarse verbalmente o mediante el lenguaje de señas. El lenguaje de señas más común, por supuesto, es cuando mueves la cabeza diciendo sí o no. Cualquiera puede hacerlo. También se puede señalar "ven" con el dedo índice, o decir "adiós" con la mano. La señal con el dedo significa, en cierto modo, "sí, ven aquí", y agitar la mano significa realmente "no, no te quedes". En otras palabras, se puede usar la cabeza, el dedo o la mano para decir sí o no. Todos lo hacemos. Tú también puedes hacerlo". (8)

Una vez que el paciente estaba en estado de trance, Erickson utilizaba estas señales para evaluar su disposición y voluntad a nivel inconsciente para aceptar o llevar a cabo determinados cambios de conducta o actitud. También utilizaba estas señales para acceder a información sobre acontecimientos o experiencias de los que el paciente tenía poca o ninguna memoria consciente.

Leslie LeCron y David Cheek M.D., contemporáneos de Erickson, desarrollaron aún más la señalización ideomotora como herramienta terapéutica. Utilizaban estas señales como una forma directa de interrogar a la mente inconsciente sobre las causas o razones de un problema o síntoma concreto. En el libro *Mind-Body Therapy* (Terapia Mente-Cuerpo) del que es coautor con Ernest Rossi, Cheek recuerda una demostración en la que LeCron ayudó a un hombre a resolver en veinte minutos un problema de náuseas que había padecido durante cuarenta y cinco años. (9) El hombre contó que empezaba a vomitar cada vez que intentaba cepillarse las muelas posteriores o cuando iba al dentista.

Mediante señales ideomotoras, LeCron determinó que se había producido un acontecimiento en la vida del hombre que le había provocado arcadas. Mientras LeCron continuaba con el interrogatorio, Cheek informa que el hombre salió del trance y recordó un trauma concreto que sufrió de niño cuando se le produjo una hemorragia en la garganta tras una amigdalectomía. El médico le había puesto una pinza en la garganta y la había dejado allí toda la noche. La repentina percepción y liberación emocional de este trauma le llevó a la resolución inmediata del problema. Se invitó a un dentista del público a probar la solución. Utilizando una espátula lingual, el dentista realizó varias manipulaciones sin que el sujeto mostrara ninguna angustia ni arcadas. Cheek conocía a la persona y pudo seguir su evolución a lo largo de los años. Salvo una breve recurrencia unas semanas después del tratamiento de LeCron, el hombre siguió sin presentar síntomas.

A medida que aprendía más sobre las señales ideomotoras, respondía de forma muy parecida a como lo había hecho cuando me enfrenté al Trastorno de Personalidad Múltiple. Comencé a estudiar la gama de métodos para utilizar estas señales, que incluían los trabajos de LeCron, Cheek, Watkins, Barnett y otros.

Estos trabajos clínicos proporcionaban numerosos ejemplos y transcripciones clínicas que describían el uso de señales ideomotoras en el trabajo con clientes. La técnica fue inmediatamente útil en mi trabajo con álteres, y esto a su vez me preparó para probar la terapia del estado del ego con otros clientes.

La terapia del estado del ego y la señalización ideomotora encajan a la perfección. Los terapeutas del estado del ego como Watkins, Barnett y otros, decían comunicarse directamente con estados del ego. La señalización ideomotora era una herramienta para hacerlo. La mayoría de los estados del ego, en la mayoría de las personas, no son capaces de manifestarse en el cuerpo como un alter de la personalidad. Por lo tanto, la señalización ideomotora es una forma eficaz para resolver este problema. Sin ella, no estoy seguro de lo eficaz que podría ser la terapia de estados del ego.

Hipnosis: Accediendo a los Recursos Internos
Hasta el día que accedí a la conferencia de Chicago, había utilizado la hipnosis con clientes en su sentido más tradicional, como *sugestión*. En este enfoque, una vez que el cliente ha entrado en estado de trance, se le dan sugestiones para efectuar el cambio. Las frases se estructuran específicamente para abordar los síntomas o conflictos concretos del cliente. En su libro *Manual de Hipnotismo* (The Hypnotism Handbook), Charles Cooke da un ejemplo de esta técnica de sugestión para un cliente que sufre de frecuentes dolores de cabeza. Estas sugestiones se dan, por supuesto, con una voz modulada y un ritmo propicio para la relajación del cliente.

> Ahora vamos a hacer que tu cabeza se sienta libre y despejada. Ahora, todos estos músculos del cuello se están soltando aún más. Se están aflojando y flexibilizando. Los músculos se están aflojando y flexibilizando como bandas elásticas tiradas sobre el escritorio. Los músculos del cuello se relajan más y más y más... Ahora la base del cráneo está completamente relajada, suelta, flácida. Empiezas a sentirte muy bien; te sientes cada vez mejor. (Repetir la frase anterior varias veces) Ahora la frente y las sienes se relajan, se sueltan, se relajan. Los músculos se relajan y te sientes mucho mejor, mucho mejor. (Repítelo muchas veces.) (10)

El asunto fundamental de este enfoque es la capacidad y la voluntad del cliente para aceptar las sugestiones, incorporarlas a un nivel inconsciente y actuar en consecuencia cuando vuelva a su nivel normal de conciencia.

Rossi ha llamado a este enfoque de la hipnoterapia "autoritario" (11) porque el hipnotizador es el *autor* de las sugestiones y se las presenta al sujeto mientras está en trance.

La creencia convencional es que, en estado de trance, la mente consciente es pasiva y la mente está abierta a la sugestión. En este marco autoritario de la hipnosis, la idea o sugestión procede del exterior de la mente consciente. Son las sugestiones del hipnotizador, no propias, las que el sujeto recibe y sobre las que actúa. Se trata de una comunicación unidireccional, del médico al paciente. El éxito del resultado depende de la pasividad del paciente y de su aceptación de las sugestiones. Esta ha sido la visión predominante de la hipnosis en nuestra cultura occidental. También es la visión que ha dado lugar a tantos conceptos erróneos y temores sobre el potencial de la hipnosis para ser utilizada para manipular y controlar a una persona. No es de extrañar que a la gente le cause temor.

La terapia de estados del ego y la señalización ideomotora implicaban un enfoque muy diferente de la sanación y el uso de la hipnosis. Rossi (12) la denominó *utilización* en contraposición a *autoritaria*. Lo describe como un cambio revolucionario en el que la mente, consciente e inconsciente, es considerada como un agente activo en lugar de un receptor pasivo.

> La inducción y el mantenimiento de un trance sirven para proporcionar un estado psicológico especial en el que los pacientes pueden re-asociar y reorganizar sus complejidades psicológicas internas y utilizar sus propias capacidades de una manera acorde con su propia vida experiencial.
>
> ... La sugestión directa [autoritaria] se basa principalmente, aunque sin darse cuenta, en la suposición de que todo lo que se desarrolla en la hipnosis deriva de las sugestiones dadas. Implica que el terapeuta tiene el poder milagroso de efectuar cambios terapéuticos en el paciente, y hace caso omiso del hecho de que la terapia resulta de la resíntesis interna de la conducta del paciente lograda por el propio paciente.... Es esta experiencia de re-asociación y reorganización de su propia vida experiencial (la del paciente) la que desemboca en la sanación... (13)

El poder de la hipnosis, según este punto de vista, reside en la propia capacidad del ser para re-asociar y reorganizar diferentes estados mentales y emocionales. Se trataba de un enfoque cuyo objetivo era desbloquear las propias capacidades y recursos internos. El poder de la hipnosis residía en su capacidad para aflojar los límites entre estos estados y liberar los recursos internos del Yo para sanar y resolver el dolor o el conflicto.

Esta visión de la hipnoterapia supuso un cambio revolucionario en mi perspectiva. Alteró mi comprensión de la hipnosis como un estado mental especializado – la tendencia de ser sugestionable –a una herramienta para ayudar a mis clientes a acceder y tratar los niveles inconscientes de su conflicto y dolor. La terapia de estados del ego me proporcionó un mapa básico para encontrar las partes del Yo implicadas en el dolor o el conflicto de un cliente, y la señalización ideomotora me ofreció un método para comunicarme con ellas directamente. Dentro de este marco, la comunicación unidireccional del terapeuta con el cliente se convirtió en una comunicación bidireccional entre el terapeuta y el cliente.

3

En un Callejón sin Salida

Ningún problema puede ser resuelto desde el mismo nivel de conciencia que lo creó. —Albert Einstein

La práctica de la Terapia de Estados del Ego

Cuando decidí probar la terapia de estados del ego y las diferentes técnicas en mi propia consulta, no esperaba casos de manual. Pero sí esperaba que operaran los mismos principios y dinámicas básicos. Esperaba ver similitudes entre mis clientes y los casos clínicos que había estado estudiando. Tenía varios clientes a los que consideraba candidatos ideales para este enfoque. Entre ellos había clientes con síntomas limitados y específicos, como crisis de pánico o miedo a volar, y clientes que sufrían trastornos profundos y crónicos, como depresión o sentimientos constantes de inseguridad o ansiedad. A medida que estudiaba estos distintos enfoques, empecé a dar pasos tentativos para aplicarlos. Hablé de la terapia de estados del ego y de la señalización ideomotora con algunos clientes en los que pensé que podría ser útil. Casi todos ellos aceptaron al menos intentarlo.

En muchos aspectos, el proceso funcionó como dijeron mis mentores. Utilizando sus técnicas, a veces palabra por palabra o con ligeras modificaciones, me resultó relativamente fácil inducir el trance y establecer señales dactilares con el cliente. Fue en el siguiente paso, la identificación de la *experiencia crítica*, donde las cosas se pusieron resbaladizas.

En teoría, una vez que el cliente está en trance y se han establecido buenas señales, el terapeuta pide a la mente inconsciente que revise el pasado en busca de una experiencia que haya causado o conducido al desarrollo del síntoma o dolencia que presenta la persona. A continuación, el terapeuta le indica que levante el dedo indicador del "sí" cuando haya finalizado la revisión. En teoría, cuando se levanta el dedo afirmativo, significa que se ha localizado esa experiencia y que se ha encontrado un vínculo entre el pasado y el presente. La tarea del terapeuta consiste entonces en facilitar la transmisión de esa información del inconsciente al consciente. Es Freud básico. Sanamos haciendo consciente lo inconsciente.

Todos los enfoques que estudié incluían este elemento básico de compartir y liberar como elemento central del proceso de sanación. En general, la teoría es que, durante una experiencia crítica, como un trauma o un shock, las percepciones y emociones de uno quedan atrapadas de algún modo en un estado del ego, un estado que sigue existiendo y funcionando a un nivel inconsciente. Al traer la experiencia a la conciencia, se cree que se desbloquearán estos estados y se producirá su liberación (catarsis) e integración.

Cuando empecé a utilizar este enfoque con mis clientes, buscaba este tipo de experiencias críticas y estados del ego. Planteé las preguntas que me habían enseñado para obtener información sobre esas experiencias sin activar las defensas del cliente. Al principio, con muchos clientes, esto parecía funcionar. Tras una revisión inconsciente, me comunicaba con una parte de la mente que daba una edad, a veces un nombre, y aceptaba que albergaba experiencias o recuerdos relacionados con el tema concreto en el que nos estábamos centrando en esa sesión.

Al utilizar este nuevo método, el problema no era encontrar estados del ego involucrados en un problema, el problema era encontrar demasiados de ellos. Con muchos clientes, cuando pedía al inconsciente que buscara la experiencia crítica, a menudo respondía más de un estado del ego. A lo largo de varias sesiones con un cliente, por ejemplo, podían presentarse cinco o seis estados del ego, todos ellos aparentemente relacionados con el problema o síntoma que intentábamos abordar.

Había muchos estados del ego cuyas señales eran claras y contundentes. Con otros, sin embargo, las señales eran tan débiles o ambiguas que determinar si se trataba de una respuesta genuina se convirtió en un proceso laborioso. A veces no sabía con quién estaba hablando y otras no sabía si estaba hablando con alguien. A menudo había que dar marcha atrás y hacer una nueva pregunta o formular la anterior de otra manera. Vicki S. es un buen ejemplo de lo que ocurrió cuando empecé a utilizar la terapia de estados del ego.

Vicki S.

Vicki tenía cuarenta y dos años y, hasta el año anterior, se habría descrito a sí misma como madre, ama de casa, voluntaria de la comunidad y promotora de los deportes escolares. Todo cambió la noche en que su marido, Dale, le dijo que quería divorciarse. Ella sabía que su matrimonio era tenso, pero el anuncio de Dale la estremeció. En los días siguientes, Dale dejó claro que no había nada más que hablar, que ya había tomado una decisión. A la semana siguiente, se había mudado. Vicki ya se estaba recuperando de este golpe cuando, unas semanas más tarde, supo que Dale había estado saliendo con otra mujer durante los dos últimos años. Para Vicki, fue la traición máxima. En los meses siguientes, pasó por sentimientos de pánico y ansiedad, una ira cada vez mayor hacia Dale y una profunda sensación de vacío. Su depresión se agravó y finalmente, luego de escuchar las sugerencias de una amiga, buscó terapia.

No tardamos en darnos cuenta de que el divorcio de Vicki había precipitado una profunda crisis en su vida. Su identidad y autoestima habían estado tan entrelazadas con las de su marido que, cuando Dale se marchó, ella no sabía quién era. Una buena parte de esa identidad y autoestima se había derivado del prestigio de la posición profesional de Dale en la comunidad y esto también desapareció de la noche a la mañana. En muchos sentidos, tuvo que crear una nueva identidad que involucraba hacer cosas y tomar decisiones por sí misma que no había tenido que afrontar en mucho tiempo, si es que había tenido que hacerlo alguna vez.

Los objetivos de la terapia de Vicki durante el primer año eran ayudarla a restablecer su equilibrio psicológico y emocional y aliviar su depresión. Era una mujer inteligente y perspicaz, una buena candidata para la terapia. También era sincera. Cuando le hacía una observación o interpretación que sabía que le resultaría dolorosa o difícil de afrontar, no huía. Aunque le llevara varias semanas, lo consideraba. Estaba dispuesta a analizar sus propias motivaciones, prejuicios y defectos. Vicki progresó mucho en la terapia. Estaba rehaciendo su vida.

Desde mi punto de vista, había logrado mucho en ese primer año. Había vuelto a la universidad y tomado las clases necesarias para obtener su certificado de enseñanza. También se estaba adaptando a su nuevo papel de madre soltera y cabeza de familia. Se esforzó más por mantener sus amistades y su participación en la comunidad.

Había adquirido una gran comprensión de sí misma y de su relación con Dale. Veía con más claridad su propia parte, así como la de Dale, en lo que había provocado la ruptura de su matrimonio. Sin embargo, a pesar de su perspicacia y de sus muchos ajustes positivos, sus sentimientos de traición y rabia hacia Dale y la depresión que los acompañaba continuaron sin disminuir. Estos sentimientos, por supuesto, habían sido uno de los principales objetivos de su terapia desde el principio, y seguía sin poder superarlos. Vacilaba entre su rabia hacia Dale y sus propios sentimientos de culpa e inutilidad.

Vicki me había contado al principio de su terapia que el sexo había sido un problema importante en el matrimonio. Dijo que empezó a perder interés en el sexo tras el nacimiento de su primer hijo, y que ya no era capaz de alcanzar el orgasmo. Ella había atribuido el cambio al nacimiento del bebé y creía que era sólo temporal y que su interés sexual volvería a encenderse. Cuando eso no ocurrió, tuvo demasiado miedo de hablar con Dale al respecto. Continuó su relación sexual con Dale, pero dijo que lo estaba "haciendo por inercia". Sus encuentros sexuales eran menos frecuentes y ella intentaba evitar el sexo o poner excusas cuando podía.

Vicki sabía que esto estaba teniendo un efecto importante en el matrimonio. Pero fue más allá. En una de esas primeras sesiones, dijo que creía que este cambio en su interés sexual tenía algo que ver con su padre y la sexualidad. Dijo que sólo sabía que algo había pasado, pero que no tenía recuerdos específicos. A lo largo de los meses, mientras Vicki intentaba aceptar su dolor y su rabia hacia Dale, reflexionó más de una vez sobre estas preguntas referentes a su padre. Cuando intenté explorar este tema directamente, Vicki era consciente de los sentimientos de rabia y pánico, pero seguía sin tener recuerdos. Estaba estancada y la terapia también.

Creía que, si el padre de Vicki había abusado sexualmente de ella, era probable que se hubieran creado uno o más estados del ego en torno a esa experiencia traumática. También creía que, si el abuso se había producido, estos estados del ego podían estar reteniendo los recuerdos y bloqueándolos de la mente consciente de algún modo. Finalmente, le sugerí que la hipnosis podría ser una forma de ayudarla a resolver el impasse y responder a estas preguntas y sentimientos por sí misma. Aunque expresó cierta ansiedad al respecto, Vicki pensó que, si la hipnosis podía ayudarla a encontrar alivio, tenía que intentarlo.

Utilizamos la hipnosis en nuestras próximas cuatro sesiones. Vicki era un buen sujeto hipnótico, y pude establecer las señales ideomotoras rápidamente. Pedí una revisión inconsciente para buscar la experiencia involucrada en sus sentimientos de traición y rabia. Para mí, fue como si Alicia cayera por la madriguera del conejo. En las cuatro sesiones siguientes, identificamos cuatro estados del ego diferentes y cada uno tenía una historia. Cuando pedí la revisión inconsciente en nuestra primera sesión de hipnosis, esperaba que se presentara una experiencia temprana y/o un estado del ego. En lugar de eso, me encontré con cuatro en rápida sucesión. Me esforzaba por entender las respuestas que recibía y cómo se relacionaban con la situación de Vicki. El primer estado del ego tenía veintitrés años. Compartió el recuerdo de una ocasión en la que Vicki, pocos meses después de nacer su hija, tuvo una acalorada discusión con sus suegros que acabó con ella gritándoles "váyanse al infierno".

En nuestra siguiente sesión, Vicki compartió conmigo lo que le había ocurrido después de nuestra última sesión. Me dijo que Dale la había apoyado a ella y su postura en la discusión. Sin embargo, dos días después, tras hablar con su madre, Dale dio un vuelco y se puso del lado de su madre y padre. Vicki recordaba el profundo dolor y la traición que había sentido, pero en aquel momento había reprimido esos sentimientos.

El estado del ego de 23 años tenía sentido para mí. Se gatilló porque ella también se sintió traicionada por Dale. Todavía arrastraba la experiencia de la traición original y, al parecer, estaba alimentando el dolor y la ira actuales de Vicki. Sin embargo, mientras trabajaba con ella, surgió otro aspecto que resultó ser igual de significativo para Vicki. Como reacción a la traición de Dale y a su posterior enfado, el EE de 23 años[*] había bloqueado de alguna manera la capacidad de Vicki para el placer y el disfrute sexual. No estaba claro si era para castigar a Dale o para proteger a Vicki de una mayor vulnerabilidad y daño. Sin

---

[*] A lo largo del libro, "EE" se usará como abreviación para 'estado del ego' seguido por la edad específica, como en EE-23

embargo, fue una pieza importante para ayudar a Vicki a comprender la pérdida de su interés sexual y su distanciamiento de Dale.

Mientras trabajaba con el EE de 23 años, se presentó un segundo estado del ego. Dijo que tenía cuarenta y un años. Volví a verla la semana siguiente, y al final compartió recuerdos de cuando Dale la había dejado dieciocho meses antes. Vicki volvió a sentir el shock, el dolor, el pánico y la rabia. Los recuerdos y los sentimientos eran familiares, pero durante la sesión, Vicki se permitió sentir las emociones más profundamente que antes. Conocí un tercer estado del ego mientras trabajaba con el EE de 41 años. Tenía treinta y dos años y se negó a compartir información sobre su experiencia, excepto para confirmar que estaba relacionada con las otras dos.

Volví a trabajar con ella a la semana siguiente. Vicki seguía sin saber de qué se trataba y EE-32 seguía negándose a compartir recuerdos. Sin embargo, respondió afirmativamente a los sentimientos de ira, miedo y humillación mientras yo repasaba una lista de sentimientos. No llegué muy lejos antes de que la comunicación se viera interrumpida por un EE de dieciocho años.

EE-18 era probablemente el más fuerte de los cuatro estados del ego que había conocido hasta el momento. En respuesta a mis preguntas, me indicó que sí recordaba lo ocurrido. Además, estaba dispuesta a compartir sus sentimientos con la mente consciente, pero no sus recuerdos. Creía que la mente consciente no estaba preparada. EE-18 compartió sus sentimientos, y Vicki pasó por una intensa abreacción emocional, pero no tenía recuerdos ni imágenes que la ayudaran a saber lo que estaba ocurriendo. Después de la sesión, Vicki dijo que sólo al final se le vino algo a la mente. Era una figura vestida de negro, "como los Amish", dijo. Eso es todo lo que pudo ver.

A la semana siguiente, no tuve problemas para restablecer la comunicación con EE-18. En el transcurso de la sesión, finalmente accedió a compartir algún recuerdo. Cuando lo hizo, Vicki recordó uno de los partidos de fútbol de la escuela. Era porrista, y ella y una amiga habían llegado temprano al estadio para vender programas para el partido de esa noche. Cuando entraron en el estadio por una de las puertas, Vicki vio a su padre y se pararon a hablar con él. Vicki dijo: "Llevaba un abrigo largo y guantes. Vestía de negro". En ese momento, sintió que empezaba a entrarle el pánico y ella -o alguna parte de su interiordetuvo el proceso.

Vicki recordaba al hombre de negro de nuestra última sesión. Ahora creía saber quién era. Al salir del trance, Vicki estaba agitada y le costaba controlar sus emociones. Habló de su padre. Dijo que sabía que este recuerdo estaba relacionado de algún modo con el abuso sexual, pero que seguía sin recordarlo conscientemente.

La niña de 18 años nunca pudo compartir su recuerdo. En los meses siguientes, cuando hicimos hipnosis, identifiqué un EE de doce años que impedía a la de 18 compartir. Luego había un niño de 16, 10 y 2 años. Casi parecían distracciones. Cuando intenté obtener más información a través de las señales con los dedos, me bloqueaban. Parecía que cuanto más me acercaba con mis preguntas a enfocar la experiencia, más bloqueadas o confusas se volvían las cosas. Algo o alguien parecía estar bloqueando activamente los recuerdos. No sabía si era la mente consciente, estados del ego, un mecanismo defensivo de la mente o mi propia inexperiencia a la hora de llevar a cabo los procedimientos. Los recuerdos llegaban sólo hasta cierto punto, pero rara vez hasta la experiencia en sí.

Boxeo de Sombra

En aquellos primeros ocho meses utilizando la terapia de estados del ego, mi experiencia con Vicki se repitió con otros clientes. A veces, el proceso funcionaba tal y como estaba previsto. Pude identificar partes del Yo que podían comunicarse independientemente de la mente consciente. Estos estados del ego compartían recuerdos o información sobre experiencias tempranas y traumas que parecían directamente relacionados con los síntomas o conflictos que intentábamos abordar. Eran experiencias de las que el Yo consciente había sido consciente pero que había olvidado, o que había mantenido en la periferia de la conciencia, o experiencias de las que la persona no tenía ningún recuerdo. Para estos clientes, desvelar recuerdos y experiencias a menudo conducía a una profunda comprensión y liberación emocional. Para mí, fue una confirmación de que la terapia de estados del ego era un enfoque válido para trabajar con la mente inconsciente. El hecho de que las técnicas funcionaran en alguna medida era un resultado positivo para mí.

El problema, sin embargo, era que con muchos de mis clientes me encontraba con una gran cantidad de bloqueos y confusiones, al igual que me había ocurrido con Vicki. Mi comunicación con estados del ego a menudo se veía interrumpida, era asumida por otro o simplemente se silenciaba antes de que se compartieran los recuerdos y sentimientos críticos. No me sorprendía que hubiera cierto nivel de resistencia y miedo al trabajar con diferentes partes del Yo. Normalmente nos enfrentábamos a recuerdos dolorosos y aterradores. Sin embargo, al igual que con Vicki, a menudo parecía que cuanto más nos acercábamos a la fuente de dolor o confusión, más probable era que el proceso se viera bloqueado. A veces, el bloqueo empezaba en las primeras sesiones; otras, muchas sesiones más tarde, después de lo que parecía un buen progreso en la terapia. En su libro más reciente, *Estados del Ego: Teoría y Terapia*, John y Helen Watkins describen este bloqueo:

> Por alguna razón, en nuestra conversación con la personalidad original se dijo algo que hizo más conveniente el cambio para el paciente. Tal vez hicimos una pregunta que la personalidad anfitriona no pudo o no quiso responder. Abdicó. Quizás la energía disponible para la personalidad anfitriona en ese momento se había agotado, y un estado más fuerte y con más energía pudo aparecer y asumir la posición ejecutiva. O tal vez el curso de la discusión fue tal que la sub-personalidad estaba más motivada para emerger y comunicarse... Los terapeutas a menudo se enfrentan a un cambio de un estado a otro diferente cuando la comunicación terapéutica se está volviendo demasiado "acalorada" o amenazante para el paciente o para el estado que está presente en ese momento. (1)

En mi propio trabajo con clientes, cada vez que un estado del ego accedía a compartir su recuerdo o sus sentimientos y no lo hacía, tenía que considerar éstas y otras posibilidades de por qué un recuerdo estaba bloqueado, o por qué mi comunicación con un estado del ego terminaba abruptamente o era interferida por otro. No puedo decir cuántas veces hice una pregunta equivocada o dije algo erróneo, sólo para ver cómo un alter desaparecía o las señales cesaban. No sabía si el estado del ego o el alter se iba por su cuenta, si otro lo silenciaba o anulaba, o si la mente consciente provocaba el bloqueo de alguna manera.

Sin embargo, una vez que se interrumpía la comunicación con un estado del ego, era siempre mi turno averiguar qué preguntar o qué decir para restablecer la comunicación. Retrocedía constantemente hasta el momento en que se había producido el bloqueo, intentando retomar el camino. Pasé mucho tiempo antes, durante y después de las sesiones intentando comprender por qué se habían producido los bloqueos y qué estrategias podrían resolverlos.

Estaba descubriendo que el proceso era mucho más complejo y difícil de lo que había esperado en un principio. En efecto, con el resto de mis clientes me estaba encontrando lo mismo que con los clientes de TPM. Parecía haber partes múltiples del Yo funcionando a un nivel inconsciente y formando complejos sistemas de protección y/o compensación para la personalidad consciente. Sin embargo, el proceso era aún más difícil cuando la comunicación se limitaba a señales ideomotoras. La comunicación sí/no era muy fluida cuando ambas partes cooperaban. Aun así, podía ser bastante tediosa y confusa cuando empezaba el bloqueo. A diferencia de lo que ocurría con los álteres de la personalidad, no había tono de voz y, a menudo, poca expresión facial o lenguaje corporal que ayudara a interpretar lo que estaba ocurriendo. Era como la diferencia entre un encuentro personal y un diálogo en código morse.

Lo Psíquico y lo Paranormal

Aunque mi enfoque clínico se centraba en estados del ego, algunos clientes también hablaban de experiencias y fenómenos inusuales o fuera de lo común. A veces aparecían durante las sesiones como recuerdos de acontecimientos pasados, y otras veces como fenómenos que ocurrían durante la sesión.

Los términos que yo utilizaba para referirme a estos fenómenos eran *psíquico* o *paranormal*. Incluían fenómenos como percepción extrasensorial, sueños pre-cognitivos y premoniciones, encuentros con seres extraños y experiencias cercanas a la muerte.

Desde que empecé a practicar la psicoterapia, mis clientes me habían contado experiencias o recuerdos extraños de este tipo. Creo que la mayoría de los psicólogos dirán lo mismo. Estos informes podían ser interesantes y fascinantes, pero no eran tan frecuentes y rara vez se convertían en un tema central de la terapia. Sin embargo, cuando empecé a utilizar la hipnosis, los informes de este tipo de experiencias aumentaron significativamente. Era como si el estado de trance aflojara los límites que normalmente mantenían estas experiencias fuera de la conciencia.

Una clienta, por ejemplo, me dijo que todo el tiempo veía auras alrededor de la gente. Dijo que esto le ocurría desde que era niña.

Otra clienta dijo que a menudo era consciente de situaciones justo antes de que ocurrieran. Dijo que era como vivir un paso delante de ella misma. Esto ocurría con tanta frecuencia que la estaba volviendo loca y no sabía cómo detenerlo. Otra clienta me contó que unos días antes de nuestra sesión se había despertado y había visto una figura en la puerta de su dormitorio. Dijo: "Era tan real como tú y yo". No había hecho nada para amenazarla, pero dijo que aún la asustaba. Por último, más de un cliente recordó haber abandonado su cuerpo durante una intervención quirúrgica.

Estas experiencias, ya fueran del pasado o del presente, no aparecían en todas las sesiones y, cuando lo hacían, no se convertían en el centro de la terapia. La mayoría de las veces, sólo podía observar y anotar lo que mi cliente contaba y lo que ocurría. O bien no sabía cómo abordar la experiencia o el fenómeno en cuestión, o bien no parecía relevante para la terapia. No tenía explicación para muchos de estos fenómenos, y a menudo no sabía si eran lo bastante importantes como para tratarlos en la terapia. Si a mi cliente le parecía importante hablar de ello o tratarlo de alguna manera, hacía lo que podía para escucharle, comprenderle y darle apoyo.

Sin embargo, estos fenómenos no hacían más que aumentar mi creciente confusión y frustración acerca del mundo interior y de cómo funcionaba, cómo afectaba a una persona y cómo trabajar con él. Cuando surgían estos fenómenos psíquicos o paranormales, los tenía en cuenta en el contexto de la terapia de mi cliente. Sin embargo, aún no estaba seguro sobre cómo descartarlos o incluirlos como fuente de bloqueo o simplemente cómo abordarlos.

4

En la Frontera del Espíritu

"El rechazo de la "iluminación" moderna para tratar la "posesión" como una hipótesis de la que se puede hablar incluso como algo posible, a pesar de la masiva tradición humana basada en la experiencia concreta a su favor, siempre me ha parecido un curioso ejemplo de moda en temas científicos. Estoy completamente seguro que la teoría del demonio (no necesariamente una teoría del diablo) volverá a tener su oportunidad. Hay que ser "científico" para ser suficientemente ciego e ignorante como para no suponer tal posibilidad."—William James

Una voz desconocida
En octubre de 1986, llevaba más de un año trabajando con Diane C. cuando me enfrenté a la interrogante sobre la posesión. Originalmente Diane C. fue referida a mi consulta para terapia ambulatoria tras una hospitalización de seis meses en la que fue tratada por Trastorno de Personalidad Múltiple. Ella fue una de las tres clientes con TPM que me enviaron luego de un año de haber diagnosticado a Paula. De hecho, la asistente social de Diane fue la primera que me habló de la conferencia de Chicago sobre el Trastorno de Personalidad Múltiple y la disociación.

Durante los seis meses anteriores, había estado trabajando con una serie de álteres que describían haber crecido en una familia que formaba parte de una secta satánica. Conocía este aspecto del caso de Diane antes de aceptarla como cliente. Mientras Diane estaba hospitalizada, su terapeuta había compartido esta información conmigo y también estaba incluido en su registro psiquiátrico. Sin embargo, hasta ese momento no había trabajado con ningún cliente que hubiera denunciado este tipo de abuso ritual.

Para mí, una secta evocaba imágenes de inadaptados sociales o rebeldes anti-iglesia que se burlaban de la religión o lanzaban hechizos y conjuros inútiles. (Esto era antes de que las sectas satánicas y el abuso ritual infantil se hubieran convertido en un fenómeno mediático). Me centré en la disociación y el Trastorno de Personalidad Múltiple. Acepté a Diane como cliente con la idea de que trataríamos la multiplicidad, y que cualquier trauma del abuso de la secta se abordaría y resolvería como parte de ese proceso.

Mis opiniones sobre las sectas satánicas y el abuso ritual infantil empezaron a cambiar a raíz de mi trabajo con Diane. Trabajé con varios álteres, de edades comprendidas entre los cuatro y los dieciséis años, que compartían recuerdos de tortura y terror extremos llevados a cabo de forma sistemática. Como terapeuta, había trabajado con muchos clientes a lo largo de los años que habían sufrido abusos sexuales, físicos o emocionales en la infancia. Sin embargo, las experiencias de abuso ritual compartidas por los alteres de Diane iban mucho más allá de lo que yo había conocido hasta entonces.

Para el otoño de 1986, los recuerdos de los abusos rituales se habían convertido en el centro del tratamiento de Diane. Un día, durante una sesión, apareció un alter que se refería a sí misma como la *Hija de la Oscuridad*. Cuando este alter llegó a la conciencia, me presenté. Ella no sabía que era 1986. No sabía quién era Diane. No sabía dónde estaba, y era obvio por su expresión facial que estaba profundamente desorientada. Empecé a hablarle de Diane y de la realidad consciente. Le dije que nuestra intención era ayudarla a sanarse y a liberarse de todo dolor y miedo. Le dije que sabíamos algunas cosas sobre la secta y que nadie, ni siquiera ella, tenía que seguir manteniendo en secreto esta experiencia y este conocimiento. Podía liberarse.

Mientras hablábamos, la *Hija de la Oscuridad* empezó a comprender el presente y lo que estaba ocurriendo. Se relajó y empecé a hacerle preguntas sobre sí misma. Me dijo que cuando había salido antes, siempre lo había hecho en una sala donde un gran grupo de personas, vestidas con túnicas, estaban reunidas alrededor de una mesa iluminada por antorchas. Esta sala era la única realidad que conocía. Al parecer, había salido varias veces en la vida de Diane, pero para ella, siempre era en esta sala, y todo lo sentía como un acontecimiento continuo.

Este alter comenzó a hablar de lo ocurrido en esta habitación con las otras personas cuando de repente su cara hizo una mueca de dolor. Luego sus ojos se cerraron por un momento. Cuando los ojos se abrieron, noté una fría furia dirigida hacia mí. Estaba mirando un rostro controlado y amenazador al mismo tiempo.

La transformación había sido instantánea. Fue como si el alter con el que había estado hablando hubiera sido arrancado del escenario y otra persona hubiera atravesado el telón y se hubiera metido en el cuerpo.

Con esa mirada amenazadora, una voz grave, que hablaba con autoridad, dijo que no continuaríamos. No habría más preguntas. El encuentro me erizó los vellos de la nuca. Mientras buscaba en mi mente la mejor manera de responder, se me ocurrió la idea de que aquello a lo que me enfrentaba podría no ser un alter. No sé dónde se originó el pensamiento. Ya había trabajado con muchos de los álteres de Diane, y esta entidad no me parecía lo mismo. Mi formación y mis creencias me empujaron a entender esta entidad como una parte de Diane, una creación de su propia mente inconsciente. Yo estaba de acuerdo con esa opinión, pero no podía evitar la inquietante sensación de que aquí estaba pasando algo más.

Intenté hablar con esta entidad durante varios minutos. Le hice una serie de preguntas cuidadosamente formuladas para intentar obtener una respuesta, pero se limitó a mirarme fijamente. Finalmente, asumí toda la autoridad de que fui capaz y le exigí que respondiera a mis preguntas. Sin embargo, incluso antes de terminar, sentí que se había burlado de mí. Siguió mirándome fijamente. Tras varios minutos más, y a su manera, finalmente se retiró. Uno de los álteres de Diane con el que ya me había comunicado anteriormente, tomó conciencia y se puso frente a mí.

El recuerdo de esta experiencia permaneció extremadamente vívido para mí durante los días siguientes. Me obligó a plantearme si alguien o algo se había apoderado de la conciencia de Diane y podía volver a hacerlo. Para el tratamiento de Diane, esto era crucial. Si se trataba de una parte de ella, de un alter, entonces todo podría tener sentido. Psicológicamente, esta entidad podría entenderse como un alter, pero posiblemente una que reflejaba una realidad tan aterradora que tenía que estar de alguna manera separada y opuesta al Yo y a los otros álteres. Especulé que, con su malevolencia y sus amenazas directas, tal vez mantenía a raya a todos los demás álteres y alejaba a todos los demás -en este caso, a mí-de esos recuerdos. Sin embargo, incluso este tipo de "protectores" solían tener cabida. Una vez que se sentían lo bastante seguros como para abrirse, su posición de villano y malvado podía resolverse.

Sin embargo, tras esta experiencia con Diane, no podía descartar que me hubiera encontrado con una entidad totalmente distinta.

La sensación de mala intención y malicia era tan fuerte que no estaba seguro de si esta entidad formaba parte de Diane. No sabía si acababa de vislumbrar algo del otro lado de la frontera del espíritu. Sin embargo, incluso plantear la idea de una entidad externa suscitaba preguntas profundas y serias: ¿Era posible que los problemas de Diane tuvieran que ver con otras fuerzas o entidades y no sólo con recuerdos y álteres? ¿Podría haber una entidad externa presente y activa en la mente o la psique de Diane? Y si es así, ¿cómo ocurre y qué hay que hacer?

Eran preguntas fundamentales, cuyas respuestas podían afectar el enfoque y el curso de la terapia de Diane. Eran preguntas que iban a la raíz. Si iba a ayudar a Diane en su sanación, tenía que saber qué causaba o estaba causando sus problemas y su angustia. ¿Era una entidad externa o formaba parte de Diane?

Mundos y Dimensiones

A la semana siguiente, fui a la biblioteca pública a buscar en las fichas libros sobre la posesión. No creía que Diane estuviera poseída, ni que se tratara de una repetición de *El Exorcista*. Sin embargo, la posesión era lo más parecido a una descripción de la situación. Encontré varios títulos y, tras localizar la sección adecuada, empecé a buscar en las estanterías. Mientras miraba de un lado a otro los números y los títulos, tuve mi segundo sobresalto en una semana. Encontré varias secciones llenas por completo de libros sobre todo tipo de temas paranormales, espirituales y metafísicos. Entre ellos había libros sobre fantasmas y poltergeist, chamanismo y brujería, así como sobre ovnis, canalización y experiencias cercanas a la muerte. De hecho, la posesión sólo representaba una pequeña parte de estos libros. Estaba familiarizado con muchos de estos términos, pero lo que me resultó abrumador fue descubrir tantos libros sobre una gama tan amplia de fenómenos. La cabeza me daba vueltas. Cuando me fui, tenía un montón de libros, incluidos los dos sobre la posesión.

El primer libro que leí fue *El Rehén del Diablo*, de Malachi Martin, que incluía cinco estudios de casos totalmente documentados sobre posesión y exorcismo. Martin decía al principio:

> Los cinco casos son reales. Las vidas de las personas implicadas se narran a partir de extensas entrevistas con todos los principios involucrados, con muchos de sus amigos y familiares, y con muchas otras personas implicadas directa o indirectamente de forma menor. Dentro de lo posible, se ha comprobado la veracidad de todas las entrevistas. Los exorcismos se han reproducido a partir de las cintas grabadas en su momento y de las transcripciones de las mismas. (1)

Martin pasa a describir a estos cinco individuos y lo que él denomina fenómenos preternaturales* que se manifiestan en su interior y a su alrededor. Cada uno de estos casos describe una fuerza o conciencia externa a la persona, pero que ejerce un control total o casi total sobre su mente y su cuerpo. Son historias de tal maldad y malevolencia, en las que la fuerza poseedora parece inteligente y actúa con intención consciente.

Era una idea aterradora. Sin embargo, cada año se denunciaban muchos casos de posesión. Si es cierto que una fuerza maligna puede poseer a una persona, ¿qué impide que lo haga con la siguiente, y con la siguiente? ¿Existe realmente una fuerza alienígena y maligna que pueda poseer a una persona o se trata de algo psicológico? Y si es real, ¿cómo se llega a ese estado? ¿Qué hace que algunas personas sucumban y otras no? No había respuestas definitivas a estas preguntas.

El siguiente libro que leí fue *Viajes Lejanos*, de Robert Monroe, ex ejecutivo de radio y propietario de emisoras de radio y, posteriormente, de sistemas de televisión por cable. En 1958, a la edad de cuarenta años, Monroe comenzó inexplicablemente a tener experiencias extracorporales y más tarde escribió un libro sobre estas experiencias titulado *Viajes fuera del Cuerpo*. *Viajes Lejanos* era una continuación de esta obra y describía sus continuas exploraciones y experiencias en estos estados extracorporales. Describía la experiencia en general.

> *¿Qué es la experiencia extracorpórea? Para los que aún no se hayan adentrado en el tema, una experiencia extracorpórea (EEC) es una*

---

* Algo que está más allá de lo normal, o fuera de los límites de la naturaleza.

situación en la que uno se encuentra fuera de su cuerpo físico, plenamente consciente y capaz de percibir y actuar como si estuviera funcionando físicamente, con varias excepciones. Puedes desplazarte por el espacio (¿y el tiempo?) lentamente o más rápido que la velocidad de la luz. Puedes observar, participar en acontecimientos y tomar decisiones voluntarias basadas en lo que percibes y haces. Puedes moverte a través de la materia física, como paredes, placas de acero, hormigón, tierra, océanos, aire e incluso radiación atómica, sin esfuerzo ni efecto. (2)

En *Viajes Lejanos*, Monroe describe sus viajes extracorpóreos a lo que parecen ser otras dimensiones o niveles fuera de nuestra realidad espaciotemporal normal. Aunque reconoce las limitaciones de nuestro lenguaje y conceptos humanos para describir estas realidades, también habla de numerosos encuentros y comunicaciones con otros seres durante estos viajes astrales.

Monroe no ofrece ninguna explicación general de los numerosos fenómenos que experimentó. Al final del libro, presenta lo que describe como un esquema o marco general con el que podemos ver estos diferentes niveles de realidad no física.

Durante el año siguiente, me sumergí en esta literatura y leí estas secciones de la biblioteca. También empecé a buscar estos temas en las librerías, sobre todo entre los libros usados, donde adquirí varios títulos. Estos libros eran ventanas a otros mundos y realidades alternativas. Eran extraños y fascinantes, y a veces incluso aterradores. Me asombraba mi propia ignorancia sobre estas dimensiones y la riqueza del material escrito sobre ellas. Me encontré con un volumen tras otro de informes, escritos y estudios cuya existencia desconocía. Con el paso de los meses, me convencí de la realidad de estas dimensiones invisibles.

Sin embargo, todos estos relatos e informes documentados sobre fenómenos psíquicos y espirituales no respondían a mis preguntas sobre Diane y lo que había sucedido en nuestra sesión. Hasta el día de hoy, no puedo decir quién o qué me hablaba a través de Diane. Si era una parte de ella o si era una entidad o conciencia demoníaca, no lo sé. En sesiones posteriores, no respondió a mis intentos de interacción.

Aunque no pude responder a la pregunta sobre Diane específicamente, en mi propia mente, sí respondí a la pregunta subyacente a la que me enfrenté en su sesión: ¿era posible que la presencia que encontré con Diane fuera una entidad externa que de alguna manera se había entrometido y había forzado su camino hacia su conciencia? Después de un estudio exhaustivo, creí que la respuesta era sí. Era posible. Bien podría haber sido una entidad externa o un espíritu comunicándose conmigo ese día.

En mis lecturas, aprendí que personas de todas las culturas habían tratado con espíritus a lo largo de los tiempos. A través de visiones, voces, hechizos y rituales, han existido muchos tipos de contacto y comunicación con los espíritus.

El científico que hay en mí, por supuesto, diría *supuestas* comunicaciones y contactos, pero ya estaba más allá de eso. Había leído suficientes testimonios, la mayoría de primera mano. El tema ya no era si existían espíritus y otras dimensiones. Estaba convencido de que existían. La cuestión era cómo dar sentido a todo aquello. Y esa era otra interrogante. Había tantos fenómenos y manifestaciones diferentes en estos informes y estudios que no sabía por dónde empezar, y no tenía un marco de referencia general o integrado para comprenderlo.

Conversión

Al final, todas mis lecturas y estudios sobre fenómenos paranormales no afectaron mi trabajo con Diane. Tampoco vi aplicaciones clínicas directas que pudieran ser útiles en el tratamiento de clientes en general. El beneficio más inmediato fue lo que significó para mí, en lo personal. En algún momento durante estos meses de lectura y estudio, experimenté una conversión. Llegué a un punto en el que supe que existían otros niveles de conciencia y realidad. No recuerdo ningún momento en particular, como cuando San Pablo fue derribado del caballo. Para mí, fue más bien la acumulación constante y, finalmente, la preponderancia de las pruebas. A menos que creyera que todas estas personas estaban alucinando, malinterpretando o mintiendo, entonces tuve que concluir que había otras dimensiones de la conciencia y la realidad. Es como leer una novela policíaca. Después de tantas pistas e intuiciones de decenas y decenas de testigos, tus sospechas empiezan a moverse en una dirección determinada y, en un momento dado, todo lo que ves apunta exactamente a la misma conclusión.

Durante este período me convencí que la conciencia de cada persona, incluida la mía, sobrevive a la muerte del cuerpo; que somos seres espirituales; y que la mayoría de nosotros venimos a este mundo con un historial de vidas. También estaba convencido de que había dimensiones en las que existían espíritus que, en determinadas condiciones, podían interactuar con los humanos o ser vistos por ellos. Creía que los ovnis y los contactos extraterrestres con la gente eran reales y que a menudo involucraban estados alterados de conciencia. Esto no significa que entendiera estos fenómenos ni que pudiera explicarlos. Sólo sabía que había realidades más allá de los sentidos y la conciencia ordinaria. Desde el punto de vista emocional y psicológico, este conocimiento me produjo una profunda sensación de alivio y tranquilidad. No sé si puedo expresarlo con palabras. No es que me quitara todo el dolor y dificultades.

Ahora tenía aún más preguntas que antes. En algún lugar de mi interior, sin embargo, sentía la profunda certeza de que todos formábamos parte de un todo mucho más grande. En retrospectiva, lo veo como el despertar de mi alma.

En nuestra cultura científica occidental, no sabemos qué pensar ni cómo pensar sobre estos fenómenos. En gran medida, estas realidades se niegan, se ignoran o se cree que están tan separadas de nuestra realidad física, que no puede haber una experiencia o un estudio legítimos de ellas. Antes de comenzar mi propia lectura exhaustiva, esta era también mi postura. No negaba necesariamente las realidades psíquicas o espirituales, pero no formaban parte de mi conciencia o pensamiento cotidianos. En ese sentido, no eran reales para mí.

Esto cambió tras mi conversión. Ahora sabía que estos fenómenos eran reales, pero no tenía un lenguaje o un marco referencial para comprenderlos. Todo el conocimiento y la información sobre estas dimensiones psíquicas y espirituales que había reunido a lo largo de tantos meses no se unían en una imagen coherente, ni explicaban cómo estas realidades nos afectan. Sin embargo, la conversión formó una grieta en mi mundo y en mi forma de pensar. La experiencia contradecía las creencias. Había que tener en cuenta esas realidades, y yo sólo estaba empezando a comprender lo que eso significaba.

Desde un punto de vista clínico, mi experiencia con Diane y la voz desconocida fue una anomalía. Tuvo lugar en el contexto más amplio del tratamiento de cuatro pacientes con TPM, todas ellas mujeres, y cada una con muchos álteres de la personalidad. En todo este tiempo, nunca había pensado en los álteres como algo externo del cliente con el que estaba trabajando. Lo que cambió eso fue mi experiencia con Diane. Planteó la interrogante de si algunos álteres podrían ser, de hecho, una parte psíquica de otra persona o una entidad espiritual que se ha entrometido en su mente. Esto abrió una grieta en mi propio marco conceptual y me llevó a una exploración personal de estos fenómenos psíquicos y espirituales.

Al principio, había abierto la puerta a estos niveles inconscientes creyendo que sabía lo que encontraría allí. Encontraría partes divididas del Yo, y las ayudaría a liberar sus traumas y a integrarse con el Yo consciente. Después de mi conversión, encontré lo que William James llamaría "La confusión floreciente, zumbante". Una vez que empecé a abrir estas puertas con los clientes, me encontré con un misterio y una frustración tras otra. La terapia de estados del ego funcionó bastante a menudo como para convencerme de que había algo significativo en ello. Había visto clientes experimentar una sanación profunda o adquirir una nueva perspectiva como resultado de nuestro trabajo. Así era como se suponía que debía funcionar y, cuando lo hacía, lo tomaba como una confirmación de que este enfoque de la sanación podía ser beneficioso.

Sin embargo, demasiadas veces llegaba a un punto muerto. Los intentos de identificar experiencias críticas y estados del ego con clientes parecían ir en demasiadas direcciones. O había demasiados estados del ego en un cliente, o sus recuerdos no podían compartirse con la conciencia, o las señales eran contradictorias, o las respuestas cesaban por completo. Cada callejón sin salida planteaba la pregunta; si tal vez no sabía lo suficiente o si me estaba encontrando con un bloqueo y una resistencia intencionados. ¿Estaba formulando las preguntas equivocadas, o mis preguntas daban demasiado en el clavo? ¿Eran ambas cosas, o ninguna?

No estoy seguro de cuánto tiempo podría haber continuado en este tipo de confusión y frustración, ni para mis clientes ni para mí mismo. Mi trabajo con estados del ego y los álteres siempre parecía llegar hasta cierto punto antes de que empezaran los bloqueos, la confusión o las interferencias. En retrospectiva, creo que la situación me estaba llevando a una crisis profesional. Por un lado, no podía volver a la terapia tradicional de nivel consciente de conversación. Había demasiadas pruebas de factores inconscientes que afectaban a mis clientes que la *terapia tradicional* no tocaba. Por otro lado, identificar estas experiencias críticas y estados del ego sin poder llevarlos a la resolución no era un resultado satisfactorio.

Este era mi dilema en el verano de 1987, cuando conocí a Gerod y todo cambió.

5

Se Abre una Puerta: El Encuentro con Gerod

"Quizá el efecto más devastador de la ciencia moderna es que induce a sus creyentes a pensar que es la única fuente legítima de conocimiento sobre el mundo. Como sumo sacerdote, por no decir obispo, de la catedral de la ciencia moderna -mi universidad, el Instituto Tecnológico de Massachusetts-puedo atestiguar que una gran parte de lo que llamamos la "familia del MIT", profesores y estudiantes, creen que, en efecto, no hay otra fuente legítima de conocimiento sobre el mundo que la ciencia moderna. Esta creencia es tan errónea como la creencia de que no poder obtener conocimiento legítimo de otra cosa que no sea la religión. Ambas son igualmente falsas."—Joseph Weizenbaum, PhD, Profesor de Informática, Instituto Tecnológico de Massachusetts

El Encuentro

Conocí a Gerod el 1 de agosto de 1987. Fue un encuentro peculiar porque Gerod no tenía cuerpo físico. No podía verlo y no tenía voz. Ni siquiera es exacto llamarlo "él" porque no tiene género ni edad. Gerod es un espíritu.

Una mujer llamada Katharine Mackey inició mi encuentro con Gerod. Katharine era secretaria a tiempo parcial en nuestra oficina. No la veía muy a menudo. Los días que trabajaba, solía estar en su propio despacho ocupándose de las cuentas y los historiales de los pacientes. Yo me había incorporado a la consulta hacía menos de un año, así que no tuvimos muchas oportunidades de conocernos muy bien.

Una mañana, antes de empezar mis citas, me detuvo en el pasillo saliendo de mi despacho. Me preguntó si podíamos hablar unos minutos cuando tuviera un descanso en mi agenda. Debo de haber reaccionado con expresión inquisitiva, pensando que se trataba de algún asunto de negocios que había que aclarar. Percibiendo mi confusión, añadió que era "personal".

Esa misma mañana, cuando tuve un descanso, busqué a Katharine y la invité a mi despacho. Nos sentamos y esperé con cierta ansiedad, tenía curiosidad de saber por qué quería hablar conmigo. Sin embargo, ni en mil años habría adivinado por qué quería reunirse conmigo. Katharine me dijo que canalizaba a un guía espiritual llamado Gerod y quería ofrecerme una sesión en la que yo pudiera hablar con él, si así lo deseaba. Katharine me recordó una conversación que había tenido la semana anterior con uno de mis compañeros de oficina. Estábamos en la sala de conferencias que la mayoría de los días hacía las veces de comedor. Katharine estaba allí con otras personas. El día al que se refería Katharine, yo había estado hablando con ese colega sobre experiencias extracorpóreas. Se trata de experiencias, como la de Robert Monroe, en las que las personas dicen abandonar su cuerpo físico y observarlo desde fuera. Mientras que para algunos la experiencia dura poco, otros dicen viajar a otros lugares o visitar a otras personas, pero en este estado etéreo.

Este tipo de conversación con mi colega no era inusual. Tanto él como yo habíamos utilizado la hipnosis en nuestro trabajo con clientes y a veces hablábamos de algunos de los fenómenos inusuales que relataban mientras estaban en trance. Esto incluía fenómenos paranormales como las experiencias extracorpóreas.

Katharine me dijo que cuando nos escuchó hablar, le recordó una experiencia que tuvo a los quince años, en la que experimentó la escritura automática. Dijo que se sentía como si otra persona estuviera tomando el control, y le había asustado. Dejó de hacerlo y, con el tiempo, la experiencia desapareció de su memoria hasta que nos escuchó a mi colega y a mí hablar de estos extraños fenómenos. Katharine me contó que esa noche se fue a casa y, sentada en la mesa de la cocina, volvió a intentar escribir automáticamente. Dijo que la conexión estaba "ahí mismo", como esperando la llamada. Durante esta experiencia, dijo, Gerod se presentó, y durante los dos días siguientes, tanto ella como su marido se comunicaron con él.

Estaban tan impresionados con la comunicación que Katharine decidió invitarme a una sesión con Gerod.

Mientras la escuchaba, ya estaba al tanto sobre la canalización por mis propias investigaciones del último año y medio. La canalización es una de muchas formas en que las personas a lo largo de la historia han afirmado tener contacto directo con espíritus. Un medium es una persona capaz de 'hacerse a un lado' para permitir que un espíritu u otra entidad se comunique a través de ella, ya sea verbalmente o por escrito. En efecto, el espíritu asume el control ejecutivo de al menos algunas de las funciones conscientes de la persona. Katharine me contaba que tenía esa capacidad. Podía apartarse de su propio estado consciente y permitir que Gerod estuviera presente. Al parecer, había tenido esa capacidad toda su vida, pero no la había utilizado.

Katharine me dijo que me ofrecía la sesión con Gerod por varias razones. En primer lugar, dado mi interés por estos fenómenos, pensó que me gustaría tener la oportunidad de vivir una experiencia directa. En segundo lugar, quería que una parte objetiva obtuviera información de Gerod. Y, en tercer lugar, deseaba una evaluación de la calidad del material.

Estuve de acuerdo con hacer una sesión, ya que Katharine tenía razón. Consideré el encuentro con Gerod como una oportunidad. Para mí, la idea de comunicarme directamente con una entidad inteligente que existe en una dimensión diferente era realmente emocionante. A pesar de todas mis lecturas, nunca me había planteado buscar un médium. No se me había ocurrido.

Sin embargo, creía que lo que me decía Katharine era cierto, que algunas personas pueden canalizar entidades espirituales. Sin embargo, yo no tenía experiencia directa. No había visto fantasmas. No había escuchado voces. Nunca vi un objeto moverse por voluntad propia. Y aunque muchas veces le había pedido a Dios que interviniera de forma más personal en las cosas, no había sido testigo de una intervención obvia o milagrosa. Mi creencia en la existencia de espíritus provenía de libros y del testimonio de clientes.

Por supuesto, no tenía idea si Gerod era realmente un espíritu. Mi trabajo con estados del ego y álteres me había mostrado entidades que la mente era capaz de crear. Gerod podía resultar ser una figura de la mente inconsciente de Katharine, una posibilidad que tanto ella como yo estábamos dispuestos a considerar. Mi actitud era que, si resultaba ser un montón de clichés místicos, podía agregarlo a mi lista de experiencias. Como mucho, perdería un par de horas de mi tiempo. Ciertamente, Gerod podría pasarse la mayor parte de la sesión, o toda, hablando con elocuencia sobre distintos temas, y yo estaría dispuesto a escuchar. Sin embargo, si se trataba de una auténtica comunicación con un espíritu, mi esperanza era entablar un diálogo. Quedamos en vernos el sábado por la mañana.

1 de agosto de 1987

Katharine y yo nos sentamos en la mesa de conferencias. La oficina cerraba los sábados, así que sabía que no nos molestarían. Katharine me explicó lo que iba a ocurrir. Era muy sencillo. Se tomaría unos minutos para entrar en un estado alterado de consciencia que permitiría a Gerod entrar y controlar su brazo, y luego empezaría a escribir. Sentada a la mesa, con el lápiz en la mano y el brazo apoyado en un bloc amarillo, Katharine comenzó su cambio interno. Me senté a su lado para poder leer lo que estaba escrito. Esperé y observé. Al cabo de unos minutos, su brazo empezó a moverse. Mirando por encima de su hombro, leí las palabras: *"Gerod está aquí contigo, Katharine. ¿Está Tom también?"*

Supuse que Katharine respondió mentalmente de forma afirmativa, porque aparecieron las siguientes líneas: *"Bien, estaré encantado de hablar con él como me pediste."* Esta parecía ser mi señal. Le di las gracias a Gerod por reunirse conmigo. No sabía muy bien cómo iniciar esta comunicación. ¿Qué se le pregunta a un espíritu? Era mi primer desafío y mi primera lección.

La única pregunta personal que se me ocurrió se refería a mi hermano Ted, que había muerto en 1980, cuando tenía treinta años. Katharine no estaba al tanto de la muerte de Ted, y yo no se lo mencioné específicamente a Gerod. Sólo le pregunté qué podía decirme sobre Ted. La respuesta de Gerod me dejó confuso y desconcertado. Respondió a mi pregunta como si Ted siguiera vivo:

> Tu hermano Ted está bien. Sus problemas recientes provienen de la discordia dentro de su alma y está trabajando muy duro para superarlos. Apóyale. Necesita mucho amor y estimulación para crecer.
>
> Deberías alejarte un poco de él; darle espacio para cometer sus errores y así le ayudarás en su crecimiento; no te sientas infeliz por él

o infeliz por no poder hacer más por él. Tu preocupación cariñosa es realmente suficiente en este momento.

Esta respuesta, por supuesto, suscitó inmediatamente todo tipo de preguntas sobre Gerod y la validez de su información. Supuse que desde su posición ventajosa Gerod debería saber que Ted no estaba vivo. Me pareció que era algo muy importante como para que Gerod no lo supiera.

Sin embargo, tenía otros tres hermanos y dos hermanas, y pensé que quizá algo se había mezclado ahí. Decidí no decir nada más sobre Ted. Sabía que tardaría algún tiempo en dar con las preguntas adecuadas para poder explorar esto sin revelar la contradicción, así que decidí sobre la marcha suspender mi juicio al respecto y pasar a otras áreas.

Mi siguiente pregunta para Gerod surgió de la crisis que se había ido desarrollando en mi consulta. En mi trabajo de hipnosis con tantos clientes, era consciente de un estancamiento creciente. Tantos intentos de identificar y comunicarme con estados del ego estaban resultando en confusión, bloqueos y callejones sin salida con varios de mis clientes. Decidí preguntarle a Gerod por uno de esos clientes, Jim D. Había visto a Jim un par de días antes, y era consciente de que estábamos llegando a un callejón sin salida. Hablé con Gerod en general sobre la confusión y el bloqueo que tan a menudo encontraba en mi trabajo con clientes, y luego le pregunté por mi trabajo con Jim. No le ofrecí ninguna información sobre Jim. No tenía ni idea de lo que Gerod podría decir, si es que decía algo. Pero entonces la mano de Katharine empezó a escribir:

> Jim está poseído por un espíritu de bajo nivel de conciencia que intenta adherirse a la tierra. Puedes instruir a Jim sobre las formas de fortalecer su alma y decirle que debe pedir a este espíritu que le abandone. Es una buena persona, está creciendo bien, pero no es plenamente consciente del potencial de su vida con guías espirituales, de ahí su confusión. Una persona más consciente habría reconocido el bajo nivel de este guía.

La respuesta de Gerod me cogió desprevenido. Había leído algo sobre la intrusión de espíritus en algunas de mis lecturas. Con unos pocos clientes, me aventuré a preguntar si una entidad con la que me estaba comunicando formaba parte del cliente. Lo había hecho más por desesperación, en un esfuerzo por dar sentido a las respuestas, que por una creencia clara de que realmente así fuera. Ahora Gerod me estaba diciendo, con toda naturalidad, que mi cliente estaba sufriendo la interferencia de un espíritu.

Si le creía a Gerod, la intrusión de un espíritu pasaba de ser algo teórico y especulativo a ser real. En aquel momento ni siquiera podía ocuparme de las consecuencias de esta revelación, pero le pregunté a Gerod si me podía decir algo más sobre este tipo de intrusión espiritual. Una vez más, leí las palabras tal como aparecieron:

> Las entidades desencarnadas suelen ser habitantes de los niveles espirituales. Tu trabajo con tus pacientes ha abierto un área que creo, como ya sabrás, no ha sido bien explorada. Las personas con alma atraen a los desencarnados. Gerod es un alma desencarnada, pero somos muchos, y muchos de nosotros no somos capaces de funcionar exitosamente como guías. Desafortunadamente, estos espíritus se convierten en exceso de equipaje para algunas personas existentes en la Tierra. Te puedo decir que algunas personas con personalidad múltiple, aunque no todas, lo son porque están habitadas o poseídas por algunos espíritus errantes perdidos que no conocen una mejor forma de comportarse.

Esta afirmación, por supuesto, suscitó todo tipo de preguntas sobre la personalidad múltiple en general y, en concreto, sobre muchos clientes con los que trabajaba y había trabajado durante varios años. Tenía dudas y confusión sobre muchas de las cosas que me había encontrado con mis clientes. Tratar con personalidades múltiples ya era bastante complejo. Añadir la posibilidad de espíritus intrusos planteaba aún más preguntas. Al mismo tiempo, sugería la posibilidad de que yo también encontrara algunas respuestas a los impasses. Sin embargo, en aquel momento, sentado allí con Katharine y Gerod, lo único que podía hacer era intentar elaborar algún tipo de pregunta inteligente a partir de la miríada de pensamientos y recuerdos que daban vueltas en mi mente.

Le pregunté a Gerod si, desde su punto de vista, los álteres de la personalidad eran en cierto sentido personas por derecho propio y fundamentalmente separadas de la personalidad primaria.

No. Son fragmentos de una personalidad. El alma que existe en la Tierra está intacta, de ahí la discordia. Una personalidad arraigada en un alma tiene un propósito superior y se esforzará por conseguirlo, aunque sea incapaz de lograrlo. Una personalidad fragmentada está incompleta, es irresponsable con el alma y, por lo tanto, no está en sintonía con el bienestar del alma, esto causa dolor y discordia a las personas humanas.

Continué con una serie de preguntas sobre álteres de la personalidad. En aquel momento no tuve la precaución de anotar mis preguntas, así que sólo tengo constancia de las respuestas de Gerod. En general, como yo tenía mucha experiencia con los álteres, quería conocer la perspectiva de Gerod sobre este mismo fenómeno. Creía que mi propia experiencia me daría al menos alguna base de comparación. A continuación, expongo algunas de sus respuestas sobre los álteres.

Sí. El alma es el depósito de toda la información de esta vida y de vidas pasadas. La personalidad es fuerte, es inteligente. Al igual que puedes acceder a tu alma para obtener información, también pueden hacerlo estos álteres. Son reales, tienen energía y existen. Sin embargo, no son una ventaja para nuestro ser.

El alma es atemporal, ilimitada, un vínculo con todo lo que es. Hay que protegerla, cuidarla y alimentarla. El abuso es abominable. Puede dañar un alma en crecimiento. Sin embargo, para eso están estas experiencias de vida: para nutrir y estimular el crecimiento. Si una persona se enfrenta a una vida dura con poca protección de un guía, forma parte de su experiencia de crecimiento. No obstante, me parece triste. Una personalidad basa su identidad en la forma de existencia elegida, por ejemplo, la vida terrestre. Esta persona o personalidad terrestre es frágil y vulnerable. Haciendo cualquier cosa para preservarse, la personalidad llamará a sus propios ayudantes, creados por sí misma. De ahí las personalidades múltiples.

En efecto, ellos [los álteres] son "creados". La mente es poderosa. Mira lo que puede hacer tu mente cuando tiene la información adecuada: grandes cosas. Una mente quiere ayuda: una madre, un padre, alguien importante a quien amar, proteger e intervenir. Si en esta realidad física no existe nadie así, entonces la mente empezará a crear cuidadosamente "personas" para ayudar. Sin embargo, muchos de estos ayudantes son ayudantes mal informados, ya que no están enraizados en el alma.

Sólo hay un alma en la persona múltiple, a menos que sea un alma poseída. Es necesario distinguir entre la persona que está poseída, poseída por espíritus malvados, de bajo nivel, no buenos, traviesos o simplemente confundidos-y la persona terrestre que, de hecho, ha creado personalidades sin alma dentro de sí misma.

Hacia el final de la sesión, le pregunté a Gerod sobre sí mismo. Su respuesta fue la siguiente:

> Gerod es un maestro de personas para estimular el crecimiento del alma con el fin de que una persona pueda crecer hacia la Luz y así acercarse a Dios, como Katharine dice, a la Luz.
>
> Soy un guía de alto nivel de consciencia interesado en el crecimiento a través del logro de actitudes amorosas en la Tierra. He vivido únicamente en un nivel de existencia espiritual. No he sido un habitante de la tierra, pero tengo un gran interés y amor por la naturaleza amorosa de las personas con experiencia en la tierra y por eso he elegido ser un guía de enseñanza allí. No se me da bien la adivinación, mover objetos, o dar los números de la Lotería.

Después de la sesión, Katharine y yo hablamos un rato. Estoy seguro de que compartí con ella algunas de mis impresiones. Ella también sabía que yo había reaccionado a la comunicación de Gerod sobre mi hermano. Le hablé de la muerte de Ted y de mi confusión ante lo que Gerod había dicho. No necesitaba hacer juicios inmediatos sobre lo ocurrido. Gerod me había dado mucho en qué pensar, y eso fue exactamente lo que hice durante el fin de semana.

Consideración y Observación

Tras la sesión con Gerod, estaba casi seguro de que no era un alter. Aun así, no descarté que pudiera ser una creación inconsciente de Katharine, pero tal vez de un nivel espiritual o colectivo profundo dentro del Yo. Podría ser, por ejemplo, como el *ayudante interno* (AI) que se manifiesta en tantos casos de personalidad múltiple. En los casos clínicos, el AI se presenta como un alter, pero uno que parece tener un mayor conocimiento y perspectiva sobre el mundo interior de la persona que la persona consciente o los otros álteres. (Hablaré más sobre el ayudante interno en el capítulo 10).

También consideré la posibilidad de que Katharine estuviera percibiendo y funcionando en algún nivel de su mente del que ni ella ni yo fuéramos conscientes. Ella conocía los nombres de todos mis clientes. También había conocido a la mayoría de ellos cuando trabajaba en la recepción. No podía descartar que recibiera información telepática o psíquica. No lo descartaba, pero mi propia intuición era que Gerod era una entidad inteligente que existía independientemente de Katharine.

El lunes por la mañana, cuando vi a Katharine, me entregó un papel. Me dijo que la confusión sobre la respuesta de Gerod la había impulsado a canalizar a Gerod y preguntarle al respecto. Esto es lo que escribió:

> Ted, el hermano de Tom, se ha reencarnado. Está viviendo otra vida terrenal. Creo que he interpretado la pregunta de una forma muy literal. Sí, Ted ha muerto en el sentido de la personalidad del hermano de Tom, Ted; sin embargo, su alma vive para siempre y en este momento su experiencia terrenal es un poco inestable, de ahí que sintiera la preocupación que tendrían por él sus seres queridos.
>
> Ted se ha reencarnado en un niño, por supuesto. Es un niño de casi seis años y le cuesta sentirse aceptado. Sin embargo, su familia es cariñosa, aunque demasiado protectora, por lo que el niño se siente asfixiado e incapaz de expandirse. La aceptación es la libertad amorosa de ser quien uno es. A los niños asfixiados no se les permite la libertad de expresarse, por lo que crecen conformándose de una manera que suprime su creatividad.
>
> Dile a Tom que siento la confusión. Pero seguí la petición de información con mucha claridad y olvidé que no siempre ves la vida en su conjunto, sino sólo en esta experiencia particular.
>
> Ted vive en el norte del Estado de California.

Cuando salí de la reunión con Gerod el sábado, no entendía cómo podía conciliarse la discrepancia entre su supuesto conocimiento mayor, por un lado, y su obvio error sobre Ted, por otro. Esta breve comunicación de Gerod el lunes por la mañana fue una primera lección importante. Gerod dijo que cuando yo pregunté por Ted, estaba preguntando por un alma, y que era el alma lo que Gerod había identificado y de lo que había hablado, no la personalidad. Aunque lo sabía intelectualmente, la comunicación de Gerod fue un poderoso recordatorio de que estábamos tratando con dos puntos de vista diferentes. Mi respuesta inmediata al leer esta afirmación fue que era plausible. Podía tener sentido.

Esta comprensión también me obligó a considerar una relación diferente con Ted. Durante los últimos siete años, sólo podía pensar y sentir a Ted como un hermano que había perdido. No tenía idea si aún sobrevivía a algún nivel espiritual, o si era una energía que se fundía de nuevo en una conciencia cósmica, o si simplemente había dejado de existir sin dejar rastro, excepto en la memoria de los que lo amábamos. Mis lecturas del último año habían apuntado a la posibilidad de que Ted siguiera existiendo en algún estado espiritual. Ahora Gerod decía que Ted -el alma-estaba muy vivo. Sin embargo, estaba vivo como una persona diferente, en un cuerpo diferente.

Cuando le hice a Gerod la pregunta sobre Ted, le estaba preguntando sobre una personalidad. Gerod me hablaba sobre el alma del que yo había conocido como Ted. ¿Era este niño de California mi hermano? ¿Qué significaba eso? ¿Mi alma y el "alma de Ted" seguían conectadas de algún modo más allá de las personalidades? Todo tipo de preguntas empezaron a surgir a través de esta grieta en mi pensamiento. Ya no sé hasta qué punto era consciente y hasta qué punto era una especie de proceso de fondo que se desarrollaba en esa zona difusa entre consciente e inconsciente. Aquella semana ocurrió otra cosa que reforzó mi dilema. Tuve una sesión de terapia con Jim.

Una vez más usamos la hipnosis, sólo que esta vez reformulé mis preguntas como si me estuviera comunicando con un espíritu externo en vez de comunicarme con una parte de Jim. Para mi asombro, empecé a obtener respuestas directas. Por mi trabajo con Jim y muchos otros clientes, conocía muy bien los bloqueos y confusiones que había estado encontrando durante tanto tiempo. Esta vez, sin embargo, fue como si alguien dentro de Jim me dijera que por fin estaba haciendo algunas preguntas que tenían sentido. Así que mantuve un diálogo con lo que aparentemente era un espíritu, y finalmente accedió a abandonar a Jim. Durante la sesión, y después, supe que había participado en una verdadera comunicación. Fuera quien fuese, parte de Jim o no, era inteligente, entendía lo que yo decía y respondía a mis preguntas de forma racional.

Puntos de Contacto

Cuando me reuní con Gerod, no sabía si era un espíritu. No sabía cómo se prueba a un espíritu. Las únicas herramientas que tenía eran el lenguaje y la razón. Fue un encuentro de mentes en el sentido más auténtico de la expresión. Sin rostro que leer. Sin gestos. Sin voz. Nuestro contacto tenía que llevarse a cabo estrictamente a través del lenguaje.

Cuando acepté reunirme con Gerod, esperaba un diálogo. Creía que mientras pudiera hacer preguntas y asegurarme de que entendía el significado de una palabra o un concepto, Gerod y yo podríamos llegar a algún tipo de entendimiento. Cuando conseguí comunicarme con él, llegué rápidamente al límite de mi comprensión. Descubrí que Gerod y yo no hablábamos el mismo idioma.

Gerod dijo que era un alma consciente de su existencia y de la nuestra desde el principio, cuando se crearon todas las almas. Esa afirmación por sí sola me dejó perplejo. No sólo era inteligente, sino que afirmaba hablar desde un "orden superior". Era una perspectiva que yo ni siquiera podía comprender. Yo hablaba de *personas* y él hablaba de *almas*. Hablaba de almas desencarnadas que actuaban como guías espirituales de los humanos, y hablaba de almas terrenales capaces de "habitar" en una persona. En cuanto a mi hermano Ted y a mi cliente Jim, afirmaba estar "leyendo" sus almas en tiempo presente, mientras yo estaba sentado a la mesa con Katharine. Dijo que yo tenía mi propio guía personal y que mi alma había vivido otras vidas. Cuando le pregunté por mis propias vidas pasadas, citó mi vida anterior como médico que vivía en Maine (U.S.A.) antes de la Segunda Guerra Mundial.

Conocía los términos, por supuesto -*alma, reencarnación, guía espiritual*-, pero no tenía conocimiento personal de estas cosas. No tenía ninguna experiencia personal que confirmara o refutara lo que Gerod decía. Intenté verlo desde su perspectiva, pero no pude. No veía almas cuando miraba a otras personas. No tenía conciencia de que hubiera guías espirituales cerca. No sabía que yo era un alma con vidas anteriores. En mi mundo no se hablaba mucho de reencarnación. Gerod insinuaba que todo formaba parte de una realidad mayor, pero que yo no podía ver. Yo encajaba en su mundo. Él no encajaba en el mío.

La posibilidad de que Gerod existiera en otro nivel de existencia y conociera nuestro mundo me resultaba explosiva. La idea de que pudiera conocer a la gente y los acontecimientos del presente daba un nuevo vuelco a las cosas; decía que nuestros mundos coincidían. De hecho, Gerod sugería que nuestros mundos estaban más íntimamente relacionados de lo que yo creía. Sin embargo, poder hablar con Gerod sobre personas y acontecimientos en tiempo presente nos ofrecía un terreno común, un punto de referencia. Podíamos verlo de forma muy diferente, pero al menos lo veíamos al mismo tiempo. Una posible confirmación de esto había llegado en mi sesión con Jim.

Gerod había dicho que un espíritu estaba presente e interfería en mi trabajo con Jim. En la siguiente sesión con Jim, cuando adopté una línea de interrogatorio diferente, las respuestas que observé parecían confirmarlo. No era una prueba ni mucho menos, pero llamó mi atención. De repente, tenía un pie en otro mundo. Gerod podía ver al espíritu terrenal con Jim. Yo podía comunicarme con él. Y lo más importante, parecía que el espíritu podía comunicarse por sí mismo.

No tenía conciencia de este espíritu y no tenía ni idea de cómo existía. Decidí intentar hablar con él para ayudar a Jim. Pensé que, si realmente se trataba de un espíritu, su presencia con Jim sólo podía interferir. Si librar a Jim de un espíritu aliviaría alguna de sus molestias, entonces eso era lo que había que hacer. Jim estuvo de acuerdo. Como fundamentalista cristiano, Jim parecía sentirse más cómodo que yo con toda la charla sobre desalojar espíritus. El único problema era que no sabía cómo había que hacerlo. El único procedimiento de expulsión que conocía era el exorcismo, y eso no es exactamente de lo que Gerod hablaba aquí. Su información sobre los "desencarnados" implicaba que eran almas errantes del reino espiritual y que debían ser encaminadas al mismo lugar. Sería como devolver a un viajero perdido a la carretera principal, una ayuda en vez de un *exorcismo*.

Más allá de la Frontera

Hubo un momento en aquella sesión con Jim en que me convencí de que me estaba comunicando con un espíritu, un alma desencarnada. En ese momento, los espíritus pasaron de ser una abstracción intelectual a ser un imperativo clínico. No sólo existían los espíritus y eran capaces, en determinadas condiciones, de afectar a un cliente, sino que también se podía tratar con ellos directamente a través de la hipnosis y la señalización ideomotora. En el futuro, a la hora de evaluar a un paciente, la intrusión de espíritus sería algo a tener en cuenta.

La comunicación sólo duró media hora, pero en ese tiempo vi que podía ser cierto. Las personas, durante su muerte, podrían quedarse

Se Abre una Puerta: El Encuentro con Gerod

atascada en su transición de lo físico a lo espiritual. Su conciencia en el momento de la muerte -lo que creen o ven-podría determinar de algún modo lo que ocurre. También comprendí en ese momento que nuestros mundos podrían cruzarse en algún lugar fuera de nuestra conciencia normal. Estos espíritus podrían estar involucrándose con las personas y, sabiéndolo o no, creando angustia y confusión a niveles de los que no somos conscientes.

Una vez que reconocí esta posibilidad, tuve que enfrentarme a las preguntas que surgieron a continuación. ¿Eran los espíritus, al menos para algunas personas, una causa importante de angustia psicológica, emocional o física? Y, en concreto, ¿afectaban de este modo a alguno de mis clientes? Si los espíritus interfieren, ¿de qué manera lo hacen? ¿Cuándo interfieren? ¿Quién es vulnerable? Si pueden atormentar a alguien, ¿cómo ocurre? ¿Cuál es el mecanismo? ¿Puede la intrusión de espíritus causar determinadas dolencias corporales? Cada pregunta llevaba a otras, y yo no sabía la respuesta a ninguna de ellas. Pero me sentía obligado a averiguarla.

El asunto era que no podía reconocer la existencia de un espíritu solamente. Difícilmente podría argumentar que se trataba del único espíritu solitario en todo el universo y que simplemente apareció con mi cliente. No, admitir un espíritu era admitir muchos. El problema no estaba en descubrir a este único espíritu dentro de Jim, sino en descubrir a los espíritus en general. Tenía que considerar que, si era cierto en el caso de Jim, podía serlo en el de otros clientes. Era demasiado tarde para cerrar los ojos. Si tuviera un cliente cuyas ansiedades o síntomas extraños fueran causados por la presencia de espíritus, entonces quisiera saber para poder ayudarlo a resolverlo.

Sin embargo, no disponía de un manual sobre cómo averiguar la presencia de espíritus. Sólo sabía que podía ser un tema importante. En nuestra cultura occidental, el contacto directo con los espíritus ha sido tabú. Las iglesias creen en ellos, pero dicen que no son de fiar, pues hay espíritus malignos entre ellos. Y la ciencia, que yo consideraba mi tierra natal, seguía diciéndome, en resumidas cuentas, "si no tiene un cuerpo físico, entonces no es real". Este era el mundo en el que crecí. El conocimiento de los espíritus se mantenía en la clandestinidad, como ya había descubierto cuando hice mi recorrido por la biblioteca. Pero ahora se había convertido en una interrogante clínica.

Vislumbres hacia otro Mundo

Aunque la información que Gerod me dio en aquella primera sesión me pareció intrigante, fueron las implicaciones clínicas las que captaron mi atención. Cuando Gerod me dio información sobre Jim D. y el espíritu terrenal, afirmaba que percibía a Jim al mismo tiempo en el que él y yo nos comunicábamos. Si era cierto, y podía localizar a un cliente en tiempo real y dar información sobre él, entonces era posible que pudiera hacer lo mismo con otros. Y si era información en tiempo presente, entonces ofrecía la posibilidad de verificación. Si ambos éramos capaces de percibir a la misma persona (o alma) en tiempo presente, era posible que encontráramos un terreno o marco de referencia común: uno en el que nuestras percepciones y observaciones coincidieran, pudieran compararse y ponerse a prueba.

Esto me llevó a pedirle a Katharine otra reunión, y luego otra. Acabamos reuniéndonos varias veces más en los cuatro meses siguientes. Durante ese tiempo, le pregunté a Gerod sobre varias situaciones de clientes que se habían vuelto críticas o eran bastante inusuales. También le pregunté más sobre los espíritus terrenales. Hablamos de conceptos como *consciente* e *inconsciente*, *alma*, *hipnosis* y *memoria*. Hice preguntas sobre todo lo que surgió y obtuve más de lo que esperaba.

Pregunté y recibí. La información de Gerod era abrumadora y abordaba directamente los estados del alma de muchos de mis clientes. El siguiente extracto de una de las conversaciones con Gerod es sólo una muestra de estos intercambios:

> Rita seguirá sorprendiéndote con su información. Michael es un nombre de vidas pasadas y también es el nombre de un espíritu. Es una acumulación de vidas pasadas y tu terapia con ella será más exitosa cuando la sanación tome forma sobre estos temas. Muchas almas en desarrollo llevan consigo al presente sus asuntos pendientes. Michael es la vida pasada y su historia contiene las raíces de su infelicidad. La regresión a vidas pasadas dará la historia de un hombre descontento y socialmente inadaptado. La cárcel sería posiblemente un hecho histórico para esta persona. La terapia basada en esta vida presente no puede tener éxito porque no son estos acontecimientos los que contienen las raíces de su desajuste en la vida.

No podía concebir todo lo que estaba diciendo e insinuando en estas numerosas conversaciones: que había muchos tipos de seres -algunos malignos, otros benignos-que interactuaban con el mundo de los humanos. Dijo que había seres que intentaban deliberadamente manipular y bloquear a la gente a niveles inconscientes. Habló de otra dimensión en la que existe el registro de todo lo que ocurre. ¿Se lo imaginan? Decía que nuestras almas vienen al mundo con una historia y que eso nos afecta, a cada uno a su manera. Gerod también habló de la Luz. Decía que el reino espiritual estaba en la Luz y que cada uno de nosotros, como alma, ya forma parte de esa Luz.

Con el paso de los meses, me convencí de que Gerod era auténtico. Me convencí de que era un ser inteligente y sabio, independiente de Katharine. Escribía sus complejas afirmaciones sin vacilar y con autoridad. Decía que era un ser de Luz, que ofrecía amor y conocimiento. Dijo que su propósito era promover la sanación y que su contacto conmigo se había establecido específicamente por esa razón.

Estaba dispuesto a mantener un amplio diálogo, y yo podía preguntar lo que quisiera. Para una persona con mi curiosidad, era como ganar la lotería. Pero había un elemento añadido. También afirmaba poder comunicarse directamente con las almas de mis clientes. Siempre que un alma estuviera de acuerdo, podía compartir lo que aprendiera o le hubieran dado en ese contacto. La condición era que sólo compartiría información relativa al proceso de sanación del cliente. Como yo no podía verlo desde su punto de vista, tenía que confiar en su juicio sobre estos límites. Por lo que él decía ver, compartía lo que podía, lo que creía que podía ayudar y lo que no transgredía el libre albedrío del alma.

Con mis clientes, empecé a tener una especie de doble visión. Mi visión natural de la enfermedad estaba enraizada en los conflictos y enredos de la mente, el cuerpo y las emociones. La experiencia infantil, el trauma y la historia emocional eran los factores que tenía en cuenta a la hora de evaluar la situación de un cliente y determinar el mejor enfoque terapéutico. Sin embargo, justo después empecé a pensar en mis clientes en los términos que mencionaba Gerod: el alma y las elecciones del alma hechas antes de nacer; la influencia de vidas pasadas; la presencia de espíritus que interfieren o amenazan; y la relación entre el Yo y el alma. Fue mi primer intento de adoptar una perspectiva del alma. Era un esbozo, más bien como dejar volar la imaginación y la intuición. Buscaba pautas y correspondencias, causas y efectos.

Sabía que estos temas podían tener consecuencias clínicas para mis clientes, pero en aquel momento no estaba en condiciones de evaluarlas. Sin embargo, basándome en mi experiencia con Jim D., el tema de los espíritus terrenales era algo que podía tratar. A través de la hipnosis, podía comunicarme directamente con ellos y negociar su salida. Creí intuitivamente lo que Gerod había dicho: estos espíritus no pertenecen a este lugar. No es bueno para ellos ni para la gente que habitan. Dijo que pertenecían al reino espiritual y que podían ser dirigidos allí. Si eso fuera cierto, resolvería dos problemas a la vez. Si pudiera ofrecer a los espíritus una respuesta a sus propios problemas, entonces, al mismo tiempo, podría ser una respuesta a los problemas que podrían estar causando a mis clientes. El espíritu podría liberarse y mi cliente se libraría de su presencia.

Con la información de Gerod como un recurso, y mi propia habilidad para comunicarme directamente con los espíritus como otro, decidí que abordaría el tema con aquellos clientes que indicaba la presencia de un espíritu. Al disponer de dos fuentes que podían corroborarse mutuamente -o no-, creí que tenía una forma de probar la validez de mi enfoque.

Pero mi error en todo esto fue creer que podía estudiar a los espíritus objetivamente: es decir que, si podía comunicarme con ellos, entonces podría aprender sobre ellos y cómo dirigirlos al reino espiritual, como sugería Gerod. Fui lo bastante ingenuo en aquel momento como para creer que mi destreza intelectual me permitiría explorar y cartografiar este mundo que se abriría ante mí, como si de algún modo todo fuera independiente y separado de mí. No me di cuenta que, tarde o temprano, cruzar esa frontera y entrar en contacto directo con los espíritus a través de mis clientes me obligaría a llegar a esa frontera dentro de mí. Era una frontera del alma. No podría ser conocida por mis conceptos y pensamientos limitados; y de conocerla, sería en sus propios términos, no en los míos. Al decir sí a tratar con espíritus, estaba, en efecto, aceptando esos términos. No me di cuenta de la enormidad de ese paso. ¿Cómo iba a hacerlo? En definitiva, esto exigiría el despertar de mi alma.

6

Espíritus Terrenales

"El significado de la muerte no es la aniquilación del espíritu, sino su separación del cuerpo, y el día de la resurrección y el día de la asamblea no significan el regreso a una nueva existencia después de la aniquilación, sino el otorgamiento de una nueva perspectiva para el espíritu."—Al-Ghazzali, extracto de su libro *'El Renacimiento de las Ciencias Religiosas'*.

Quedar Atado

Los espíritus quedan atados a la Tierra por muchas razones diferentes, todas ellas relacionadas con la conciencia del espíritu. Obviamente, ya no es el cuerpo el que los mantiene atados a la realidad terrenal, porque las leyes de la física ya no se aplican a ellos. Es su *conciencia* la que los mantiene atados. Me he comunicado con muchos espíritus, por ejemplo, que tienen miedo de ir a la Luz, el lugar que Gerod llama *el reino espiritual de la Luz*. Dependiendo de lo que se les haya enseñado, algunos espíritus temen que en la Luz serán juzgados y castigados. Esperando evitar lo que creen que será doloroso, se apegan en cambio a algún lugar o a alguna persona de la realidad física. A menudo, estos espíritus albergan un profundo terror a ser considerados indignos de la Luz y ser rechazados. Mientras que algunos pueden tener miedo del fuego del infierno y de la condenación que les han enseñado, la mayoría tienen miedo del dolor de volver a la Luz, al Amor Infinito del Creador, sólo para ser rechazados. En su auto-tormento, estos espíritus permanecen atados a la tierra porque es familiar y predecible y, desde su punto de vista, es más seguro que la alternativa.

También he trabajado con espíritus que murieron de forma traumática -un accidente automovilístico, un incendio, un asesinato o un desastre natural-, situaciones en las que la muerte llegó de repente y no hubo tiempo de prepararse conscientemente. Se trataba de personas, ahora espíritus, cuya conciencia permanecía centrada en la realidad física. A menudo ni siquiera eran conscientes de que su cuerpo había muerto. En el momento de su muerte repentina, estos espíritus pueden estar confundidos e intentan seguir como siempre. Otros se asustan y se aferran a la primera persona que ven. Pueden tardar un tiempo en darse cuenta de lo que ha ocurrido. Mientras tanto, o no vieron la Luz o la perdieron de vista en la confusión. Estos espíritus suelen estar entre los más fáciles de trabajar. Están muy abiertos a oír hablar de la Luz, y una vez que la han localizado, se marchan rápidamente.

La adicción es otra razón por la que los espíritus permanecen en la Tierra. Su conciencia está tan ligada a su adicción que siguen viviéndola incluso después de la muerte del cuerpo. Estos espíritus buscarán a personas que sean adictas y que les ofrezcan la posibilidad de una "dosis" a través de otro. Para una persona en la realidad física, parece que los estados inducidos por las drogas y el alcohol crean una vulnerabilidad en su campo energético y dejan a la persona abierta a la intrusión de espíritus. Un espíritu terrenal, que busca continuar con su propia adicción, se sentirá atraído por esa persona.

Cuando se sienten a salvo, estos espíritus suelen estar abiertos a recibir información sobre la Luz y el reino espiritual. A menudo, no tardan en reconocer que su estado actual intentar continuar con su adicción-fue un ejercicio inútil. Suelen aceptar sentir la Luz o permitir que un espíritu de la Luz se acerque y se comunique con ellos directamente. Esto puede ayudar a darles la confianza de que encontrarán alivio en la Luz.

Finalmente, otra situación común es cuando un espíritu permanece ligado a un ser querido o seres queridos en la tierra. Un espíritu puede unirse a su hijo, por ejemplo, por amor, por culpa o por el deseo de ayudar de alguna manera. También pueden quedarse con un ser querido porque no vieron la Luz en el momento de la muerte y no saben dónde ir o qué hacer. Una vez que se les señala, la mayoría comprende rápidamente que su presencia es una interferencia, y probablemente un obstáculo, para sus seres queridos. Cuando se les instruye sobre la Luz y pueden verla por sí mismos, suelen marcharse. El factor que complica la situación es que la persona sobreviviente a la que están unidos también debe estar de acuerdo en dejarlos marchar. No es que un espíritu no pueda irse; puede. Sólo que separarse de un ser querido afligido o reacio puede ser más difícil. Al igual que aquí en el mundo físico, se necesitan dos para bailar tango. Todo depende de la relación particular que exista entre dos personas.

La Dimensión Astral

Estas son cuatro razones comunes por las que un espíritu puede permanecer ligado a la Tierra. Existen otras. Al final, cada espíritu tiene su propia historia y sus propias razones para quedarse atrapado en este inframundo. Cada espíritu terrenal se ha quedado atrapado en su propio mundo de miedo, ignorancia o apego. Sin embargo, lo que caracteriza a todos ellos es su falta de crecimiento. Están centrados en un mundo en el que ya no pueden participar.

En su libro *Viajes Lejanos*, Robert Monroe describe la visión de esta dimensión astral durante sus viajes extracorporales. En una de sus experiencias, describe un viaje fuera de la Tierra. Lo describe como un movimiento a través de diferentes dimensiones o "anillos". En un momento dado, al alejarse de la Tierra, dice que se dio vuelta para mirar. Lo que vio fue una dimensión distinta de espíritus, pero una dimensión estrechamente entretejida con lo físico.

> Pero conocía el siguiente anillo hacia el interior. No era agradable. Más allá estaba la vida física. Los dos estaban estrechamente entrelazados, el anillo grueso sólo ligeramente desfasado con la materia física. Era la interfaz entre un sistema de realidad y otro. Incluso desde esta perspectiva, era difícil para un novato distinguir al instante las diferencias entre ambos. Pero yo sí podía.
>
> Ése era el problema. Los habitantes de este anillo no podían. No se daban cuenta, o no podían o no querían darse cuenta de que ya no eran físicos. Estaban físicamente muertos. Ya no tenían cuerpo físico. Por eso seguían intentando ser físicos, hacer y ser lo que habían sido, continuar siendo físicos de una forma u otra. Desconcertados, algunos dedicaron toda su actividad a intentar comunicarse con amigos y seres queridos que aún estaban en cuerpos o con cualquier otra persona que pudiera aparecer, todo en vano. Otros se mantenían atraídos por lugares físicos en los que habían infundido gran significado o importancia durante su anterior vida humana. . . .

Otros interpretaban su cambio de estado simplemente como un mal sueño o una pesadilla, esperando y deseando despertar pronto. (1)

El Dr. Raymond Moody, psiquiatra, también escribe sobre espíritus terrenales en su libro *Vida Después de la Vida: La Primera Investigación de Testimonios Reales sobre Experiencias Cercanas a la Muerte (ECM)*. Su información se basa en los informes de algunos de sus pacientes que tuvieron una experiencia cercana a la muerte. Muchos de estos pacientes informaron haber visto espíritus que existían en un nivel diferente, o en otra dimensión, que ellos o los espíritus que vinieron a ellos desde la Luz. En su libro *Reflexiones Sobre la Vida Después de la Vida*, Moody describe lo que él llama "el reino de los espíritus desconcertados":

> Varias personas me han informado de que en algún momento vislumbraron a otros seres que parecían estar "atrapados" en un estado desafortunado de existencia. Los que describieron haber visto a estos seres confusos coinciden en varios puntos. En primer lugar, afirman que esos seres parecían, en efecto, incapaces de renunciar a su apego al mundo físico. Un hombre relató que los espíritus que vio aparentemente "no podían progresar en el otro lado porque su Dios aún vive aquí". Es decir, parecían atados a algún objeto, persona o hábito en particular. En segundo lugar, todos han observado que estos seres parecían 'apagados', que su conciencia parecía limitada en contraste con la de los demás. En tercer lugar, dicen que parecía que estos 'espíritus sin brillo' iban a estar allí sólo hasta que resolvieran cualquier problema o dificultad que los mantuviera en ese estado de perplejidad...
>
> Algunas personas que han visto este fenómeno han notado que algunos de estos seres aparentemente trataban infructuosamente de comunicarse con personas que todavía estaban vivas en el plano físico. Un hombre relató muchos casos que observó mientras estuvo "muerto" durante un largo período de tiempo. Por ejemplo, contó cómo vio a un hombre normal caminando, desprevenido, por la calle mientras uno de estos espíritus revoloteaba sobre él. Dijo que tenía la sensación de que ese espíritu había sido, en vida, la madre del hombre y que, incapaz aún de abandonar su papel terrenal, trataba de decirle a su hijo lo que tenía que hacer. (2)

Para estos espíritus, el mundo físico ya no es su mundo, pero no lo han abandonado. Se podría decir que son de este mundo, pero no están en él.

Afuera y Adentro

Estas observaciones -y hay muchas más en la literatura- apuntan a un mundo objetivo, pero no físico. "Desfasado del nuestro", como dice Monroe. Para quienes han observado esta dimensión, como Monroe y los pacientes del Dr. Moody, los espíritus parecen tener una realidad objetiva. Tienen sus propios cuerpos humanos, sin embargo, son cuerpos *etéricos*, no físicos. Estos espíritus parecen seguir identificándose con sus cuerpos y con la vida humana que acaban de vivir. Los informes también sugieren que estos espíritus se "adhieren" a personas o lugares como una forma de anclarse a la realidad física. Cuando una persona dice haber visto un fantasma o una aparición, haber oído una voz o haber sentido una presencia, a menudo lo que siente es este tipo de espíritu terrenal.

Sin embargo, hay otro tipo de espíritus terrenales que no son tan fáciles de discernir. Se trata de espíritus que no se adhieren a nadie, sino que parecen "entrar" en el campo energético de una persona y "habitar" en ella. El espíritu que se adhiere es aquel que parece conservar una fuerte identificación con el mundo físico. Pueden sentarse al otro lado de la habitación de una persona o viajar de un miembro de la familia a otro. En cambio, los espíritus que habitan parecen entrar en el "espacio psíquico" de una persona. Están presentes de algún modo en la mente de la persona. Técnicamente, tanto los espíritus que se adhieren como los que habitan son terrenales, pero existen en dos estados o dimensiones diferentes. En su libro *Regreso del Futuro*, George Ritchie relata de forma muy ilustrativa el paso de un espíritu de un estado a otro.

Ritchie fue un joven soldado en la Primera Guerra Mundial que enfermó gravemente de neumonía bacteriana. Recuerda la noche en que su cuerpo murió y tuvo que ser reanimado por su médico. No debió durar mucho, unos minutos a lo sumo. En su libro, Ritchie describe lo que ocurrió en esos pocos momentos de la muerte. Describe cómo abandonó su cuerpo y fue consciente de sí mismo como un espíritu, muy vivo y consciente de lo que ocurría a su alrededor. Observaba a la gente que se dedicaba a sus asuntos, pero no se daban cuenta de su presencia. Pudo haber gritado y saludado, y habrían podido pasar a través de él. En este estado extracorpóreo, dijo que paseó por varios lugares conocidos de la base militar y de los alrededores.

Uno de los lugares que visitó fue un bar cercano a la base. Era un lugar de reunión de soldados y lugareños. Ritchie describe cómo observaba a la gente en el bar, pero también dice que junto a estas personas físicas observaba lo que él llama "los seres insustanciales". Al igual que otros, Ritchie observaba la dimensión terrenal y la actividad de estos espíritus. A continuación, describe una escena en particular que le llamó la atención.

> Creía que había visto beber mucho en las fiestas de las fraternidades de Richmond. Pero la forma en que civiles y militares se peleaban en aquel bar lo superaba todo. Vi a un joven marinero levantarse inestable de un taburete, dar dos o tres pasos y caer pesadamente al suelo. Dos de sus compañeros se agacharon y empezaron a arrastrarlo para apartarlo del tumulto.
>
> Pero no era eso lo que estaba mirando. Estaba mirando con asombro cómo el capullo brillante que rodeaba al marinero inconsciente simplemente se abría. Se abrió en la coronilla y empezó a despegarse de su cabeza y de sus hombros. Inmediatamente, y más rápido de lo que jamás había visto moverse a nadie, uno de los seres insustanciales que habían estado cerca de él en el bar estaba encima de él. Había estado revoloteando como una sombra sedienta al lado del marinero, siguiendo con avidez cada trago que bebía el joven. Ahora parecía abalanzarse sobre él como una bestia con su presa.
>
> Al instante siguiente, para mi desconcierto, la figura había desaparecido. Todo ocurrió incluso antes de que los dos hombres sacaran la carga inconsciente de debajo de los pies de los que estaban en el bar. En un momento había visto claramente a dos individuos; cuando apoyaron al marinero contra la pared, sólo había uno.
>
> Dos veces más, mientras yo miraba estupefacto, se repitió la misma escena. Un hombre se desmayó, una grieta se abrió rápidamente en el aura a su alrededor, una de las personas no-sólidas se desvaneció al lanzarse hacia esa abertura, casi como si se hubiera metido dentro del otro hombre. (3)

Ritchie pudo ver al espíritu entrar en el marinero, pero no pudo ver lo que ocurrió después de ese momento. Desde el punto de vista de Ritchie, el espíritu simplemente "desapareció". Aún no disponemos del lenguaje necesario para describir estos fenómenos en los que una entidad consciente habita en otra e interactúa con una persona a estos niveles más sutiles. Si tuviera que expresarlo con palabras, diría que el espíritu reside de algún modo dentro de la matriz de la conciencia y la energía de la persona.

Esta distinción entre espíritus que "se adhieren" y los que "habitan" no está, que yo sepa, claramente trazada en la literatura sobre espíritus. Sin embargo, me parece que es una distinción importante. En mi trabajo con clientes, he tratado con ambos tipos de espíritus. Sin embargo, suelen ser los espíritus moradores los que causan más problemas a las personas. Estos espíritus, que operan desde dentro, pueden afectar a una persona de forma mucho más directa e íntima que aquellos que se adhieren. Dependiendo de la intención del espíritu habitante, pueden hacer cualquier cosa, desde vivir de la energía de una persona hasta buscar formas de ejercer cierto grado de control.

En una de mis primeras sesiones con Gerod, antes de hacer ninguna distinción entre espíritus adheridos y espíritus moradores, exploré este tema con él.

Sesión # 66 -6 de enero de 1989

T. No sé dónde leí esto, pero era que cuando una persona muere y deja el cuerpo físico, todavía queda el cuerpo etérico, y alguien puede intentar aferrarse a su cuerpo etérico. Es como si una vez que dejan el cuerpo físico, también deben desprenderse o dejar ir este cuerpo etérico. ¿Esto es lo mismo?

G. En cierto modo. Los espíritus terrenales, antes de adherirse a una persona, caminan, miran sus manos, ven su cuerpo inmóvil. Pueden ver su cuerpo que yace muerto en una mesa o en el piso o en el camino, pero también miran y ven el cuerpo rodeando su alma y es perfecto, y muy a menudo no pueden dejar ir ese cuerpo. Si nunca sueltan ese cuerpo, nunca irán a la Luz. Se habla de personas que van a la Luz con su cuerpo y ven a sus seres queridos en cuerpos que les son familiares. Estos cuerpos no son cuerpos etéricos. Son cuerpos de pensamiento. El cuerpo etérico está en un nivel vibratorio diferente al de un cuerpo terrestre y es muy diferente al de un cuerpo espiritual. Un cuerpo espiritual puede imaginar y crear para sí mismo cualquier cuerpo que desee si desea tener un cuerpo. Y así, si te acercas a la Luz y estás en un cuerpo, no es un cuerpo etérico porque si estás en la Luz en el reino espiritual has dejado atrás el cuerpo etérico.

T. Gerod, cuando estoy trabajando con los espíritus terrenales, entonces, ¿están ellos todavía dentro de un cuerpo etérico?

G. La mayoría de las veces sí. Si toman residencia, por así decirlo, dentro de alguien, tienen que dejar ir ese cuerpo en cierto modo, porque es muy difícil meter un tercer cuerpo en un cuerpo físico. Así que normalmente dejan el cuerpo etérico y éste se disuelve, pero se llevan al nuevo cuerpo humano en el que habitan, toda la memoria, todo el registro, todas las quejas físicas de su cuerpo. Y tienden a intentar que ese nuevo cuerpo físico se adhiera al recuerdo y a la impresión de lo que fue su cuerpo. Por eso, un espíritu terrenal puede crear a menudo dolencias físicas para un cuerpo que vive actualmente en el plano físico.

Varias semanas después, volví a este tema con Gerod.

Sesión # 73 -21 de febrero de 1989

T. Gerod, ¿por qué los espíritus terrenales que se adhieren a una persona parecen quedarse con esa persona en lugar de vagar y explorar? ¿Hay allí alguna necesidad de energía o es por miedo...?

G. Comodidad, seguridad, familiaridad, establecer la vida de nuevo, y se hace más sólida, más cómoda y segura cuando te quedas en un lugar y llegas a conocer a la persona con la que habitas.

T. ¿Compañerismo?

G. Compañía, pero también predictibilidad. El espíritu sabe lo que sucederá en su vida, por así decirlo. Es casi como si tuviera una vida. Llega a conocer a la persona con la que vive y puede empezar a influir en ella. Cuanto más tiempo está con un individuo, mayor es la influencia que puede ejercer y se vuelve cada vez más como la vida misma. Los espíritus terrenales también tienen necesidades. Están atados a la Tierra porque tienen miedos, tienen necesidades, y normalmente se satisfacen mejor dentro de la perspectiva de alguien donde pueden establecerse, establecer una identidad.

Gerod hablaba de un espíritu que entra en una persona. Dijo que un espíritu podía desprenderse de su cuerpo etérico y crear un cuerpo de pensamiento. "Un cuerpo espiritual puede imaginar y crear para sí mismo cualquier cuerpo que desee, si desea tener un cuerpo". Este *cuerpo de pensamiento*, según Gerod, es el que va hacia la Luz. También decía que un espíritu podía "entrar" en alguien como cuerpo de pensamiento. Yo no tenía conceptos para lo que Gerod estaba describiendo. No sabía qué tipos de cuerpos eran posibles para los espíritus ni cómo se podía "entrar" en una persona viva.

Posesión es probablemente la palabra más cercana que tenemos para describir este estado, pero no se trata realmente de posesión. Normalmente, un espíritu terrenal no intenta tomar el control total de la voluntad de una persona. Pueden intentar controlar a una persona en ciertas áreas o influenciarla de ciertas maneras, pero no intentan tomar posesión. También me gustaría añadir que cada persona tiene sus propias inmunidades y defensas contra la intrusión de espíritus. Abordaré este tema de la vulnerabilidad con más detalle en un capítulo posterior. Por ahora, me limitaré a señalar que los espíritus terrenales, en general, no tienen el conocimiento o la capacidad de llevar a cabo un asalto como la posesión, aunque quisieran. Pueden volverse malvados o insistentes, y pueden crear una gran perturbación, pero la posesión demoníaca no suele ser el problema.

Los espíritus moradores están más interesados en continuar su propia vida que en hacerse cargo de la de otra persona. Buscan un anfitrión, alguien compatible con sus necesidades y su energía. A menudo no ven el daño o el trastorno que su presencia causa a una persona, o si lo ven, o no les importa o tienen una excusa para ello. Una vez que un espíritu terrenal entra en una persona, puede que se repliegue de nuevo en su propio mundo de recuerdos o preocupaciones y que sólo sea consciente de la realidad del anfitrión de forma periférica. Alternativamente, algunos espíritus que habitan permanecen muy atentos a la realidad consciente de la persona e incluso intentan participar en ella.

La Luz
Cuando reconocí por primera vez que los espíritus terrenales podían estar afectando a algunos de mis clientes, no me interesaba tratar de comprenderlos. Mi principal objetivo era hacer que se marcharan. El mío era un punto de vista clínico. Una vez que me convencí que los espíritus terrenales existían y podían estar relacionados con las personas, tuve que determinar si podían estar afectando a un cliente. No sabía cómo la presencia de un espíritu *provocaba* dolor de cabeza, o *hablaba*

con una voz audible sólo para mi cliente, o desencadenaba una crisis de pánico al ver un accidente automovilístico, por ejemplo. Sin embargo, no me costaba creer que la conciencia fuera capaz de esos efectos. Mi experiencia con álteres de la personalidad ya me había convencido de ello. No había gran diferencia entre el efecto de un espíritu como conciencia externa y el que un alter puede tener sobre una persona. En mi mente, sin embargo, la conclusión era que, si se elimina la intrusión externa, entonces se eliminan sus efectos.

Resultó que tenía que entender a estos espíritus para saber qué los persuadiría a marcharse. Intentar obligar a un espíritu a abandonar a un cliente es una estrategia muy poco fiable. Normalmente no funciona, y si lo hace, los espíritus suelen volver una vez que todo se ha calmado de nuevo. Si me muestro agresivo y trato de ahuyentarlos, es posible que ellos también se pongan agresivos o que de repente se queden en silencio. Aprendí pronto que estas tácticas no funcionaban.

Como no podía obligarlos a marcharse ni decirles cómo hacerlo, tenía que encontrar la manera de persuadirlos. Tenía que darles una razón lo suficientemente buena no sólo para que se comunicaran conmigo, sino también para que al final aceptaran marcharse por voluntad propia. Desde el principio, Gerod había descrito a estos espíritus como atascados, confundidos o perdidos y me sugirió que los dirigiera hacia la Luz. Dijo que pertenecían al reino espiritual de la Luz y que, como almas, ya eran seres de Luz y poseían el conocimiento de ello en su interior. Sólo tenía que ayudarlos a recordarlo.

Sesión #2 -16 de enero de 1988

G. Puedes preguntar si hay espíritus presentes durante la hipnosis de forma similar a como lo haces con la personalidad múltiple; lo más probable es que obtengas una respuesta si preguntas directamente. No creo que la mayoría se ofrezcan voluntariamente, pero si lo preguntas, lo más probable es que recibas una respuesta, ya que estos espíritus terrenales son curiosos y disfrutan de la atención. Una vez que tengas su atención, si deseas entablar una conversación, es posible que puedas hacerlo. Esto dependerá un poco del estado hipnótico de tu cliente y del grado en que él y su voluntad estén cooperando, pero en ese punto de identificar que un espíritu está presente, puedes pedirle a ese espíritu que se retire y se encamine directamente hacia la Luz.

T. Gerod, al trabajar con un espíritu terrenal, cuando hablas de tratar de ayudarlo a irse hacia la Luz, ¿es que, con esfuerzo, cualquier espíritu terrenal podrá localizar la Luz?

G. Así es. Todas las almas tienen dentro de sí el potencial para desarrollar su nivel más elevado. El espíritu terrenal es el alma que ha olvidado lo que se supone que debe hacer o nunca supo lo que se suponía que debía hacer y tiene el potencial para un trabajo de muy alto nivel como cualquier alma. Y es por eso que, con cualquier alma apegada a la tierra, le estás haciendo un gran servicio cuando puedes encaminarla hacia la Luz. Ellas también merecen esa ayuda.

La posición de Gerod era que esas almas pertenecían a la Luz y que, una vez que se abrieran a esa Luz, sabrían también que era allí donde pertenecían. Gerod habló sobre la dimensión terrenal y la difícil situación de los espíritus que existen allí.

Sesión #66 -6 de enero de 1989

Hay tantos seres que no parecen comprender quiénes son, qué son, a dónde van y qué deberían hacer. Entonces lo que sucede es que quedan atrapados en ese inframundo, ese mundo que no es nada, ese mundo que no es la tierra, ese mundo que no es el reino espiritual. Vagan y se agitan y crean un dolor insoportable para sí mismos, entonces lo que haces es liberarlos y ayudas a liberar a otros.

Más tarde, en esa misma sesión:

La línea divisoria entre el reino espiritual y la Luz es muy fina. El reino espiritual es un compromiso para crecer. Es un compromiso con la Luz. El reino astral es un lugar muy transitorio, menos positivo.

Cuando un cuerpo muere, existe la Luz. Una persona puede ver la Luz. Si sigue la Luz, irá directamente al reino espiritual, a través del plano astral. Hay un largo túnel con una Luz al final. Si apartas tus ojos de la Luz, puedes terminar en ese plano astral que también está muy cerca de la Tierra y te traes a ti mismo a la tierra.

Yo no podía ver esa Luz de la que hablaba Gerod, pero me aseguró que un espíritu podría verla si quisiera.

Lo más parecido que tenía para comparar eran las descripciones de "la luz" dadas por personas que habían tenido una experiencia cercana a la muerte (ECM). Se trataba de personas que habían sufrido algún trauma, como un accidente o abusos, y más tarde contaron que, durante el trauma, habían abandonado su cuerpo, pero seguían siendo plenamente conscientes. La mayoría de estas personas también informaron que, al abandonar el cuerpo, atravesaron un túnel y entraron en una luz, o al menos al borde de la Luz, y luego volvieron al cuerpo. Lo que describieron sobre estar en la luz fue un sentimiento abrumador de amor y unidad con todo lo que es. Tenían poca o ninguna preocupación por el cuerpo. El consuelo, armonía y tranquilidad que sentían en la luz eran tan completos que la mayoría de ellos manifestaron un fuerte deseo de quedarse. Cada uno de ellos sintió incluso después de volver a su cuerpo-que la Luz era real y que era el lugar al que pertenecían. La mayoría afirmó que finalmente regresaron a su cuerpo físico porque, de alguna manera, sabían que había más cosas que necesitaban hacer en su vida terrenal. El miedo a la muerte ya no les preocupaba. De hecho, saben que, cuando llegue el momento, acogerán con agrado su regreso a la Luz.

En su libro *Más cerca de la Luz*, el Dr. Melvin Morse, pionero en la investigación de ECM con niños, cita numerosos casos de su propia práctica. En uno de ellos, un niño de catorce años abandonó su cuerpo ante lo que parecía una muerte inminente. El coche en el que viajaba fue arrastrado desde un puente por la furiosa crecida de las aguas, el terror y la confusión del momento parecieron desencadenar su experiencia.

> Sabía que estaba muerto o que iba a morir. En ese instante ocurrió algo. Fue tan inmenso, tan poderoso, que renuncié a mi vida para ver qué era. Quería aventurarme en esta experiencia que empezó como una deriva hacia lo que sólo podía describir como un largo túnel rectangular de luz. Pero no era sólo luz, era un pasaje protector de energía con un brillo intenso al final del cual quería mirar, tocar.
>
> Cuando llegué a la fuente de la Luz, pude ver dentro. No puedo empezar a describir en términos humanos los sentimientos que me produjo lo que vi. Era un mundo gigante e infinito de calma, amor, energía y belleza. Era como si la vida humana careciera de importancia en comparación con aquello. Y, sin embargo, insistía en la importancia

de la vida al mismo tiempo que solicitaba la muerte como medio para una vida diferente y mejor. Era todo el ser, toda la belleza, todo el sentido de la existencia. Era toda la energía del Universo para siempre en un solo lugar.

Cuando introduje mi mano derecha en esta luz, me invadió una sensación de emocionante expectativa. Ya no necesitaba mi cuerpo. Quería dejarlo atrás, si no lo había hecho ya, e irme con mi Dios a este nuevo mundo. (4)

Otra descripción de esta Luz es la de Albert Heim, profesor suizo de geología, que escribe sobre su experiencia cercana a la muerte en un accidente de alpinismo en 1871. Este relato se cita en la obra *'Vida después de la Muerte'* de Colin Wilson:

> La actividad mental se hizo enorme, aumentando a una velocidad centuplicada... Vi toda mi vida anterior frente a mí en muchas imágenes, como en un escenario a cierta distancia de mí... Todo se transfiguraba como por una luz celestial, sin ansiedad y sin dolor. El recuerdo de experiencias muy trágicas que había tenido era claro, pero no entristecedor. No sentía conflicto ni molestias; el conflicto se había transmutado en amor. Pensamientos elevados y armoniosos dominaban y desataban las imágenes individuales, y como una música magnífica una calma divina recorría mi alma. (5)

El último ejemplo es el de Margot Grey, que más tarde fundó la Asociación Internacional de Estudios Cercanos a la Muerte en Gran Bretaña. Durante un viaje a la India, enfermó gravemente y estuvo al borde de la muerte durante varias semanas. En algún momento de la crisis, relata cómo abandona su cuerpo y lo que sucede después.

> Recuerdo que miré mi cuerpo tendido en la cama y me sentí completamente imperturbable por el hecho de que parecía probable que fuera a morir en un país extraño... pero pensé que carecía totalmente de importancia dónde dejara mi cuerpo, el que sentía me había servido bien y que, como un abrigo favorito ya desgastado, por fin había superado su utilidad y ahora tendría que ser desechado...
>
> Más tarde, me parecía estar viajando por un túnel sin fin; podía ver un punto de luz al final del túnel hacia el que parecía estar moviéndome...

Recuerdo que sabía con absoluta certeza que finalmente atravesaría el túnel y emergería a la luz, que era como la luz de una estrella muy brillante, pero mucho más brillante. Un sentimiento de exaltación iba acompañado de la sensación de estar muy cerca de la "fuente" de la vida y del amor, que parecían ser uno. (6)

Hay miles de informes como éste de personas de todo el mundo y a lo largo de la historia.

Esta fue la luz en la que pensé cuando Gerod me sugirió que "dirigiera a los espíritus hacia la Luz". En efecto, estaba diciendo que la Luz era la solución natural a la interferencia de los espíritus terrenales. Al dirigir a un espíritu hacia la Luz, le estaría ayudando a encontrar su camino. Mis clientes, a su vez, se verían liberados de su presencia y de sus efectos. Era una propuesta beneficiosa para todos.

Confirmación de la Luz

Tuve la oportunidad de confirmar las afirmaciones de Gerod en cuanto empecé a trabajar directamente con espíritus. En aquellos primeros meses después de conocer a Gerod, había identificado varios casos de espíritus terrenales. En cada caso, saqué el tema de la Luz tan pronto como pude y comuniqué al espíritu o espíritus que debían moverse hacia la Luz. Para los espíritus que vieron la Luz y la sintieron, la reacción fue inmediata. O bien se marchaban inmediatamente después del primer contacto con la Luz, o bien se mostraban muy dispuestos a negociar su marcha. No sabría decir qué ocurría cuando un espíritu sentía la Luz, pero fuera lo que fuese, al igual que aquellos que habían tenido una experiencia cercana a la muerte, los transformaba. A partir de ese momento, querían irse. Esta fue la respuesta constante que observé en los espíritus terrenales. Una vez que conectaban con la Luz, era sólo cuestión de tiempo antes de que se marcharan.

Dos casos sobresalen en mi mente. El primero fue el de Deborah T. Tenía treinta y ocho años, estaba divorciada y trabajaba en una oficina gubernamental. Su hija de dieciséis años, Jan, se había ido a vivir con su padre para estar más cerca de su novio. Deborah también había terminado recientemente una relación con un hombre con el que había estado saliendo justo cuando la relación empezaba a ser íntima. Deborah era consciente de que estaba "levantando murallas" ante cualquier posible relación, pero no sabía por qué.

En nuestras primeras sesiones de terapia, exploré estas diferentes relaciones con Deborah y pronto quedó claro que albergaba un intenso miedo al rechazo. Su miedo se disparaba especialmente en situaciones en las que tenía que enfrentarse a alguien y decirle que no o tener que poner un límite. Siempre temía que estas situaciones desembocaran en un conflicto. Para Deborah, todo conflicto conllevaba la amenaza del rechazo. Desde sus hijos hasta su ex marido, pasando por la gente de la oficina y, sobre todo, Don, el hombre con el que salía, Deborah tenía que contentar a todo el mundo. Si decía algo incorrecto, hacía algo incorrecto o hacía algo que molestara a la otra persona, se arriesgaba a que la rechazaran y a perder su amor. Conscientemente, Deborah sabía que sus relaciones no eran tan frágiles. Sin embargo, a un nivel inconsciente, ese era siempre el temor. Se sentía constantemente en peligro de ser abandonada.

El miedo al rechazo no es infrecuente en las personas, pero en el caso de Deborah era extremo. Cuando empezamos a centrarnos en su miedo, Deborah se dio cuenta de que había formado parte de su vida durante mucho tiempo. También empezó a reconocer hasta qué punto este miedo había controlado su vida y afectado a sus relaciones. Vio cómo su ansiedad se disparaba a la menor amenaza de enfrentamiento y cómo, a nivel inconsciente, empezaba a evitar esas situaciones. Cuando se producía un conflicto, veía con qué frecuencia acababa disculpándose, deshaciéndose en lágrimas o volviéndose tan dominante que provocaba un ataque.

Llegamos a un punto en el que la terapia de Deborah se centró en ayudarla a desarrollar las habilidades y la percepción que necesitaba para cambiar estos patrones. Le enseñé varias técnicas para manejar su ansiedad antes y después de una confrontación o conflicto. Éstas incluían especialmente técnicas de respiración profunda, relajación y práctica con imágenes. También le enseñé formas de permanecer psicológica y emocionalmente centrada durante una confrontación.

Deborah estudió rápido y empezó a poner en práctica lo que había aprendido. De forma selectiva, empezó a enfrentarse a personas clave en su vida y aprendió que podía manejarlo. Un éxito basado en otro. Como resultado, Deborah adquirió más confianza en sí misma y empezó a sentirse mejor consigo misma y en sus relaciones con los demás.

Sin embargo, el problema seguía siendo su ansiedad. Aunque su nivel general de ansiedad había disminuido, Deborah seguía presentando episodios de ansiedad intensa. A pesar de que estos episodios eran menos frecuentes y las técnicas de relajación la ayudaban a sobrellevarlos, seguían siendo dolorosos.

Hacía poco que había empezado a utilizar la hipnosis con Deborah para explorar las posibles causas más profundas de esta ansiedad. En nuestra primera sesión, identifiqué un estado del ego de dieciséis años. Al principio, el estado del ego estaba asustada y no quería comunicarse. Al asegurarle que yo estaba allí para ayudarla, la joven de dieciséis años respondió finalmente a varias preguntas y compartió un recuerdo. Deborah recuerda el momento que pasó en casa con sus padres después de que descubrieran que se había acostado con su novio. Lo que hizo la experiencia aún más dolorosa fue que había sido su primera experiencia sexual. Cuando regresó a casa aquella noche y sus padres supusieron lo que había ocurrido, la atacaron duramente.

Cuando empecé a preguntar a la joven de 16 años sobre esta experiencia y a pedirle que compartiera más, volvió a tener miedo. Intenté preguntarle por su miedo y todas las señales cesaron. Durante el resto de la sesión y la siguiente, intenté comunicarme con la chica de 16 años sin provocar su miedo, pero no funcionó. En algún momento de ese frustrante proceso, mi intuición fue que podría tratarse de una situación en la que un espíritu -en este caso Elaine, la madre de Deborah- estaba interfiriendo.

Elaine había muerto cinco años antes, y había aparecido en nuestras sesiones más de una vez. Deborah había descrito a su madre como muy crítica con ella durante toda su vida. Cuando Elaine se enfadaba, solía decir cosas que hacían que Deborah se sintiera culpable, avergonzada y humillada. Si Deborah intentaba defenderse y criticar la postura o la percepción de su madre, Elaine pasaba rápidamente del enfado a las amenazas emocionales de rechazo. No es que Elaine lo hiciera conscientemente, tenía sus propios problemas con la crítica y la autoestima. Aunque Deborah sentía que ella y su madre estaban muy unidas en algunos aspectos, este tema seguía siendo muy delicado en su relación.

Antes de emprender cualquier acción en la terapia, quería ver si Gerod confirmaba o no la presencia de un espíritu. Llamé a Katharine y accedió a canalizar ella misma a Gerod esa noche y avisarme al día siguiente. No le dije a Katharine mis sospechas sobre Elaine, sino sólo mi preocupación de que un espíritu pudiera estar presente. Cuando vi a Katharine al día siguiente, me dio la respuesta de Gerod:

Katharine, puedes decirle esto a Tom. Sí, Deborah está acosada por un espíritu afligido que necesita que se le recuerde suavemente que no está donde debería estar. Se trata de un espíritu fuerte, pero lo suficientemente sabio como para saber que debe continuar con un trabajo superior. Sin embargo, parece confundido sobre cómo salir del lugar en el que se encuentra. Podemos discutir esto más a fondo si así lo deseas.

En mi siguiente sesión con Deborah, cuando comenzaron de nuevo las interferencias con la joven de 16 años, le pregunté si "la que bloqueaba" era una energía externa a la de Deborah. Tras dudar un poco, vi que el dedo indicador del "sí" se levantaba. Después de asegurarle que estaba allí para ayudar, le hice varias preguntas más sobre su conciencia e identidad. A partir de estas respuestas, me convencí de que se trataba de la madre de Deborah. Me comuniqué con ella sobre la necesidad de que siguiera adelante, sobre cómo su presencia podía estar afectando a su hija y sobre la necesidad de que Deborah siguiera adelante con su propia vida. Cuando le indiqué a Elaine que buscara la Luz, me indicó rápidamente que podía verla y que quería irse. Después de la sesión, Deborah me dijo que sabía que era su madre y que habían podido llegar a una resolución antes de que su madre se marchara.

Una vez que Elaine fue a la Luz, la niña de dieciséis años se sintió segura al compartir su experiencia con Deborah. Contó lo enfadada que estaba con su madre por haberse puesto de parte de su padre aquella noche, cuando había vuelto a casa después de estar con su novio. Para ella, la alianza de su madre con su padre fue un acto de traición y abandono. Estaba dolida, enfadada y asustada. Con Elaine presente, no había forma de que la niña de 16 años se comunicara o compartiera esto con Deborah. Temía que si compartía esos sentimientos o sugería que Elaine estaba equivocada, podría desencadenar la ira de su madre y entonces lloverían las amenazas y las culpas. Por esta razón es que, durante la sesión de terapia, se mantuvo callada. Sin embargo, cuando su madre se marchó, la joven de 16 años pudo compartir sus sentimientos y reacciones.

En nuestra sesión, Deborah vivió la catarsis y la liberación emocional de la niña de 16 años. Pudo liberar la vergüenza y el dolor, el miedo y la rabia que llevaba dentro. Y lo que es más importante, Deborah sintió que podía abrirse a la alegría y el placer de aquella noche al descubrir su propia sexualidad. Quedaba más trabajo interior por hacer después de resolver la presencia de este espíritu y el trauma de los dieciséis años, pero éstas fueron dos piezas importantes en el proceso de sanación de Deborah.

El segundo caso se refería a Marianne, una mujer de unos cincuenta años cuyo marido se había suicidado dos años antes. Su principal queja eran los trastornos del sueño y episodios de ansiedad. Había intentado con la terapia tradicional y los somníferos, pero ninguno de los dos había resuelto realmente su problema. Me la habían derivado porque quería probar la hipnosis. En nuestra sesión inicial, Marianne señaló el inicio de sus problemas de sueño poco después de la muerte de su marido. Pensó que quizá subconscientemente se sentía culpable por la muerte de Larry, que quizá no había hecho lo suficiente por él o le había fallado. No era algo de lo que parecía estar consciente, dijo, pero era lo que sentía.

Durante nuestra primera sesión de hipnosis, hubo un fuerte bloqueo y confusión. Las señales dactilares se establecieron con bastante facilidad, pero mis preguntas sobre el tema del sueño no obtenían respuestas claras ni coherentes. Ya había considerado la posibilidad de que el marido de Marianne hubiera permanecido ligado a la Tierra, y las interferencias que encontré sólo sirvieron para reforzar esa sospecha.

Como aún estaba indeciso sobre cómo hacer todo esto, hablé con Gerod sobre mis sospechas. Su lectura de la situación fue de lo más interesante:

Sesión #3 -22 de enero de 1988

Marianne recibe visitas muy frecuentes del espíritu de su marido. Él está muy atado ala Tierra. Ella necesita dejarlo ir y él también. Él no está con ella todo el tiempo, ya que deambula bastante a menudo. Me pregunto si no hay otras personas en la familia que también están perturbadas. Parece que la visita más por la noche. Esa energía provoca perturbaciones en el patrón de sueño. No me extrañaría que no descansara lo suficiente. Una vez más, es cuestión de hablar con el espíritu para hacerle saber que está creando una perturbación y para que el alma sepa que es hora de ir a donde pertenece para su continuo crecimiento y desarrollo. Creo que, si se va, ella se sentirá mucho mejor y es muy posible que haya otras personas de la familia que también sientan alivio. Como he dicho, esta alma está vagando bastante y estoy seguro de que hay otras personas a las que se les está apareciendo. Creo que podrías hablar con ella sobre esto para que te dé su opinión.

Volví a ver a Marianne la semana siguiente. No compartí con ella mis sospechas. Creía que decírselo con antelación podría desencadenar todo tipo de reacciones, conscientes e inconscientes. Tampoco quería que Marianne tuviera que tomar una posición consciente sobre el tema de los espíritus terrenales y su marido antes de que hiciéramos la hipnosis. Quería hacer preguntas durante la sesión que sólo un espíritu entendiera.

Creía que ésta era la única forma fiable que tenía de confirmar la presencia o no de un espíritu, es decir, manteniéndola independiente de las ideas preconcebidas de Marianne y/o de mis sugerencias. Al comunicarle a Marianne mis sospechas con antelación, me preocupaba que durante la sesión me devolviera una versión elaborada de lo que le había dicho. Esto no nos beneficiaría a ninguno de los dos. Para confirmarle a Marianne la veracidad de la presencia de su marido, primero tenía que confirmarlo yo mismo.

En la siguiente sesión con Marianne, una vez que entró en trance, volvieron a producirse interferencias. Pregunté si el que estaba interfiriendo era alguien externo, es decir, que no formaba parte del alma de Marianne. Hubo una fuerte señal afirmativa, y continué con varias preguntas más. Me convencí de que me estaba comunicando con Larry. Cuando le pedí que mirara hacia la Luz, me indicó que la había encontrado. Le pregunté si le parecía bien y me respondió que sí. Le sugerí que la Luz era el lugar al que tenía que ir. Teniendo en cuenta lo que Gerod había dicho, le hablé de los efectos que su presencia podía tener sobre Marianne y otros seres queridos. En este momento, Marianne ya era consciente de lo que estaba ocurriendo y comenzó a llorar. Le sugerí que se despidieran de la manera que fuera necesaria y se marchó.

Después de la sesión, Marianne y yo hablamos de lo ocurrido. Parecía aliviada, pero le costaba asimilar lo que acababa de suceder. En las dos semanas siguientes, Marianne durmió mucho mejor, sintió menos ansiedad y una mayor sensación de paz. Poco después, terminamos la terapia sabiendo que me podía llamar si lo necesitaba.

En varios otros casos ocurrió lo mismo. Una vez que un espíritu había sido identificado y dirigido hacia la Luz, cambiaba. Aunque a veces parezca una palabra demasiado usada, la mejor manera de describir el cambio es decir que el espíritu *se iluminó*. Sea como fuere, la Luz dio a estos espíritus una nueva percepción, y les gustó. Observé este cambio suficientes veces como para convencerme de que la Luz era una realidad para ellos. Me confirmó lo que Gerod y los que habían tenido una experiencia cercana a la muerte habían dicho sobre la Luz: es el lugar al que pertenecen las almas.

7

El Despertar

"Don Juan me explicó que, para que podamos percibir esos otros reinos, no sólo tenemos que codiciarlos, sino que necesitamos tener la energía suficiente para apoderarnos de ellos. Su existencia es constante e independiente de nuestra conciencia, dijo, pero su inaccesibilidad es completamente una consecuencia de nuestro condicionamiento energético. En otras palabras, simple y únicamente debido a ese condicionamiento, nos vemos obligados a asumir que el mundo de la vida cotidiana es el único mundo posible. —Carlos Castaneda, extracto de su libro *"El arte de soñar"*

Al Otro Lado de la Línea

Cuando empecé a trabajar con espíritus terrenales, fue una decisión clínica. Consideraba a estos espíritus como intrusos, del mismo modo que un médico consideraría a las bacterias invasoras. Sin embargo, a diferencia de los organismos patógenos que invaden el cuerpo, los espíritus terrenales parecían invadir de algún modo la mente y la conciencia de una persona. Los espíritus afectaban a las personas de forma distinta que las bacterias, pero el asunto era el mismo: otra forma de vida había traspasado los límites del Yo y estaba creando un problema o desequilibrio en el anfitrión, mi cliente. Supuse que la eliminación de un espíritu intruso aliviaría sus efectos sobre mi cliente y permitiría resolver la infracción.

El remedio para esta intrusión -*la penicilina*-era la Luz. Gerod me dijo que cuando encontrara un espíritu, "lo dirigiera a la Luz". Dijo que es el reino espiritual de la luz, y un espíritu puede verla si lo desea.

Cuando puse esto en práctica, los resultados fueron inequívocos. Una vez que un espíritu elegía ver la Luz, lo hacía. Y casi siempre, abrazaba la Luz y desaparecía. Es como si se produjera un cambio inmediato en su conciencia y despertara a un nuevo nivel. Si no desaparecía inmediatamente, bastaba con tranquilizarlo un poco para que se marchara. Clínicamente, era una fórmula sencilla. Al ayudar a los espíritus a ir hacia la Luz, mis clientes se libraban de la intrusión, *de la infección*.

Aunque no comprendía el poder de la Luz para precipitar este cambio inmediato en un espíritu, pensé al respecto considerando términos utilizados por la gente para describir una experiencia mística, una conversión religiosa o una experiencia cercana a la muerte. Usaban términos como "amor total", "comprensión perfecta", "unidad" y "paz". Creo que todas las personas han tenido una experiencia de la Luz en su vida. Un momento de felicidad, estar enamorado, sentir que todo está bien en el mundo. El psicólogo Abraham Maslow las llamaba *experiencias cumbre*. Cuando dirigía espíritus hacia la Luz, creía que eso era lo que vivían. En mi mente, no sólo estaba limpiando a mi cliente, sino que estaba dirigiendo al espíritu hacia la fuente, hacia Dios.

Desde el principio, sin embargo, me encontré con algunos espíritus que se resistían o rechazaban cualquier experiencia de la Luz. Podían verla, sabían de qué estaba hablando, pero no se acercaban a ella ni dejaban que les tocara. En efecto, no iban a permitir que se produjera ese cambio o conversión. Y eso significaba, por supuesto, que usualmente tenían la intención de permanecer con mi cliente.

Esta negativa de aceptar la Luz, por lo tanto, se convirtió en un punto focal en el trato con espíritus. Si un espíritu rechazaba la Luz, yo le hacía preguntas destinadas a explorar e identificar el motivo de su rechazo. Creía que, si lograba entender el motivo, podría ayudarles a superar cualquier temor o duda que se interpusiera en su camino. Creía que, si podía persuadir a un espíritu de que era seguro al menos probar la Luz, entonces la Luz se encargaría del resto. Esta forma de pensar y este enfoque guiaron mi comunicación con los espíritus. Como terapeuta, la promesa de la Luz seguía siendo mi mayor recurso para conseguir que los espíritus se marcharan.

En teoría y en la práctica, este enfoque parecía sólido. Funcionaba bien. Sin embargo, el problema era que no avanzaba lo suficiente. Cometí el error de suponer que los espíritus que encontraba en mi trabajo con clientes sólo tenían dos opciones: podían vivir en el estado terrenal -que yo veía como un lugar de descontento o insensibilidad- o podían ir a la Luz, donde todo les parecería correcto y tendría sentido para ellos. Yo creía que podía convencerles de que sintieran la Luz o convencerles de que *abandonaran* su resistencia, o ambas cosas. Esta suposición de que sólo había dos opciones me dio una falsa sensación de seguridad. Veía mi papel como el del barquero, el facilitador, entre dos reinos. En mi mente, la distinción entre mi mundo, el reino terrenal, y la Luz estaba muy clara.

Sin embargo, cinco meses después de conocer a Gerod, ocurrieron varias cosas que despedazaron estos límites que yo creía tener tan claros y me hicieron entrar en una espiral hacia reinos más profundos de la mente y el espíritu. Lo primero que ocurrió fue que otro terapeuta que había conocido recientemente me recomendó que leyera un libro titulado *La Posesión* (Traducción del libro en inglés: *The Unquiet Dead*), escrito por la doctora Edith Fiore, psicóloga que ejerce en California. Su libro se subtitulaba: *La Autora Trata de la Posesión Detectando y Liberándonos de los Espíritus Atados a la Tierra.*[*]

Los Muertos Inquietos

Conseguí un ejemplar de *La Posesión* pocos días después de que me lo recomendaran y lo leí en un día. Quedé absorto y lo leí con creciente entusiasmo. Se trataba de una psicóloga que escribía sobre sus propios encuentros con espíritus terrenales mientras trabajaba con clientes mediante hipnosis. También describía las técnicas que utilizaba para tratar con ellos. La doctora Fiore explicaba con naturalidad quiénes eran esos espíritus y cómo se convertían en espíritus terrenales:

> Yo veía a las entidades que se posesionaban como los verdaderos pacientes. Sufren mucho, quizá sin darse cuenta. Prisioneros virtuales, están atrapados en el plano terrenal sintiéndose exactamente como se sentían momentos antes de su muerte, lo que pudo haber ocurrido décadas antes. No parecen beneficiarse de ninguna actividad positiva o educación que sus anfitriones hayan vivido a lo largo de sus vidas desde el momento de la posesión. Además, se privan de estar en el mundo

---

[*] La traducción más adecuada para el título del libro de la Dra Fiore sería 'Los Muertos Inquietos', sin embargo, el libro ya traducido al Español, tiene como título 'La Posesión'

de los espíritus, que les ofrecería una vida hermosa y la oportunidad de progresar espiritualmente. (1)

Habla sobre lo que hace a las personas vulnerables a la intrusión de espíritus y describe los tipos de efectos que los espíritus pueden tener en una persona. También incluye una técnica y un formato para lo que ella llama de-posesión. (2) La Dra. Fiore instruye al lector sobre cómo prepararse para una de-posesión y esencialmente qué comunicar al espíritu durante el procedimiento. Lo siguiente es un extracto de ese procedimiento:

> Recuérdale que es un espíritu que cohabita en tu cuerpo desde que murió el suyo y recuérdale las circunstancias de su muerte. Dile que todos somos espíritus y que nunca morimos, que sólo muere el cuerpo físico. Explícale que al morir físicamente se encontró fuera de su cuerpo, completamente consciente, momento en el que debería haber ido directamente al mundo espiritual, donde le esperaban sus seres queridos. En lugar de eso, se unió a ti. Dile que, sin darse cuenta, te ha estado perjudicando, drenando tu energía y confundiéndote, ya que no puede distinguir tus pensamientos y emociones de los suyos. (3)

La Dra. Fiore describe una serie de situaciones diferentes a las que uno puede encontrarse con espíritus terrenales y qué enfoques adoptar con ellos. Obviamente, ella había estado en el mismo lugar que yo en algún momento, pero desde entonces había recorrido mucho territorio. Cita numerosos ejemplos de su propia práctica clínica, incluidos cinco estudios de casos.

La sorpresa que me llevé al leer el libro fue de reconocimiento. Mucho de lo que describía era lo que yo había encontrado en mi propio trabajo con clientes. Sabía exactamente de qué estaba hablando. Fue una profunda confirmación de mi propio trabajo con clientes y de la realidad de los espíritus. Sus descripciones y extensos comentarios hicieron que el mundo de los espíritus cobrara vida para mí. Mientras que yo había trabajado con una docena de espíritus terrenales, ella lo había hecho con cientos. Su comprensión y experiencia iban mucho más allá de las mías. Respondió a tantas de mis preguntas y me explicó tantas cosas sobre los espíritus que el conocimiento me elevó a un nuevo nivel de comprensión, literalmente de la noche a la mañana.

Me reveló un mundo que resonaba como verdadero desde el punto de vista teórico, clínico y personal. *La Posesión* se convirtió en una guía de estos reinos que yo acababa de empezar a explorar. Ofrecía un mapa más detallado de las áreas en las que había estado trabajando y recorriendo.

Después de leer *La Posesión*, me sentí más preparado y dispuesto a abordar el problema de los espíritus en mi propia consulta. Empecé a utilizar inmediatamente la técnica de deposesión de la Dr. Fiore en aquellos casos con clientes en los que ya se había identificado un espíritu. Como modelo básico, la técnica funcionó bien y profundizó mi convicción sobre el rumbo que estaba tomando.

De Escribir a Hablar

Antes de que el libro de la Dra. Fiore tuviera tiempo de dejar huella, ocurrió algo más que alteró radicalmente mi relación con Gerod y provocó una explosión de información. En la primera semana de enero de 1988, Katharine me dijo que podría canalizar a Gerod verbalmente. Dijo que se sentía *guiada* a hacerlo en vez de algo que necesitara hacer. Dijo que estaba nerviosa al respecto. Lo había probado con su marido y pareció dar resultado. Ahora estaba dispuesta a intentarlo en una de nuestras sesiones. Nunca se me había ocurrido la idea de que Gerod y yo pudiéramos comunicarnos verbalmente. Me entusiasmó la idea y le dije a Katharine que estaba dispuesto a probarlo cuando ella estuviera preparada. Acordamos reunirnos la semana siguiente, dispuestos a tener cualquier tipo de sesión, escrita o verbal, dependiendo de cómo se sintiera Katharine.

Katharine canalizó verbalmente en esa siguiente reunión y fue otro shock. No sabía que ella podía 'hacerse a un lado' y dejar que Gerod asumiera la voz, pero eso fue exactamente lo que pareció suceder. Fue como conocer a alguien con quien sólo has mantenido correspondencia epistolar. Al hablar con ellos personalmente, *sabes* que son ellos. Podía sentir la presencia de Gerod en su forma de moverse y de hablar, pero lo que más me sorprendió fue lo mucho que Gerod era capaz de comunicar.

La primera pregunta que le hice, por ejemplo, se refería a los espíritus terrenales. Este tema seguía siendo uno de los principales en mi trabajo con clientes y también era territorio conocido entre Gerod y yo.

Sesión #1 -9 de enero de 1988

T. He estado pensando en todo este asunto de la participación de los espíritus terrenales en la vida de las personas. Cuando un espíritu terrenal está involucrado en la vida de alguien, ¿qué podemos esperar que sea el efecto en la vida de una persona?

G. ¿Los efectos sobre tus clientes o los efectos sobre ti mismo?

T. Bueno, ambos

G. Los espíritus terrenales son mucho más comunes de lo que la mayoría de la gente cree. Muchos de los problemas que la gente tiene en la vida están asociados con estos espíritus terrenales. Y depende del individuo averiguar por sí mismo qué parte es él mismo y qué parte es un espíritu, y tu papel sería ayudarle a determinar cuál es cuál. El efecto que un espíritu tiene en la vida de alguien es la confusión constante de separar pensamientos... (Pausa.) Un espíritu infligirá su pensamiento sobre una persona y entonces la persona no está segura de quién está pensando, si ellos mismos o el espíritu terrenal, pero ni siquiera están conscientes de ello a menos que sean conscientes de que hay otro proceso de pensamiento en juego. Por supuesto, la confusión causa muchos otros problemas en su vida: disociación de la realidad, disociación de la capacidad de comprometerse en las relaciones. También existe la posibilidad de que no se adhieran a ningún tipo de realidad que funcione bien para sus necesidades.

Gerod entregó esta información de forma espontánea, con una sola pausa. Hablaba con un tono de autoridad, como si supiera de lo que hablaba. Esta impresión también se transmitía a través de las expresiones faciales y los gestos mientras hablaba. Me dio la sensación de que Gerod estaba realmente presente y que también controlaba totalmente la voz. Todo el diálogo me dio la misma sensación. Gerod y yo hablábamos fácilmente como dos amigos que se sientan a conversar.

Lo que más me impresionó de este paso de la escritura automática al diálogo verbal fue la aceleración del ritmo y la profundidad de nuestras discusiones. Gerod podía decir más en unos minutos de lo que hubiera podido escribir en diez o quince. Podía avanzar en la conversación o volver a otro punto para pedirle que aclarara un término o que profundizara en un punto concreto que había planteado. Podía interrumpirlo en el acto si decía algo que me confundía o contradecía mis ideas. Podíamos ponernos a dialogar y luego volver al problema original. Este tipo de diálogo verbal me permitió explorar cuestiones teóricas y clínicas con Gerod de una forma que la escritura automática no permitía.

Hasta ese momento, me había visto obligado a adoptar un papel más pasivo con Gerod. Debido a las limitaciones de la escritura automática, no podía enredarme en aclaraciones y definiciones precisas. Tenía que elegir con cuidado qué línea de cuestionamiento seguir, de lo contrario consumiría rápidamente cada sesión. Poder dialogar verbalmente con Gerod cambió todo eso. Podía preguntarle lo que quisiera y, si su respuesta no tenía sentido, podía indagar más. Si no podía decirme algo, le preguntaba por qué no. Lo más destacable de este cambio al diálogo verbal no estaba en el hecho de hablar, sino en lo que el diálogo me permitía hacer. Podía hacer muchas más preguntas, ser más específico y empezar a poner a prueba los límites de la información de Gerod. El intercambio verbal me permitió adoptar un papel más activo en mis conversaciones con Gerod.

Mientras trabajaba con Gerod y mis clientes, me cuestionaba continuamente la existencia de una realidad mayor en la que todos estos asuntos y fenómenos tuvieran sentido. Durante los cuatro meses siguientes, Gerod y yo nos reunimos dieciocho veces. Manteníamos un diálogo constante semana tras semana. Empecé a contarle a mis clientes sobre Gerod, y pronto Gerod y yo nos centramos en casos clínicos.

Con la libertad que daba el diálogo verbal, Gerod y yo empezamos a abarcar bastante terreno. Hablamos del alma y de la mente consciente e inconsciente. Hablamos de espíritus de bajo nivel de conciencia y espíritus malignos. Con algunos clientes, Gerod habló de los efectos de las experiencias de vidas pasadas. Con tres clientes, habló de la interferencia de seres extraterrestres. Dijo que el alma tiene cierta capacidad para protegerse del mal mientras está encarnada. También habló del "Yo Superior", es una parte de cada uno de nosotros, que conoce estas dimensiones espirituales y conoce la Luz.

Los Reinos del Espíritu

Una tercera cosa ocurrió en la misma época en que leí *La Posesión* e inicié los diálogos verbales con Gerod. En mi trabajo con clientes, empecé a encontrarme con seres, tanto apegados como habitantes, que no eran espíritus terrenales. Eran espíritus que conocían la Luz, pero no tenían ningún deseo o intención de ir a la Luz. Sabían muy bien que eran espíritus y su presencia o interferencia con mis clientes era bastante intencionada. No eran simplemente espíritus terrenales obstinados. Eran seres que sabían lo que hacían.

Esta cuestión de la *intención* lo cambió todo. Si un espíritu terrenal podía afectar a alguien a través de su presencia benigna o ingenua, entonces ¿qué podían hacer los espíritus que se unían intencionalmente a una persona? ¿Por qué lo harían? ¿qué hacer si no se quieren marchar? No tenía respuestas a estas preguntas.

Los espíritus terrenales y la Luz habían sido mis dos puntos de referencia en este mundo invisible. No tenía ninguna duda de que había estado en comunicación con espíritus. También estaba convencido del poderoso efecto de la Luz sobre los espíritus que decidíansentirla. Éstas se habían convertido en categorías fiables en mi pensamiento y mi práctica, y todavía lo son. Mi tarea, tal y como yo la veía, era ayudar a que estos espíritus llegaran a la Luz y ayudarles a despejar cualquier obstáculo en su camino. Sin embargo, no tenía categoría para los espíritus que rechazaban la Luz a sabiendas y se inmiscuían intencionalmente en las mentes de los humanos.

Espíritus de Bajo Nivel de Conciencia
Gerod había hablado de diferentes tipos de espíritus en mi primera sesión con él. Sin embargo, como tantas otras cosas en aquellas primeras sesiones, lo había oído, pero no lo había registrado. Había estado hablando con Gerod sobre la personalidad múltiple y sobre si existe un alma o si cada alter tiene un alma. Me respondió que "sólo había un alma", pero a continuación expuso la excepción:

1 de agosto de 1987 -(Primera sesión escrita)
> Sólo hay un alma en la persona múltiple, a menos que sea un alma poseída. Hay que distinguir entre la persona que está "poseída" -poseída por espíritus ya sea malignos, de bajo nivel, no buenos, traviesos o simplemente confundidos- y el ser humano que, efectivamente, ha creado personalidades sin alma en su interior.

En aquel momento no pensé mucho en estas distinciones, ni tenía motivos para hacerlo. Por lo que yo sabía, Gerod utilizaba los términos sobre espíritus como sinónimos. Pero no era así.

El Despertar

Volví a estas distinciones con Gerod cuando empecé a encontrar tales espíritus en mi propia práctica. Uno de los primeros casos fue el de Ron S. Ron tenía treinta y tres años, estaba casado y era padre de dos hijos. Había acudido a terapia para lidiar con sus crecientes ansiedades y frustraciones en el trabajo. También era consciente de que los problemas relacionados con el trabajo no eran nuevos para él. Eran un patrón en su vida, y no sabía cómo cambiarlo.

Hasta que se fue de casa a los diecisiete años, Ron había sufrido continuos abusos físicos y verbales por parte de su madre y de su padre. Su infancia y adolescencia fueron devastadoras desde el punto de vista emocional. Una de las consecuencias de esos malos tratos fue su profundo sentimiento de ineptitud y fracaso. Hiciera lo que hiciera, Ron sentía que no era lo suficientemente bueno y que "nunca lo sería". Sus profundos sentimientos de inutilidad y miedo al fracaso eran una lucha constante en la vida de Ron y, a veces, amenazaban con engullirlo. Los recientes problemas laborales de Ron habían desencadenado de nuevo esta lucha, robándole la confianza, la seguridad y la autoestima.

Esta era el área que Ron y yo estábamos explorando durante una sesión de hipnosis cuando me encontré con un bloqueo muy fuerte. Después de abordarlo como una parte de Ron sin éxito, sospeché que un espíritu podría estar bloqueando. Cuando me dirigí a él como espíritu, las respuestas indicaron que podía ser una comunicación genuina, pero las respuestas no eran lo suficientemente consistentes como para que yo estuviera seguro. Le pregunté a Gerod por el bloqueo. Vio un espíritu presente y pasó a describirlo. Lo llamó "espíritu de bajo nivel".

Sesión #3 -22 de enero de 1988

    G. Con Ron, verás que hay un espíritu involucrado. Este espíritu es travieso y te lo hará un tanto difícil, y a Ron también. Este espíritu es uno que no lo conoce. Tiene, definitivamente, un nivel de conciencia bajo. Es consciente de que debería estar en el reino espiritual. Sabe cómo llegar allí, y sabe dónde está la Luz. Sabe cómo hacerlo, pero es travieso y un poco pillo. Tendrás que ahuyentarlo literalmente. No busca hacer daño, sino sólo provocar un poco de agitación.

    T. ¿A qué te refieres cuando dices que "puede que tengas que ahuyentarlo"?

    G. Este espíritu ya conoce todos los argumentos lógicos. Sabe que está causando problemas a tu cliente. Sabe que no debería estar aquí y sabe que probablemente crecerá más en el reino espiritual, es como un niño inteligente que sabe perfectamente lo que está sucediendo, pero no le importa. Con este espíritu es como perseguir al niño por la casa. Tendrás que atraparlo. No sé si te hablará directamente y, si lo hace, puede que te responda con bastante descaro. Si lo hace, al igual que a un niño, le dices que tiene que obedecerte. Que eres un ser físico y que tienes más poder que él en esta realidad y que, por lo tanto, tiene que irse. Puede que tengas que decírselo más de una o dos veces porque, como ya he dicho, no se trata de un espíritu confundido en el sentido de que no sepa lo que está haciendo. Ciertamente lo sabe.

Tuve que cambiar mi punto de vista para abordar a este espíritu de una manera diferente. El incentivo de la Luz, aparentemente, no iba a ofrecer la ventaja que ofrecía con otros. Según Gerod, el espíritu ya conocía la Luz y la rechazaba. Si la Luz no tenía ningún atractivo, entonces no estaba seguro de cómo Ron o yo podríamos forzarlo a salir. Gerod dijo que le dijera directamente al espíritu que tenía que irse, que Ron y yo teníamos "más poder" en la realidad física, y que tenía que obedecer. Sin embargo, yo no podía sentir ese poder del que hablaba Gerod, y no era de los que daban un ultimátum a menos que estuviera preparado para respaldarlo.

Volví a ver a Ron la semana siguiente. No le hablé de este cambio de dirección, ni de lo que Gerod había dicho. Basándome en la información y el punto de vista de Gerod, había preparado una serie de preguntas para esta sesión que esperaba que mantuvieran ocupado a ese espíritu, incluso mientras me enfrentaba a él si era necesario. Una vez que Ron entró en trance, pedí al "mismo con el que me comuniqué la última vez" que se presentara de nuevo. Cuando levantó el dedo afirmativo, inicié una serie de preguntas sobre su identidad y sus intenciones. La entidad confirmó que conocía la Luz y que no estaba interesado. También señaló que sabía que era un espíritu y que también recordaba cuando se unió a Ron por primera vez.

Una vez establecida la comunicación, di el primer paso hacia la confrontación. Le pregunté si sabía que estaba transgrediendo a Ron. Me respondió que sí. Le dije que esas transgresiones son perjudiciales, igual que entre humanos. Le dije que había que respetar los límites y que tendría que marcharse. Se lo dije con toda la autoridad que pude reunir sin parecer hostil ni amenazador. Creía que estaba constatando un hecho. Le dije que Ron estaba consciente de su presencia y que era su deseo que se marchara.

Ron, el Yo consciente, ya se había dado cuenta de lo que estaba sucediendo. Para misorpresa, y la de Ron, de alguna manera era muy consciente de este espíritu. Él "sabía" que era una entidad externa, e incluso podía decirme algunos de los sentimientos y reacciones de este espíritu. Continué con este enfoque, es decir, que el espíritu sabía que su intrusión era básicamente incorrecta, y que Ron tenía el "poder de voluntad" para hacer que se fuera. Al final, esta estrategia pareció funcionar. El espíritu se fue. Yo no sabía si tenía que hacerlo o si le habíamos incomodado demasiado para que se quedara. Después, Ron y yo discutimos sus percepciones y experiencia de lo que había sucedido. Me dijo que tenía una clara conciencia de este espíritu y que no formaba parte de él. También me dijo que podía decir el momento en que el espíritu se había ido.

Otro caso de espíritus de bajo nivel fue el de una joven madre, Fran, que quería que le preguntara a Gerod por Terry, su hijo de ocho años. Terry tenía problemas en casa y en el colegio. La madre, el padre y los profesores no sabían muy bien por qué. La próxima vez que hablé con Gerod, le pregunté si había alguna información que pudiera compartir sobre Terry y su situación.

Sesión #15 -18 de marzo de 1988

G. Este hijo está afectado por los espíritus que rodean a su madre. Fran ha atraído hacia sí espíritus que perciben a una mujer con gran capacidad de apertura. Ella tiene un hijo que es muy sensible, muy sintonizado. Él también percibe estos espíritus que están alrededor. Por lo tanto, le resulta difícil percibir la realidadporque está muy atado a esta otra dimensión. Él está consciente de ello a nivel del alma, a nivel inconsciente. No sería capaz de describírtelo de una manera muy consciente, pero está distraído. No es capaz de prestar toda su atención a lo que ocurre a su alrededor de forma consciente porque está distraído. Oye cosas, las siente con el ojo interno y el oído interno, y las oye con la mente interna. Es un niño muy inteligente, muy cariñoso, muy afectuoso, muy especial, pero está distraído y la manera de ayudarlo con esto es, en este momento, alejar a estos espíritus de su madre. Y eso le ayudará porque no le robará su sensibilidad, pero no habrá espíritus tan cerca de él y entonces no estará tan distraído. A medida que crezca puede llegar a ser una persona sensible y consciente y desarrollará muy buenas habilidades, pero sería mejor que no estuviera distraído a esta temprana edad.

T. Gerod, ¿estamos hablando de espíritus terrenales?

G. No se trata de espíritus terrenales. Son lo que yo llamo espíritus traviesos, de bajo nivel, que han estado en la Luz y andan por ahí siendo más juguetones que productivos. Es más o menos el mismo tratamiento que con un espíritu terrenal. . . deberían estar en el reino espiritual prestando atención a lo que hacen, pero están como revoloteando. Se sienten muy atraídos por esta mujer porque, como digo, es una mujer inteligente. Les parece un vehículo muy bueno para comunicarse. Ella podría comunicarse con ellos si lo deseara y, si lo hiciera, quizás aprendería algunas cosas interesantes, quizás incluso tendría cierta comunicación. Pero no se trata de guías de alto nivel de conciencia y, por lo tanto, no le aconsejaría que se involucrara demasiado en comunicarse con ellos.

Cuando trabajé con Fran, identificamos cuatro espíritus, uno de los cuales ella identificó como su primo, David, que había muerto diez años antes a la edad de veinticuatro años. David y los otros parecían viajar juntos. Dijo que llevaban con Fran al menos un par de años. No sabía con qué otras personas podían haber estado ni las cosas que podían hacer en este estado tan bajo. Hablé con David sobre la interferencia que su presencia estaba causando a Terry y a Fran. David le aseguró a Fran que no había querido hacerles daño y se dispusieron a marcharse. Sin embargo, antes de marcharse, Fran se comunicó mentalmente con David y se despidieron. Como de costumbre, después hablé con Fran sobre su experiencia de lo ocurrido. Al igual que Ron y otros, Fran tenía una clara percepción de estos espíritus, incluso más, creo, ya que había una conexión personal.

Según Gerod, estos espíritus de bajo nivel están sentados en la cerca. No se adentran en la Luz, pero recorren por su periferia. Puede que no tengan por qué interferir con una persona, pero también parecen saber que hay límites. Con suficiente persistencia, estas almas suelen respetar la petición del Yo consciente de que se vayan o, como dijo Gerod, simplemente se vuelve "demasiado incómodo" para quedarse.

Espíritus Malignos

En esos mismos meses en los que aprendía sobre los espíritus de bajo nivel de conciencia, me estaba dando cuenta también de otro tipo de espíritus. Gerod los llamaba "espíritus malignos". Eran malévolos y, a veces, maliciosos. En mis primeros contactos con este tipo de espíritus, me apoyé mucho en Gerod para obtener información. Al igual que con mi cliente Diane, hace sólo unos años, estos espíritus no daban libremente información sobre sí mismos. Eran un desafío mucho mayor que los espíritus terrenales y los espíritus de bajo nivel.

La primera vez que Gerod y yo hablamos largo y tendido sobre los espíritus malignos, se trataba de Peter, mi cliente. Peter tenía unos cincuenta años y trabajaba en una empresa manufacturera donde ocupaba un buen puesto directivo. Sin embargo, en los meses anteriores a que yo lo viera, Peter se había deprimido mucho, hasta que su mujer acabó exigiéndole que buscara ayuda. Hablé con Gerod sobre él porque Peter y yo nos veíamos continuamente bloqueados en nuestros esfuerzos por explorar su situación a través de la hipnosis. A lo largo de los meses me había quedado claro que, fuera lo que fuera lo que le pasaba a Peter, probablemente tenía que ver con su madre, una mujer extremadamente controladora y dominante. Por eso no me sorprendió que Gerod hablara de su madre. Lo sorprendente fue lo que dijo:

Sesión #2 -16 de enero de 1988

> La relación de Peter con su madre es una de las fuentes de esta perturbación que está teniendo lugar. Su madre está involucrada con un espíritu maligno; letransfieren su energía a él. Él no está directamente controlado o manipulado, ni siquiera poseído por ningún tipo de espíritu, pero hay una fuerte influencia dada su relación y la energía de ella. Esto continúa incluso cuando se separan. Está siendo vigilado, por así decirlo, por fuerzas que no son del todo agradables para él. No estoy seguro de cómo te diría que veas esto o cómo trabajar con él porque siempre es una situación más difícil cuando el espíritu no está total y directamente involucrado con él.

Le pregunté a Gerod si estos espíritus podían ser el origen del bloqueo que encontré en las sesiones con Peter.

T. Gerod, en la hipnosis con Peter, me encuentro con una fuerte resistencia o confusión. ¿Ese tipo de cosas forman parte de la influencia de este espíritu maligno?

G. Sin duda. Un espíritu maligno es tal que una persona levanta defensas y trata de mantenerlo a raya, por así decirlo. Además, al hacerlo, se protege contra cualquier tipo de acceso a su ser interior. El alma siempre tratará de protegerse a sí misma y, por lo tanto, levantará un fuerte escudo. Creo que, con un poco de tiempo, serás capaz de superarlo, ya que Peter empieza a confiar en ti y eso también lo percibe su Yo Superior.

Gerod continuó describiendo esta influencia maligna de su madre y hablando del mal en general:

Ella ni siquiera tiene que enseñarle cosas malas, o malvadas, o hablar mal de él, sólo los sentimientos son suficientes para ponerlo en una confusión sobre cómo se siente acerca de sí mismo y cómo se siente en su relación con el resto del mundo. Esta es una situación que hace a una persona propensa al acceso de un espíritu maligno porque causa mucha confusión, y eventualmente puede haber algún tipo de aceptación de la situación. En la posesión, siempre hay una cierta cantidad de confusión que luego da paso a una cierta cantidad de paz, como "Voy a entrar aquí y voy a molestarte y volverte tan loco que en el momento en que te dé algún tipo de paz o algún tipo de esperanza para poner fin a esa situación, lo aceptarás..." y esa es una forma en que el espíritu parece congraciarse con el Yo. En este momento, Pedro está un poco agitado y confundido, y está logrando frenarlo.

En aquel momento no entendí lo que Gerod decía ni lo que podía significar en la vida de Peter. Nunca lo abordé directamente en su terapia, pero lo tuve en cuenta. Pensé en ello y reevalué lo que sabía sobre Peter y su situación en vista de lo que decía Gerod. Mi intuición me decía que había algo en ello, pero no estaba claro, y yo aún no tenía un marco de referencia o una comprensión suficientemente buena sobre este tipo de fenómeno como para abordarlo en la terapia de Peter.

Una confrontación directa con este tipo de espíritus, sin embargo, se produjo en mi trabajo con Karen M. Karen tenía poco más de 40 años, vivía sola y enseñaba en escuelas públicas. También le habían diagnosticado un Trastorno de Personalidad Múltiple y era muy consciente de su multiplicidad. La historia de abusos de Karen por parte de sus padres, y de los amigos de sus padres, era uno de los casos más extremos que había visto. Exploramos y tratamos esta pesadilla viviente en su terapia, a medida que las distintas personalidades iban apareciendo y compartiendo sus experiencias y recuerdos.

Karen también era una clienta acosada por voces hostiles que a menudo la amenazaban. Mis intentos de identificar estas voces no llegaron muy lejos. Le pregunté a Gerod por Karen y si algunas de estas voces podrían ser espíritus:

Sesión #5 -29 de enero de 1988

T. Otra persona de la cual hablamos brevemente fue Karen M. Ciertamente la conozco mejor ahora y quiero preguntar si hay alguna participación de espíritus o del mal.

G. Lo que yo diría de esta mujer es que está poseída por un espíritu y está teñida de maldad. Ella es una persona, que como bien has dicho, es una persona caparazón. Ha sido así durante mucho tiempo -desde poco después de nacer- y continuará siéndolo hasta que una vez más, como muchos otros tienen que hacer, tome la decisión consciente de pedir a los espíritus que la abandonen. Ella tiene múltiples personalidades que fueron creadas a esta temprana edad para ayudarla a lidiar con estas otras "personas" que parecían ser parte de ella misma. Las descripciones de sí misma, como habrás notado, no son del todo lo que uno esperaría de una persona que sólo está describiendo una personalidad múltiple. Hay espíritus presentes y probablemente puedas comunicarte con ellos para ver por qué se aferran tanto a ella. No son de alto nivel. Son de muy bajo nivel, y el mal que veo no es maldad en el sentido de destrucción o de hacer estragos totales, pero está ahí. Digamos que Karen es una de esas personas ideales para ser poseídas por espíritus malignos.

Cuando hablo de espíritus terrenales no suelo utilizar la palabra "posesión", ya que no es del todo correcto decir que una persona está poseída por espíritus terrenales. Cuando estás habitado por o tienes espíritus terrenales contigo, están ahí porque tú los has invitado a entrar, les has permitido entrar. No buscan poseerte, simplemente quieren estar contigo. Un verdadero espíritu maligno deseará poseer porque quiere que pierdas toda libertad de voluntad. Un espíritu terrenal, un espíritu de bajo nivel realmente no se preocupa demasiado por controlar tu voluntad, sólo quieren un lugar donde vivir y muy a menudo no les importa tu voluntad en absoluto porque sólo desean tener compañía.

Esta confirmación por parte de Gerod, me llevó varios días más tarde a una confrontación con dos espíritus que se presentaban como hombres adultos, arrogantes y combativos a la vez. Básicamente tuve que realizar un exorcismo utilizando las mismas técnicas que utilicé con Ron S., pero mucho más intensas. Hablé de ello con Gerod un par de días después.

Sesión #7 -6 de febrero de 1988

T. Gerod, abordar a esos dos espíritus, en cierto modo fue como tratar con espíritus terrenales, como he hecho con otros clientes, pero que de alguna manera habían cruzado la línea del mal. Es como si estuvieran atados a la Tierra, pero vinieran de un nivel diferente. ¿Es eso cierto?

G. Es exacto. Los espíritus malignos que encontraste fueron en un tiempo almas terrenales, pero también se tiñeron con el mal que lentamente los arrastró hacia la oscuridad. Es su elección. Cuando lees sobre los casos de ejemplos muy severos de posesión, esos espíritus malignos, son almas. Fueron en un tiempo una persona humana que vivía en la tierra o un ser de alguna otra realidad, pero son un alma que ha cruzado esa línea porque es lo que por alguna razón les atrae.

Los espíritus de bajo nivel eran bastante difíciles de entender y saber cómo hablar con ellos, pero los espíritus y fuerzas malignas estaban muy lejos de mi alcance. No sabía cómo pensar sobre ellos. No tenía ni idea de quiénes o qué eran, ni de lo que tramaban. Con los clientes en los que estaban presentes este tipo de espíritus, no sabía si estaba tratando con incidentes aislados de acoso de espíritus o si había un plan más amplio.

El contacto con espíritus malignos amenazaba la acogedora disposición en mi mente entre el reino terrenal, y lo que Gerod llamaba el "reino espiritual de la Luz". Los espíritus malignos no encajaban en ninguna de estas categorías. No sabía dónde encajaban. El contacto con los espíritus malignos me puso en contacto con otra dimensión mucho más allá de mi zona de confort. Empecé a darme cuenta de que, en mi trabajo con espíritus terrenales, sólo había estado operando en un pequeño rincón del universo.

Al abordar estos espíritus, me adentré aún más en lo desconocido. Empecé tratando de llevar a la Luz a espíritus terrenales y, antes de darme cuenta, estaba tratando con dimensiones y seres de los que no sabía nada. En los meses siguientes, con otros clientes, me encontraría con más espíritus de este tipo. Cada vez que trabajaba con uno, parecía adentrarme más en lo desconocido. Ya no podía tener la certeza de *con quién* o *con qué* me iba a encontrar.

Seres de Luz

Mientras me esforzaba por comprender la existencia espíritus malignos, tuve otra experiencia que hizo trizas los límites a los que me aferraba en mi mente. Ocurrió el día en el que me di cuenta que había estado en contacto directo con espíritus de la Luz. Estos espíritus en particular habían venido a ayudar a un espíritu terrenal con el que estaba trabajando.

A diferencia de los espíritus malignos, la idea de *espíritus asistentes* me resultaba muy familiar. Este fenómeno había surgido a menudo en los libros que había leído. Sin importar si uno los llamaba *ángeles*, *guías*, *seres de Luz* o *seres queridos*, yo creía que eran reales. Gerod ya había dicho en una de nuestras primeras sesiones que toda alma que se encarna tiene un guía espiritual que la asiste durante su vida. Según Gerod, había una miríada de almas en la Luz, que existían en diferentes niveles y servían los propósitos de la Luz de muchas y diferentes maneras.

Varios espíritus terrenales con los que trabajé habían informado haber visto a estos espíritus asistentes esperándolos en la Luz. No ocurría siempre, y no podía predecir cuándo ocurriría. Sin embargo, cuando sucedía, en casi todos los casos, era de ayuda. Estos espíritus asistentes parecían ser el mismo tipo de seres espirituales que encuentran las personas en la experiencia cercana a la muerte, sólo que, en esos casos, normalmente aconsejan a la persona en contra de hacer su transición. Sus esfuerzos intentan guiar al alma de vuelta a su cuerpo y a su vida en la Tierra.

Un día, mientras trabajaba con un cliente, me di cuenta de que esos espíritus asistentes podían oírme y responder. No puedo recordar ahora la sesión específica o el momento exacto, pero estaba trabajando con un espíritu terrenal que, a pesar de todo el apoyo que le brindaba, seguía reacio a ir a la Luz. En algún momento, hice una petición específica a los espíritus asistentes y, según el espíritu terrenal con el que estaba trabajando, la cumplieron. No recuerdo si había pedido que un "ser querido" específico se presentara para hacer contacto con el espíritu terrenal, o que "se diera más información y tranquilidad" con respecto al miedo particular de este espíritu, pero el espíritu terrenal estaba satisfecho. El espíritu tuvo algún tipo de contacto con la Luz y luego desapareció.

La comprensión de que los espíritus de la Luz podían ser conscientes y responder a las situaciones que involucraban a los espíritus terrenales cambió inmediatamente mi forma de trabajar con estas almas perdidas o confundidas. Estos espíritus asistentes, de hecho, se convirtieron en uno de mis principales recursos para ayudar a los espíritus a irse a la Luz. Para muchos de los espíritus terrenales que encontré, este contacto directo y la seguridad de lo que yo llamaba un "guía de alto nivel" fue un factor clave en su decisión de dejar a mi cliente e ir a la Luz.

Después de esto, no sólo dirigí a los espíritus terrenales hacia la Luz, sino que también les dije que había espíritus allí para ayudarles. Les dije que podían ver a esos espíritus y comunicarse con ellos si así lo deseaban, y los animé a hacerlo. Una vez que un espíritu terrenal accedía, casi siempre ocurría que veía a un espíritu que venía hacia ellos desde la Luz. También aprendí con la experiencia que cuando esta petición de un espíritu asistente fracasaba, se debía a las propias dudas, miedos o falta de creencia del espíritu terrenal. Una vez que ayudaba a ese espíritu a resolver su propia resistencia interior o miedo, se producía el encuentro con el guía espiritual.

De nuevo, creía en la existencia de estos *ángeles* o *guías*, pero no tenía experiencia directa con ellos. Por lo que a mí respecta, estaban al otro lado de la línea divisoria entre el ser humano y el espíritu. Consideraba mi trabajo con los espíritus terrenales como una especie de *entrega* o *señalamiento del camino* hacia el reino espiritual de la Luz. Sin embargo, siempre recibía confirmación de diferentes espíritus terrenales que habían entrado en contacto con un espíritu o espíritus asistentes que habían venido por ellos. Era el mismo tipo de confirmación que observé cuando aprendí por primera vez a dirigir espíritus hacia la Luz: en un momento me decían que no irían o que tenían problemas, y al momento siguiente, se habían ido. Estos espíritus asistentes comunicaban de alguna manera el conocimiento, el amor o la seguridad que el espíritu terrenal necesitaba para decir sí a la Luz.

También hice peticiones específicas a estos espíritus de la Luz. Cuando pensaba en algo que pudiera ayudar a un espíritu terrenal que estaba atascado, lo pedía y a menudo sucedía. Empecé a aprender lo que podía pedir y lo que no. Si, por ejemplo, un espíritu terrenal estaba muy asustado, averiguaba si había alguien, un pariente o amigo, con quien hubiera estado especialmente unido o en quien hubiera confiado en su vida en la Tierra. Si así fuera, le pediría a esa alma que se acercara para encontrarse con el espíritu con el que estaba trabajando.

También aprendí a tener en cuenta que un ser querido concreto podía no estar en el reino espiritual en ese momento porque esa alma ya se había reencarnado. Por lo tanto, al utilizar esta técnica, aprendí a no hacer promesas y a identificar a más de un posible candidato antes de intentar llamar a un espíritu de la Luz para que se presentara.

Si un espíritu estaba atascado por una cuestión específica -quizá algo que le causaba culpa, o algo que había sucedido en su vida que le hacía desconfiar de Dios, o un miedo intenso al castigo-aprendí a pedir que se presentara un guía espiritual que pudiera comunicar información específica al espíritu terrenal en relación con su preocupación particular. Siempre que el espíritu terrenal estuviera dispuesto a recibir tal comunicación, ésta se producía invariablemente.

A Través del Espejo
Cuando entré en contacto con un espíritu terrenal por primera vez en mi trabajo con Jim D., no era consciente de las consecuencias que tendría para mí, tanto personal como profesionalmente. Como dije al comienzo de este capítulo, al principio veía a estos espíritus de una manera muy limitada: como intrusos, como alguien o algo que debía ser exorcizado de mi cliente y devuelto al otro lado de la línea. Suponía que podía tratar con espíritus sin tener que cruzar esa línea yo mismo. Pensaba que esos espíritus entraban en nuestro mundo. No me daba cuenta de que entrar en contacto con los espíritus significaba también entrar en su mundo.

Leer *La Posesión*, el inicio de un diálogo verbal con Gerod y el reconocimiento de que existían muchas dimensiones de espíritus desencadenó una explosión de información y actividad clínica. Todo empezó a acelerarse. Hubo más conversaciones. Más preguntas. Más clientes. Más problemas. En algún momento de esa aceleración, dije sí a esta realidad más amplia. No fue un sí intelectual. Eso ya había sucedido antes de conocer a Gerod. Fue una comprensión más profunda, un saber -una certeza- de que estas dimensiones espirituales eran reales y de que cada uno de nosotros es un alma encarnada.

Esto no significaba que lo entendiera todo o que comprendiera el panorama general. Al contrario, estas dimensiones se estaban abriendo ante mí. Sin embargo, lo que sabía con certeza en ese momento era que *existía* una *visión más amplia*. Empecé a ver a mis clientes como almas, y con cada uno de ellos empecé a considerar si había cuestiones psíquicas y espirituales relacionadas a los problemas o dificultades que presentaban.

Segunda Parte
Sanando el Mundo Interior

Segunda Parte
Sanando el Mundo Interior

Introducción
En la Primera Parte narré la historia de la Sanación Centrada en el Alma desde un punto de vista cronológico. Desde la hipnosis y álteres de la personalidad, pasando por Gerod, hasta los espíritus terrenales, los siete primeros capítulos relatan el cambio de un paradigma psicológico a un paradigma metafísico de la realidad. La historia se cuenta a través de los ojos de un clínico que está despertando a la realidad de las dimensiones psíquica y espiritual.

En la Segunda Parte, el enfoque vuelve a centrarse en el individuo, el mundo interior y el proceso de sanación. Aunque los espíritus eran un tema importante en aquellos primeros años con Gerod, la mayoría de mis clientes no tenían problemas con espíritus intrusos o terrenales. En la hipnoterapia, compartir y liberar estados del ego seguía siendo el objetivo principal. El mayor problema seguía siendo el número de veces que mi comunicación con estados del ego se cerraba o se bloqueaba. Era el mismo problema que tenía antes de conocer a Gerod.

Esta vez, sin embargo, podía plantearle mis preguntas. Cuando me encontraba con un bloqueo con un cliente que no podía resolver, se lo preguntaba a Gerod en nuestra siguiente sesión. La mayoría de las veces me daba información específica sobre el bloqueo, y la mayoría de las veces me ayudaba a resolverlo o a avanzar. A veces esto requería comunicarme con Gerod, luego con mi cliente y viceversa varias veces, pero solía funcionar.

La información de Gerod sobre estos clientes y las diferentes fuentes de bloqueo revelaban dentro de cada cliente un mundo interior dinámico y complejo. Los estados del ego seguían siendo un objetivo primordial de la sanación, pero la visión que Gerod tenía de estas partes del ego era radicalmente distinta a la mía.

También aprendí de Gerod sobre la *parte protectora de la mente* y el *Yo Superior,* una puede ser una fuente importante de bloqueo, el otro una conexión directa con lo Divino. Cada uno de ellos llegó a desempeñar un papel importante en el proceso de sanación de los estados del ego. Fueron necesarias miles de sesiones con clientes y cientos de charlas con Gerod para identificar estas partes del Yo, establecer una comprensión e idioma en común sobre ellas y aprender a incorporarlas al proceso de sanación.

Lo que surgió de esta colaboración con Gerod fue un enfoque de la sanación radicalmente distinto de la psicología y la psicoterapia en las que me había formado. Era un enfoque que reconocía las dimensiones psíquicas y espirituales del Yo. La colaboración dio lugar a métodos para ayudar a una persona a acceder a estos niveles y trabajar en ellos cuando fuera necesario para la sanación. Eran métodos capaces de resolver los bloqueos, las defensas y las interferencias que tan a menudo conducían a un callejón sin salida.

8

A Través del Espejo

"Nuestra conciencia normal de vigilia, la conciencia racional como la llamamos, no es más que un tipo especial de conciencia, mientras que, a su alrededor, separadas de ella por la más sutil de las pantallas, yacen formas potenciales de conciencia completamente diferentes. Podemos pasar por la vida sin sospechar de su existencia... Ninguna explicación del universo en su totalidad puede ser definitiva si no tiene en cuenta estas otras formas de conciencia. El tema es cómo considerarlas, ya que son tan discontinuas con la conciencia ordinaria"—William James, extracto del libro *Las Variedades de la Experiencia Religiosa*.

Estados Psicológicos

Cuando empecé a trabajar con álteres de la personalidad, los consideraba "estados" psicológicos o mentales. Eran, sin duda, creaciones maravillosas y una prueba fehaciente de la capacidad del Yo para protegerse a sí mismo. Sin embargo, no los consideraba como seres reales. *Actuaban* como seres reales y yo los trataba *como si* lo fueran. Los escuchaba y me enteraba del por qué se sentían como se sentían y qué les había ocurrido. Sin embargo, creía que no eran más que reflejos y artefactos, en cierto modo, de la experiencia temprana del cliente. Los veía como *aspectos* de la persona que de algún modo se habían separado y luego habían cristalizado en una personalidad estable. Podían *imitar* a personas reales, pero no eran realmente personas.

Tampoco creía que los álteres vivían en un mundo real. Aceptaba que era real para ellos y que creían lo que decían, pero no era real en ningún otro sentido. Un alter, por ejemplo, podía *creer* que estaba acampando en el bosque y podía hablar *como si* fuera verdad, pero no lo era. Estaba sentada en mi despacho.

No había carpa, ni fuego, y obviamente no podía ver ninguna estrella en el cielo nocturno. Cuando un alter me decía que tenía cinco años y llevaba un traje de baile o que tenía treinta y vivía en una casa junto a un río, aceptaba que cada una de ellas creía lo que decía. Sin embargo, en mi propia mente, estos mundos eran un tejido de fabricaciones, ilusiones y recuerdos. Incluso cuando dos o más álteres se sentaban alrededor de la misma mesa, yo seguía creyendo que esa mesa era un reflejo y una recreación de la experiencia de mi cliente en el mundo exterior.

También creía que una vez que un alter fuera capaz de compartir su experiencia y liberar su emoción, se disolvería o sería absorbido por el Yo Consciente, y su mundo ilusorio desaparecería junto con él. En teoría, al menos, una vez que sus secretos fueran revelados e integrados por la persona consciente, no habría necesidad de que el estado del ego continuara existiendo.

El Punto de Vista de Gerod

Gerod cuestionó este punto de vista en nuestra primera sesión. Habló varias veces de los álteres, primero indirectamente y después directamente. Señaló que un espíritu terrenal puede confundirse a veces con un alter de la personalidad, y que sería importante distinguir entre los dos. Dijo que un terapeuta puede creer que está tratando una condición disociativa y asumir que cualquier voz que escuche es un alter. Equivocadamente, entonces, el terapeuta trabaja con el cliente para integrar algo que no forma parte de él.

Cuando le pregunté directamente a Gerod sobre los álteres, muchos de sus comentarios y afirmaciones coincidían básicamente con mi propia comprensión. Hablaba de los álteres del mismo modo que los psicólogos. Los consideraba una parte del Yo, creado como defensa para la supervivencia y protección de la persona. También estaba de acuerdo en que, debido al dolor que acarreaban, podían ser una fuente continua de conflicto y angustia para una persona. Como él decía, "no siempre son una ventaja para nuestro ser".

Sin embargo, a pesar de nuestro acuerdo sobre la creación y la función de los álteres, había una diferencia fundamental entre cómo Gerod veía los álteres de la personalidad y cómo los veía yo. Cada vez que Gerod hablaba de los álteres, lo hacía como seres reales. No era sólo *lo que decía* lo que me daba esa impresión, sino también *cómo* lo decía.

1 de agosto de 1987-(Primera sesión escrita)

El alter de la personalidad es fuerte, es inteligente. Al igual que tú puedes acceder a tu alma para obtener información, estos álteres también pueden hacerlo. Son reales, tienen energía y existen. Sin embargo, no siempre son una ventaja para nuestro ser.

... De hecho, son creados; la mente es poderosa. Mira lo que puede hacer tu mente cuando tiene la información adecuada-grandes cosas. Una mente quiere ayuda -una madre, un padre, alguien importante a quien amar, proteger, intervenir. Si en esta realidad física no existe nadie así, entonces la mente empezará a crear con mucho cuidado "personas" para ayudar. La personalidad llamará a sus propios ayudantes creados por ella misma; de ahí las personalidades múltiples. Sin embargo, muchos de estos ayudantes son ayudantes mal informados, ya que no están enraizados en el alma.

En los meses siguientes, no hablé muy a menudo con Gerod sobre los álteres y estados del ego. Tal vez un puñado de veces. Mi atención seguía centrada en los espíritus.

Al centrarme en los espíritus terrenales, la discrepancia entre el punto de vista de Gerod y el mío sobre los álteres quedó en un segundo plano. Sin embargo, siempre que surgía el tema, hablaba de ellos de forma coherente:

Sesión #7 -6 de febrero de 1988

Cada una de esas personalidades cree que es real; cree que tiene alma. Tiene memoria. Es una parte tan importante de la personalidad principal que tiene acceso a casi todo y puede utilizarlo, por lo que cree que es real y, en ese sentido, ha sido creada como nosotros.

Desde el punto de vista de Gerod, se trataba de seres viables, creados por la mente y existentes dentro del Yo/alma.

Algo o Alguien

La idea de que esas partes del Yo fueran seres conscientes estaba fuera de mi marco de pensamiento. Ni siquiera estoy seguro, en aquellas primeras sesiones, hasta qué punto era consciente de la discrepancia entre mi punto de vista y el de Gerod; o si era consciente de la discrepancia, que no la descarté como un mero problema más de semántica. Como ya he señalado sobre estos primeros diálogos, mucho de lo que Gerod escribió -y de sus implicaciones-estaba fuera de mi alcance en aquel momento. Lo mismo ocurría con los álteres. Desde mi punto de vista, Gerod era un ser; los espíritus eran seres; los humanos eran seres; pero los álteres no lo eran. Sólo eran estados psicológicos proyectados o aspectos del Yo.

Aunque no era consciente de ello, era sólo cuestión de tiempo que esta discrepancia tuviera que abordarse directamente. De hecho, era más que una discrepancia. Era una contradicción en mi forma de pensar. O eran *seres* o eran *cosas* (*estados*), pero no podían ser ambas cosas. También era una contradicción desde el punto de vista clínico. Si el punto de vista de Gerod era correcto, que estos álteres y estados del ego eran seres reales, entonces planteaba serias interrogantes sobre la forma en que pensaba sobre ellos, cómo hablaba con ellos y cómo los trataba. Uno trata a los seres de forma distinta a como se trata a las cosas.

Fueron estas implicaciones clínicas las que empezaron a poner el tema sobre la mesa. Tuve que plantearme si la razón por la que encontraba tanto bloqueo y resistencia al trabajar con estados del ego era porque estaba diciendo las cosas y haciendo las preguntas equivocadas. En lugar de tratar estados del ego como recuerdos cristalizados o artefactos de la mente, ¿debería abordarlos desde el punto de vista de Gerod y tratarlos como seres reales? Esta es la pregunta que se me fue planteando poco a poco cuando Gerod y yo empezamos a hablar con más frecuencia sobre álteres y estados del ego. Siempre había sido respetuoso al comunicarme con los álteres, pero no los consideraba como un ser.

Hubo una sesión en particular que nos ayudó mucho a responder esta pregunta. En la sesión, Gerod me dio información que indicaba que él podía ver estados del ego específicos de un cliente concreto sobre el que estábamos hablando. Se trataba de Emily S. En nuestras sesiones de hipnosis me encontraba con continuas resistencias y bloqueos. Al principio, Emily había demostrado ser un buen sujeto de trance, y yo era capaz de establecer fuertes señales dactilares con ella. Sin embargo, en cuanto empecé a preguntarle por un problema concreto o un dolor emocional, fue como si todo se cerrara herméticamente. No podía obtener respuesta a mis preguntas o, si la obtenía, no podía mantenerla durante mucho tiempo antes de que se interrumpiera la comunicación.

Abordé el tema de Emily en mi siguiente sesión con Gerod debido a la frustración que tanto ella como yo sentíamos por el estancamiento de la terapia. Quería ver si había alguna información o sugerencia que él pudiera ofrecer que ayudara en la situación. Esto es lo que me dijo:

Sesión #51, 23 de octubre de 1988

Bueno, es difícil para esta mujer, y hay una preocupación muy real para ella en un nivel profundo acerca de la información que tendrá que salir si la terapia continúa, y eso parece señalar una falta de cooperación. Hay mucho control aquí que no es muy aparente, pero hay un estado que es fuertemente controlado, que parece detener el proceso en cierto punto de entrada.

El "estado" al que se refería Gerod era un estado del ego. Afirmaba percibir un estado distinto dentro de Emily que se había gatillado y estaba bloqueando el proceso de sanación. Si era cierto que Gerod podía percibir estos estados dentro de un cliente, las implicaciones serían profundas a muchos niveles.

1) Confirmación de los estados del ego (álteres de la personalidad): En primer lugar, implicaba una objetividad y una realidad a estados del ego que yo nunca les había otorgado. Al afirmar que veía estados del ego individuales, Gerod ya estaba afirmando que eran reales. Una afirmación presupone la otra. En efecto, estaba confirmando lo que muchos psicólogos, entre los que me incluyo, ya creían, es decir, que los estados del ego eran estados distintos que operaban a un nivel inconsciente.

2) Confirmación de un reino psíquico de actividad: La afirmación de Gerod también implicaba una objetividad y realidad de una dimensión o reino psíquico, fuera de la conciencia normal, donde estas partes del ego existían y podían actuar. Cuando Gerod decía que este "estado" dentro de Emily detenía el proceso, afirmaba estar observando la interacción dinámica de los estados psicológicos. Según Gerod, estaba percibiendo en tiempo real lo que los psicólogos llamaban teóricamente una defensa psicológica.

3) Los estados del ego como fuente principal de bloqueo: Cuando Gerod identificó el estado del ego de Emily como fuente de bloqueo, fue una respuesta a una de las preguntas centrales y continuas en mi trabajo con clientes. ¿Cuál era la fuente o la causa del bloqueo que encontraba continuamente en mi trabajo con estados del ego? La afirmación de Gerod sugería que los estados del ego podían ser una fuente importante de bloqueo.

4) Imperativo clínico: A diferencia de lo que ocurría con los espíritus, los estados del ego eran el objetivo principal de mi trabajo con clientes. Al afirmar que veía el estado del ego de Emily en tiempo presente, Gerod implicaba que también podía observar e identificar estos estados en otras personas. Y, además, de ser cierto, significaba que Gerod podría estar en posición de dar información que beneficiaría directamente a clientes específicos. Esta posibilidad es la que hizo que el tema de los álteres y estados del ego pasaran del plano teórico al clínico. Si Gerod tenía información valiosa sobre los estados del ego de una persona que pudiera ayudarla a sanar, yo no podía ignorarla. Desde mi punto de vista, negar esta información sería una negligencia.

5) Verificación: Por último, la afirmación de Gerod implicaba la posibilidad de que su información pudiera verificarse. Si, de hecho, era capaz de percibir estados del ego específicos de un cliente en tiempo presente y darme información sobre ellos, entonces, en teoría, yo debería ser capaz de comunicarme con esos mismos estados del ego directamente en mi trabajo con los clientes y determinar si mis hallazgos coincidían con la información de Gerod. En efecto, dispondría de dos fuentes independientes de información -la de mis clientes y la de Gerod- que podría contrastar.

Estas implicaciones no estaban tan claras para mí en ese momento, por supuesto, pero todas se derivaban de la interrogante de si Gerod podía realmente percibir estados del ego individuales o álteres dentro de una persona. Se planteaba la pregunta de qué era exactamente lo que Gerod podía ver y qué podía decirme en concreto sobre los estados del ego.

Sin embargo, esta sesión sobre Emily sólo planteó la pregunta. Fue un punto de partida, como cuando Gerod me habló por primera vez de los espíritus terrenales. La información sobre los espíritus desencadenó un período de intenso cuestionamiento y exploración teórica y clínica. Lo mismo ocurrió aquí. Después de esta sesión, los estados del ego se convirtieron en un tema cada vez más central en mis diálogos con Gerod. Durante el año y medio siguiente, seguí preguntándome qué podía ver Gerod de estos estados. Exploré con él teóricamente cómo los veía y cómo los trataría. Sin embargo, a diferencia de los espíritus, ahora hablábamos de un fenómeno con el que yo estaba muy familiarizado. Quería ver cómo se comparaba la perspectiva de Gerod con la mía. Creía que, si estábamos hablando del mismo fenómeno, en algún momento nuestras opiniones tendrían que coincidir. Habría algo en común.

También le planteé a Gerod esta interrogante de forma clínica. Buscaba situaciones u oportunidades para preguntarle sobre casos concretos. Por ejemplo, le pregunté por aquellos clientes en los que había identificado un estado del ego fuerte y definido. En la siguiente sesión con Gerod, le pedía que mirara en esa misma zona y describiera lo que veía. Por otra parte, le pregunté a Gerod sobre situaciones en las que el proceso se bloqueaba o cerraba. En muchos casos, Gerod identificó uno o varios estados del ego como origen del bloqueo. Entonces, en mi siguiente sesión con el cliente, lo comprobaba. Hacía preguntas basadas en la información de Gerod y vería si funcionaba o se confirmaba en la sesión de terapia.

A lo largo de los meses, Gerod y yo nos fuimos centrando en el tema de si realmente podía ver esos estados en una persona. Yo empezaba a llegar a la conclusión de que sí, de que cada uno de ellos se manifestaba de una forma específica. Clínicamente, también estaba llegando al punto en el que tenía que responder a la pregunta, de un modo u otro. Dependiendo de cómo viera estos estados del ego -*como estados psicológicos o como seres* me llevaría a dos enfoques muy diferentes en la terapia. Tenía que responder a la pregunta para saber cómo proceder. Lo que no sabía era que al responder a la pregunta de si podía ver estados del ego, también estaría respondiendo a la pregunta de a *quién* estaba viendo, no *a qué*.

Los Zapatos Rojos

El gran avance se produjo cuando la información que Gerod me dio sobre el estado del ego específico de un cliente se confirmó de forma independiente en la siguiente sesión con ese cliente. Se trataba de mi cliente Martha K. Martha tenía treinta y seis años, estaba feliz de haberse divorciado de un marido maltratador, pero seguía viviendo en una montaña rusa emocional. Había crecido en lo que ella conocía como una "familia de locos" y también sabía que, como resultado, tenía que lidiar con su propio tipo de locura.

Martha me había llamado a principios de esa semana para decirme que estaba teniendo reacciones intensas luego de nuestra última sesión. Su nivel de ansiedad había aumentado y a menudo se sentía al borde del pánico. Me dijo que sentía una "opresión en la cabeza" que a veces amenazaba con explotar. Esta reacción no me sorprendió. En la sesión anterior habíamos llegado a un bloqueo muy fuerte y sospeché que nos acercábamos a algo muy doloroso o aterrador. La tranquilicé y le sugerí algunas formas de contenerlo.

Cuando vi a Gerod esa semana, hablé con él sobre el bloqueo al que había llegado con Martha y su posterior reacción a la sesión. Le pregunté si, desde su punto de vista, el bloqueo tenía que ver con el estado del ego de dos años con el que había estado trabajando en la última sesión. Me contestó que no y que había algo más profundo.

Sesión #148 -2 de junio de 1990

> Hay mucho más ahí debajo. Hay mucho más que tiene que salir a la luz de cierta forma. Hay cierta evasión, cierto conflicto en ese nivel más profundo. Está siendo reprendida por hacer este trabajo, castigada, desde fuentes internas. Entonces, hay mucha ansiedad y estrés. Hay mucha dificultad para estar anclado en el presente.

Le pregunté si me sugeriría intentar ir más allá de la niña de dos años y acercarme directamente a ese nivel.

- G. Lo haría, sí. Iría directamente a eso. Porque trabajar allí aliviará un importante factor de estrés, un importante obstáculo. Y una vez resuelto, será más fácil hacer otras cosas.
- T. ¿Ves más de una parte?
- G. Sí.
- T. ¿Hay algún significante, una señal o algo que pueda usar para identificarlos o identificarlas?
- G. Un par de zapatos rojos. Hay un par de zapatos rojos de los que alguien sabe algo. A ver si te sirve de ayuda.

En la siguiente sesión, como de costumbre, no compartí con Martha ninguna información que Gerod me hubiera dado. Sin embargo, una vez que entró en trance, pedí que "el que sabía lo de los zapatos rojos" se acercara y se comunicara conmigo. Pronto, vi que el dedo del sí se levantaba, y lo abordé. A través de las señales de los dedos, supe que tenía tres años. Me comunicó que eran tres en total. Al preguntarle más, me enteré de que cada una de ellas tenía tres años y que cada una tenía una experiencia diferente. El estado del ego con el que me estaba comunicando accedió a compartir su experiencia con Martha a nivel consciente.

Cuando empezaron a compartir, pronto quedó claro que Martha estaba reviviendo la experiencia en cierto modo. Empezó a describir en voz alta lo que estaba ocurriendo, junto con su dolor y su terror. No siempre sabía si era Martha la que hablaba o la niña de tres años. Mis apuntes ofrecen un relato abreviado de la charla, ya que intenté garabatear los puntos principales de lo que Martha decía mientras trataba de darle apoyo y seguridad en lo que estaba pasando.

> Me aplastan
> contra la pared
> siendo aplastada con mis mejillas
> Llevo mis tenis rojos
> me está metiendo algo
> como sentado, pero de lado
> se frota contra mí
> como en una escalera. (1)

Fue una experiencia muy emotiva y dolorosa. Cuando Martha se calló, vi que el dedo del sí se levantaba, lo que indicaba que la niña de tres años había terminado de compartir. La ayudé a ella y a Martha a liberar el dolor y la confusión hasta que ambas pudieron expresar una sensación de comodidad y seguridad.

Los "zapatos rojos" fueron para mí una poderosa confirmación de la capacidad de Gerod para conocer los estados del ego de forma individual. Martha no sabía nada sobre los zapatos rojos cuando empezamos la sesión. Yo no había compartido la información de Gerod anticipadamente con ella. Ya estaba en trance cuando mencioné por primera vez los zapatos rojos.

El dedo del sí se levantó casi de inmediato, demasiado rápido para que Martha se inventara un estado del ego de tres años y compartiera un recuerdo detallado que incorporaba convenientemente el elemento de los "zapatos rojos" a su relato. No creía que Martha intentara engañarme intencionadamente o que conscientemente se inventara una historia. Así es que, cuando la niña de tres años me habló de sus "tenis rojos", se verificó lo que Gerod me había dicho a principios de esa semana: "Hay un par de zapatos rojos de los que alguien sabe algo. A ver si te sirve de ayuda". Resultó que alguien sí sabía algo de los zapatos rojos, la niña de tres años, y ahora estaba aquí, comunicándose conmigo. La niña de tres años con zapatos rojos es la que me hizo creyente.

Un Paso Adelante
En retrospectiva, considero que la niña de los zapatos rojos marcó un cambio radical en mi punto de vista sobre los estados del ego, en mi relación con Gerod y, por último, en mi comprensión del propio proceso de sanación. Ella fue, en primer lugar, una respuesta a la pregunta planteada hace tantos meses sobre mi cliente, Emily: ¿podía Gerod ver realmente estos *estados* dentro de una persona? Esta niña de los zapatos rojos era el argumento más sólido que tenía hasta el momento, y sí, podía verlos.

Yo había estado trabajando con otros clientes en los que Gerod identificó estados del ego específicos, y buscaba formas de poner a prueba su información también en esos casos. No se trataba de la niña de los zapatos rojos. Si la confirmación no hubiera llegado con ella, creo que no habría tardado en producirse con otro cliente y otro estado del ego. A fin de cuentas, de eso se trataba. La niña de los zapatos rojos no era un fenómeno aislado. Todos los estados del ego eran como ella: vivos y conscientes en su propia realidad. La diferencia ahora era que yo los reconocía como seres internos que vivían en una realidad psíquica.

Además de confirmar la capacidad de Gerod para conocer estas dimensiones, la niña de tres años también atestiguaba su propia existencia, independiente de Gerod o de mí. Obviamente, tenía que haber llevado puestos sus zapatos rojos cuando Gerod me habló de ella por primera vez; y llevaba sus zapatos rojos cuando la conocí; y la conclusión lógica era que vivía una existencia independiente en sus zapatos rojos mucho antes de que yo conociera a Martha K. o le preguntara a Gerod por ella.

En algún momento de esa experiencia, supe que ella era un ser, independiente de la mente consciente, y que vivía una existencia única en otro nivel de conciencia. En cuanto supe esto de ella, lo supe de todos los estados del ego con los que había trabajado en los últimos años. Todos eran seres, cada uno consciente y vivo en su propia realidad. En cierto sentido, durante aquella sesión con Martha, me había metido en esos zapatos rojos, aunque fuera brevemente, y yo mismo había vislumbrado esa realidad.

Lo importante no eran los zapatos rojos, sino el mundo en el que se encontraban. Era una realidad psíquica, no física. Era una dimensión gobernada por la conciencia, no por las leyes de la materia. Una vez que acepté a los estados del ego como seres reales, acepté también esta realidad en la que existían. Cambié mi forma de pensar sobre ellos y de tratarlos en la terapia.

Acepté que cada uno vivía en una realidad única. Sabía intuitivamente que, para cada uno de estos seres internos, la sanación tenía que empezar dentro de su propia experiencia y realidad. Lo que importaba era dónde y qué vivía el estado del ego, no lo que yo pensaba de él o dónde creía que debía estar. Para obtener la cooperación de un estado del ego, lo que le dijera y lo que le pidiera tenía que tener sentido desde su propia experiencia y punto de vista, no desde el mío o el de mi cliente. Ya no podía suponer que esos estados del ego eran sólo reflejos de la personalidad consciente o que se disolverían por sí solos a petición mía.

Volviendo a mi ejemplo anterior, el estado del ego que me dice que está acampando en el bosque: realmente está en un bosque; realmente tiene una tienda de campaña, con sus mantas enrolladas dentro; y realmente hay un fuego encendido. Si le dijera sin más explicaciones que su tienda no es real, pensaría que estoy loco o que intento engañarlo. Desde su punto de vista, mi voz ha irrumpido en su mundo y, a menos que su conciencia cambie, se olvidará de mí y seguirá acampando cuando termine nuestro contacto.

Esta nueva comprensión de los estados del ego y la capacidad de Gerod para identificarlos precipitaron un cambio significativo en mi trabajo. Cada vez me centré más y fui más específico con él sobre otros clientes y sus estados del ego. A su vez, Gerod me dio mucha información específica sobre muchos clientes. Identificó estados del ego específicos que veía reaccionando o directamente implicados en un problema que intentábamos abordar. Por ejemplo, podía ver que un estado del ego en particular bloqueaba intencionadamente una comunicación, intentaba ocultarse o interfería de algún modo en el estado de trance de un cliente. A menudo los identificaba por su aspecto: altos o bajos, viejos o jóvenes, color de pelo, rasgos distintivos, forma de vestir. Otras veces describía la situación o el entorno de un estado del ego. A menudo me daba su nombre.

También hubo ocasiones en las que le pregunté a Gerod por un estado del ego que ya había identificado, pero que estaba atascado o bloqueado. Le describía el estado del ego o la situación a la que me enfrentaba para ver si podía ofrecerme alguna información que me ayudara a resolver el estancamiento. Por lo general, Gerod veía el estado del ego por el que le preguntaba o la situación que le describía y podía darme alguna información o sugerencia específica. Podía decirme, por ejemplo, por qué un estado del ego tenía miedo de comunicarse conmigo, o quién había intervenido para impedir que compartiera su recuerdo. En mi siguiente sesión con ese cliente, volvía al punto donde lo habíamos dejado y utilizaba la información de Gerod para intentar dar un paso más.

Pronto llegué a un punto en el que al menos la mitad de cada sesión con Gerod, y a menudo más, se centraba en clientes y estados del ego específicos. No era raro, por ejemplo, que en una sesión hablara de siete u ocho clientes. En algunos casos se trataba de una pregunta breve o de un seguimiento de la semana anterior, mientras que con otros clientes hablábamos más en profundidad. Tuve todas las oportunidades que quise para poner a prueba directamente la información de Gerod en mis sesiones con clientes. La mayoría de las veces, su información era exacta o ayudaba directamente a resolver un bloqueo o conflicto.

En retrospectiva, veo estos dos cambios como un punto de inflexión en mi trabajo: 1) el reconocimiento de que los estados del ego eran seres reales y 2) poder concentrarme con Gerod en clientes específicos y sus estados del ego. Fue como si la niña de los zapatos rojos me hubiera dejado entrar en esa realidad y luego Gerod hubiera podido enseñármela. Uno de estos factores por sí solo no habría bastado para darme el empuje que necesitaba para comprender esta realidad, entenderla y aprender a trabajar en ella.

Es difícil saber hasta dónde me habría llevado esta nueva comprensión de estos mundos interiores si, tras mi experiencia con la niña de los zapatos rojos, no hubiera vuelto a hablar con Gerod. No creo que hubiera podido llegar muy lejos. Y no habría sido por falta de ganas.

Sin la información de Gerod, nunca habría adivinado todo lo que era posible en estas dimensiones psíquicas o no físicas, ni los tipos de situaciones y ataduras en las que estos seres internos -así como los espíritus-podían quedar atrapados. Nunca habría sabido lo suficiente como para preguntar por las estructuras y capas internas de la psique y cómo encontrar las puertas que había que abrir para sanar o cerrar y sellar como protección. Nunca habría comprendido las interconexiones entre las dimensiones psíquica y espiritual y cómo se relacionan entre sí y también con el plano físico. Cada vez que Gerod me daba una información, era como una foto instantánea de estos mundos interiores y sus conexiones, cada imagen valía más que mil palabras. Con el tiempo y cientos de sesiones con clientes, estas imágenes fueron cobrando cada vez más sentido, como si alineara varias fotos instantáneas para tener una vista panorámica.

La *niña de los zapatos rojos* es lo más cerca que puedo estar de identificar un momento en el que se produjo este cambio de perspectiva, cuando atravesé el espejo y empecé a comprender otras dimensiones de la conciencia y del ser. Mi punto de vista sobre los estados del ego cambió. Fue entonces cuando llegué a creer que eran centros de conciencia por derecho propio.

Cambié mi forma de pensar sobre ellos y de abordarlos en la terapia. Les concedí el tipo de respeto y afirmación que daba a otros seres, humanos y espirituales. Reconocí la importancia y la validez de sus preocupaciones. También empecé a ver que parte esencial del proceso de sanación era la transformación de la consciencia de un estado del ego en vez de la disolución de un recuerdo. No se trataba sólo de patrones eléctricos de ondas cerebrales, sino de un mundo interior vivo.

9

La Parte Protectora de la Mente

Llamar a algo por su nombre es el principio de la sabiduría.—
Proverbio chino

Primera Línea de Defensa
Cuando me reúno por primera vez con un cliente y le hablo del proceso de sanación, de la hipnosis y del trabajo con estados del ego, siempre doy por sentado que la *parte protectora de la mente* también está observando y escuchando. Se trata de una parte de la mente que es consciente y que percibe, pero que opera independientemente de la mente consciente. Su función principal es garantizar la supervivencia del cuerpo. Por eso siempre está atenta y concentrada en el momento presente, porque es ahí donde está el cuerpo. La parte protectora está siempre alerta ante cualquier señal de peligro o amenaza. Es como si tuviéramos un segundo par de ojos siempre escaneando, siempre evaluando. A nuestra parte protectora no le importa si esta noche vamos de compras o hemos quedado con alguien para cenar. Se centra en lo que está ocurriendo a su alrededor en este momento. Será consciente del pasillo del supermercado o del restaurante siempre y cuando el cuerpo esté allí.

Cuando hablo con un nuevo cliente sobre cómo acceder a los estados del ego, sé que a menudo puede activar la parte protectora de la persona. Aunque su función principal es garantizar la supervivencia del cuerpo, la parte protectora también, por extensión, defiende al Yo del dolor físico, emocional y psicológico. En el caso de la sanación, la parte protectora a menudo percibirá el contacto directo con los estados del ego como una amenaza, porque es ahí donde se alberga el dolor. Desde el punto de vista de la parte protectora, la terapia de estados del ego podría ser como entrar en un campo minado.

Esta es la razón por la que la parte protectora a menudo bloquea el proceso de sanación: al trabajar con estados del ego, seguimos tocando fuentes de dolor y angustia. A menos que sepa que no es así, la parte protectora puede bloquear el trabajo con los estados del ego para proteger al Yo del dolor. Por eso, en esta conversación inicial con un cliente, hago hincapié en ciertos temas y muchas de mis afirmaciones se dirigen específicamente a la parte protectora. Quiero asegurarle, desde el principio, que el proceso que estamos llevando a cabo es seguro y puede ayudarle.

Hay dos temas en particular en los que hago hincapié. El primero es la comprensión de que una persona no renuncia a su control consciente mientras está en estado hipnótico. Quiero que mi cliente entienda esto, pero también quiero enfatizar este punto a la parte protectora. Quiero que sepa que no habrá ningún intento de transgredir o anular su función defensiva. Quiero que la parte protectora sepa que reconozco y apoyo su posición. Quiero convertirla en una aliada.

El segundo tema que abordo es el dolor y la angustia que puede sentir una persona cuando trabaja con estados del ego y otras áreas de su mundo interior. Cuando un estado del ego comparte su experiencia durante una sesión, el cliente siente ese dolor y esa angustia, el miedo o la ira, pero también se da cuenta de que son recuerdos y que el dolor es del pasado. Sin embargo, para la parte protectora, el dolor es dolor. Tanto si ocurrió en el pasado como si no, y tanto si está causado por acontecimientos externos como internos, la parte protectora reacciona ante el dolor y la amenaza de dolor en el presente.

Por lo tanto, cuando hablo con un cliente sobre estados del ego, también le estoy diciendo a la parte protectora que hay una buena razón para acceder a estas partes del Yo. No lo hago para que la persona vuelva a sentir el dolor, sino para ayudarla a liberarlo finalmente. Al trabajar con estados del ego para compartir y liberar, estamos resolviendo no sólo el dolor, el miedo o la herida que arrastran, sino también sanando la fuente de dolor que tan a menudo se desencadena en la vida actual del cliente. La parte protectora, a través de la lógica del instinto, sabe que sanar y aliviar el dolor es más beneficioso para uno mismo que mantener ese dolor y esa angustia encerrados.

Al hablar de estos temas con antelación, quiero que la parte protectora sepa hacia dónde vamos en el proceso de sanación y por qué. Quiero asegurarle que la hipnosis y el proceso de sanación son seguros. Lo que planteo durante esta reunión inicial pretende ser un primer paso para obtener el acuerdo y la cooperación de la parte protectora en lo que a veces puede ser un proceso doloroso.

El siguiente paso será comunicarme directamente con la parte protectora. No puedo suponer que está de acuerdo con el proceso de sanación sólo por lo que he dicho durante la conversación inicial con mi cliente y las garantías que he intentado darle. Cuando empecemos la hipnosis, quiero preguntar directamente a la parte protectora si comprende y está de acuerdo con el proceso de sanación que vamos a emprender. Si la respuesta es afirmativa, procederemos. Si no es así, puede que sea necesario darle más información y tranquilizarla.

Dar Nombre a los Nombres
Antes de continuar con este capítulo sobre la parte protectora, quiero retroceder un momento y hablar del término en sí. No lo encontrarás en los libros de psicología ni en el diccionario. Lo inventé para referirme a esta parte de la mente que, según Gerod, operaba entre bambalinas. Teníamos que llamarla de alguna manera, y ponerle el nombre de su función sirvió para este propósito, tanto para hablar con Gerod como para comunicarnos con esa parte en sí. El nombre no tiene nada de sagrado. La verdadera interrogante no es con respecto a su nombre, sino más bien si esa función consciente existe y opera dentro del Yo.

No tenemos una palabra o concepto en nuestro idioma para describir este tipo de conciencia, por lo que puede llevar fácilmente a confusión y malentendidos. Para mí es más fácil hablar de la parte protectora clínicamente porque es ahí donde trabajo con ella y la veo en acción. Sin embargo, es mucho más difícil definirla teóricamente.

Por un lado, la parte protectora actúa como un *ser*. Es consciente, percibe en el presente y opera con gran autonomía de la mente consciente. Aunque es una conciencia limitada, la parte protectora es inteligente. Puede aprender, es lógica y es capaz de comunicarse.

Por otro lado, aunque es consciente, la parte protectora se comporta como una *función*. Siempre hace el mismo trabajo y utiliza las mismas operaciones y rutinas para llevarlo a cabo, pero lo hace en un presente siempre cambiante. Esencialmente, la parte protectora es un monitor y un interruptor, pero es un monitor inteligente. Tiene la capacidad de aprender y adaptarse. No tenemos un término para ello. Lo más parecido es llamarlo "función consciente". El ordenador HAL de la película 2001: *Odisea en el Espacio*, de Stanley Kubrick, podría ser un buen ejemplo. HAL es el ordenador a bordo de la nave espacial que parece tener mente propia. HAL es capaz de anticiparse a los pensamientos y acciones de los diferentes tripulantes y tomar medidas preventivas para detenerlos, aunque eso signifique matarlos. De la serie *Star Trek* también nos viene a la mente la intensa concentración y la lógica estricta del Dr. Spock.

Somos conscientes y pensamos en muchos niveles distintos durante todo el día. Desde el arrepentimiento de ayer, pasando por la muerte inminente de uno de nuestros padres, hasta un trabajo que hay que hacer en los próximos diez minutos. Nuestras mentes cubren mucho territorio en un día. Pasamos del pasado al futuro y de nuevo al presente durante todo el día. La parte protectora, sin embargo, sigue centrada en la seguridad del cuerpo en el presente, y percibe siempre en términos de supervivencia. La parte protectora percibe e interpreta las situaciones y acontecimientos presentes en términos de amenaza y seguridad. Es una función defensiva y, en términos Freudianos, su gama de respuestas se limita a variaciones de lucha o huida. En este sentido, podríamos considerar la parte protectora como una función de *vigilancia*.

Trata de imaginar una parte de ti mismo en este momento que es consciente y observa junto a ti, pero que lo percibe todo en términos de amenaza y seguridad. Trata de ponerte en su lugar en algún momento del día y observa estrictamente desde un punto de vista defensivo, y tendrás una idea de la parte protectora.

El Guardián

Antes de conocer a Gerod, no conocía la parte protectora y, por lo tanto, no la reconocía como una fuente importante de bloqueo. No era consciente de que había una parte de la mente que podía ver el proceso de sanación o el propio estado de trance como una amenaza y tomar medidas para bloquearlo. Tampoco me había dado cuenta que la parte protectora era consciente de los estados del ego a los que pedía que se manifestaran en las sesiones de hipnosis y reaccionaba ante ellos.

Conocí la parte protectora gracias a Gerod. Al principio de nuestra colaboración, le pregunté por una clienta, Julie C., con la que me estaba encontrando un bloqueo muy fuerte. Me dijo que había una parte de Julie que se bloqueaba porque nuestro trabajo estaba despertando recuerdos y sentimientos dolorosos. Dijo que esa parte reaccionaba para protegerse del dolor de esos recuerdos. También me sugirió encarecidamente que me comunicara directamente con esa parte de Julie para ver si podía obtener su cooperación.

Lo llamó *ego*, pero yo sabía que se refería a algo distinto de lo que los psicólogos entienden por ego. En nuestra cultura, el ego se identifica con el Yo Consciente, lo que queremos decir cuando decimos "yo" o "mí". Gerod no se refería a eso. No hablaba del Yo Consciente de Julie, sino de otra parte de ella que era consciente y reaccionaba a lo que hacíamos.

Este fue otro de esos momentos, como con los espíritus terrenales, en los que Gerod me pilló completamente por sorpresa. Al principio no sabía de qué estaba hablando. Pensé que se refería a que Julie estaba deteniendo el proceso conscientemente, pero esto se descartó rápidamente. No hablaba de Julie a nivel consciente, sino de una parte de su mente que actuaba por su cuenta. No tardé mucho en darme cuenta de que, si lo que Gerod decía era cierto, podría tener importantes implicaciones clínicas. Si había una parte independiente de la mente de Julie operando a nivel consciente, entonces ciertamente podría ser una fuente significativa de bloqueo en el proceso de sanación.

El problema para mí en aquel momento era que no podía comprender lo que Gerod estaba describiendo. No tenía una categoría para esa parte de la mente. No se trataba de un alter o de un espíritu terrenal, ni tampoco del Yo Consciente. Mi perspectiva no concebía que una parte tan independiente de la mente operara conscientemente al mismo tiempo que el Yo Consciente.

Sin embargo, tampoco podía descartarlo. Tenía que reconocer que lo que decía Gerod podía ser cierto. Que podía existir esa parte de la mente que operaba conscientemente, fuera de la conciencia ordinaria, y que podía actuar por su cuenta para bloquear el acceso al inconsciente.

Al igual que con los espíritus terrenales, empecé inmediatamente a explorar este fenómeno en mis diálogos con Gerod y en mis sesiones con clientes. Durante el año siguiente, hablé muchas veces con Gerod sobre la parte protectora. Presté atención a cómo utilizaba el término. Le pregunté por clientes concretos sólo para oír lo que describía y compararlo con lo que yo sabía. También seguí su sugerencia de hablar con clientes nuevos sobre el proceso de sanación *como si* esa parte independiente de la mente estuviera escuchando y pudiera entender. Por último, y también a instancias de Gerod, empecé a pedir comunicación directa. Con aquellos clientes en los que pensaba que esta conciencia protectora podía estar involucrada en el bloqueo, empecé a pedir a "la parte protectora" que apareciera y se comunicara.

Sin embargo, era el mismo problema que había tenido con los espíritus. En este caso, ¿qué se le pide a una parte protectora? ¿Qué va a tener sentido para ella? Siguiendo la sugerencia de Gerod, las preguntas básicas que le hice se centraban en 1) si esta parte comprendía el proceso de sanación y sus beneficios, y 2) si nos permitiría trabajar en zonas de dolor y angustia.

Contacto

Desde el principio, recibía respuestas afirmativas cuando pedía que la parte protectora de una persona se comunicara conmigo. A base de ensayo y error, aprendí qué preguntas hacer y cuáles nos desviaban del camino. Al cabo de un año, me convencí de que esta conciencia protectora era real y que podía, y a menudo lo hacía, bloquear mi trabajo con estados del ego y con otros aspectos de nuestro trabajo con el inconsciente.

Basándome en esta convicción, empecé a hacer del contacto con la parte protectora del cliente un primer paso en el proceso de sanación. Debido a la aparente capacidad de esta parte para bloquearse en cualquier momento, tenía más sentido abordarla desde el principio y obtener su cooperación. Desde mi punto de vista, y basándome en la sugerencia de Gerod, un acuerdo de este tipo podría evitar una gran cantidad de bloqueos que, de lo contrario, podríamos encontrarnos en el camino.

Según mi experiencia, resultó ser cierto. Antes de empezar a comunicarme con la parte protectora, podría calcular que un tercio de mis clientes tenían dificultades para entrar en trance y/o establecer señales ideomotoras. A menudo necesitaban varias sesiones o más sólo para desarrollar incluso un estado de trance ligero. Algunos clientes nunca pudieron entrar en trance a pesar del número de sesiones y de las diversas técnicas que probé. Mi clara impresión clínica fue que, al comunicarme primero con la parte protectora, todo el proceso fue más fluido con la mayoría de los clientes. Después de incorporar este paso en el proceso de sanación, calculo que el número de clientes que tenían dificultades para entrar en trance o para establecer señales descendió de un tercio a menos del cinco por ciento.

Lo mismo ocurría en mi trabajo con estados del ego. Una vez que la parte protectora del cliente aceptaba el proceso de sanación, parecía haber menos bloqueos cuando empezaba a entrar en contacto con estados del ego del cliente. Mi impresión clínica general era que todo el proceso se desarrollaba con mayor fluidez y con más clientes.

Clínicamente, estos resultados positivos no siempre eran fáciles de discernir o medir. Como comentaré más adelante, el acuerdo con la parte protectora de un cliente no eliminaba todos los bloqueos. Trabajar a nivel de los estados del ego no era blanco o negro, como que un cliente pudiera entrar en trance o no. Esta ambigüedad hacía más difícil discernir cuándo era la parte protectora la que bloqueaba y cuándo no. Era más como conocer algo a través de su ausencia, como si la parte protectora hubiera dado un paso atrás y yo pudiera sentir esa ausencia. No me encontré con bloqueos donde antes habría esperado encontrarlos. No acababa dando tantas vueltas en círculo y, cuando lo hacía, podía descartar rápidamente la parte protectora como fuente del problema.

Cuanto más entendía en relación a la parte protectora y cómo trabajar con ella, más podía centrarme en las otras fuentes de bloqueo. Poder eliminar la parte protectora como fuente de bloqueo abrió el camino al siguiente paso. Fue como quitar un filtro y poder ver la siguiente capa. Aunque no resolvía todos los bloqueos, el contacto con la parte protectora del cliente parecía eliminar una primera línea de defensa. La comunicación directa con la parte protectora del cliente conducía sistemáticamente a la resolución inmediata del bloqueo en muchísimos casos. También creía que obtener la cooperación de la parte protectora al principio evitaba una buena parte del bloqueo en el proceso de sanación.

Lo que siempre me ha parecido irónico desde que conocí la parte protectora es lo fácil que resulta establecer comunicación con ella y lo rápido que acepta suspender su bloqueo una vez que comprende el proceso de sanación. En retrospectiva, parece que estaba continuamente chocando con este bloqueo cuando todo lo que tenía que hacer era preguntar.

10

El Yo Superior

Estar verdaderamente en contacto con el propio Yo interior es la clave de la salud mental y espiritual. Los pacientes con personalidades múltiples constituyen un ejemplo sorprendente de personas que han perdido el contacto con esa parte suya que es creativa, no neurótica, que resuelve problemas y todo lo demás que se necesita para sobrevivir y crecer en el mundo tal como es. Siempre que un terapeuta pueda propiciar esta comunicación, el paciente podrá poner en funcionamiento sus propias fuerzas curativas, y eso es lo máximo que cualquier terapeuta puede pedirse a sí mismo.—Ralph Allison, M.D.

El secreto del sufismo consiste en pasar de nuestro punto de vista personal al punto de vista Divino. En pocas palabras, nuestro ser se compone de dos polos de conciencia: el individual, el yo personal, y el Divino, el Yo Superior. Es en el polo de la dimensión personal de la conciencia donde experimentamos la restricción y la limitación. Aunque podamos pensar que nuestras circunstancias son la causa de esta frustración, el verdadero origen reside en no ser conscientes de nuestro Yo Superior. Así pues, el objetivo de la meditación es reconectar nuestro yo personal con esta dimensión transpersonal de nuestro ser.—
Pir Vilayat Inayat Khan, extracto del libro 'Awakening' (El Despertar)

El Ayudante Interno

AI es un término usado en psicología, especialmente familiar para aquellos terapeutas que tratan el Trastorno de Identidad Disociativo (TID). AI significa *ayudante interno* y se refiere a un tipo particular de personalidad que puede presentarse durante el curso del tratamiento de un cliente. (Mencioné al ayudante interno en el capítulo 5 como una de las posibilidades que consideré al intentar explicarle a Gerod). El AI puede presentarse de forma diferente de un cliente a otro -como un alter, una voz, un espíritu radiante o una figura venerada-, pero cuando aparece, es una entidad poderosa y fascinante. Lo más significativo del AI no es su forma, sino su conocimiento del mundo interno y su capacidad para ayudar directamente en la terapia de una persona.

El término *Ayudante Interno* se atribuye al Dr. Ralph Allison, psiquiatra y pionero en el campo de los trastornos disociativos. En un artículo de 1974, *Un Tratamiento Nuevo para Abordar las Personalidades Múltiples* (1) el Dr. Allison describió su descubrimiento de este tipo único de personalidad durante el tratamiento de Elizabeth, una paciente a la que se le había diagnosticado recientemente un Trastorno de Personalidad Múltiple. Esta personalidad, a la que llamó Beth, se presentó espontáneamente en un momento en el que Elizabeth estaba estancada en una batalla por el control con una personalidad fuerte y adversaria llamada Betsy. Fue durante uno de sus combativos diálogos cuando Beth apareció.

El Dr. Allison había recibido un mensaje en la contestadora, Elizabeth había llamado mientras él estaba fuera. Sin embargo, cuando le devolvió la llamada, Elizabeth no sabía nada. Se dio cuenta de que una de las otras personalidades debía de haber hecho la llamada y estaba decidida a averiguar cuál. Sospechaba que había sido Betsy y que no tramaba nada bueno. Pensó que, puesto que todas estaban en su cabeza, podía hablar con ellas y le responderían. Elizabeth decidió enfrentar a Betsy sobre la llamada y le pidió a su marido, Don, que le pusiera una grabadora y saliera de casa por un rato.

Cuando se marchó, continuó el diálogo con Betsy mientras la grabadora estaba en marcha. Exigió saber por qué Betsy había hecho la llamada. Cuando Betsy lo negó, Elizabeth insistió en que mentía. Elizabeth y Betsy no tardaron en insultarse y amenazarse mutuamente sobre quién iba a hacer qué a quién. Mientras escuchaba la grabación de Elizabeth y Betsy, el Dr. Allison se enteró de la existencia de Beth.

> Cuando escuché la grabación al día siguiente, además de las voces de la personalidad primaria de la paciente y de su antagonista, oí la voz de una tercera entidad que intentaba ayudar a mi paciente a afrontar

sus problemas de forma más competente. Más tarde, identifiqué esta voz como perteneciente a otra entidad desconocida hasta entonces para la paciente, una entidad a la que finalmente llamé AI (ayudante interno). (2)

El Dr. Allison conoció a Beth en su siguiente sesión y hablaron. Acordaron el nombre y él empezó a averiguar más cosas sobre ella. Hablaba con ella a menudo y pronto empezó a desempeñar un papel fundamental en la terapia. El Dr. Allison dice que se convirtió en su "co-terapeuta".

Beth había estado al tanto de Elizabeth desde el principio. Conocía toda su historia y los acontecimientos pasados que condujeron al presente. También conocía los álteres de Elizabeth. Sabía cuándo se habían creado y por qué. Siempre estaba al tanto de lo que le ocurría a Elizabeth en el presente. Beth conocía a Elizabeth y a los otros álteres desde el principio, pero ninguno de ellos sabía que ella existía. Y lo que es más importante, Beth sabía cómo funcionaban los álteres dentro de Elizabeth en el presente. Comprendía cómo funcionaba el sistema interno. Beth parecía tener una visión más amplia.

Este tipo de conocimiento por sí solo podría ser inestimable en cualquier terapia, pero había más. Beth también tenía una serie de habilidades con las que podía ayudar activamente en la sanación de Elizabeth. Podía comunicarse directamente con Elizabeth y con los otros álteres. También podía hacerles llegar recuerdos, como si abriera una puerta. Podía bloquear cuando era necesario e influir psíquicamente en Elizabeth y los demás, a través del pensamiento. No es de extrañar que Beth, con sus conocimientos y habilidades, desempeñara rápidamente un papel importante en la sanación de Elizabeth.

Sin embargo, había algo más en Beth que enfatizaba todo lo demás. Su intención más pura estaba enfocada hacia el bienestar del Yo. No tenía intereses propios ni objetivos contrapuestos. No había engaño. Su deseo era que Elizabeth estuviera bien y se sintiera bien consigo misma. Beth estaba dispuesta a hacer todo lo posible para ayudarla.

La aparición de Beth en escena cambió el curso de la terapia. El Dr. Allison no sólo trabajó con Beth directamente durante la terapia, sino que también ayudó a Elizabeth a entender cómo trabajar con Beth cuando estaba sola y surgían problemas. En el artículo queda claro que el Dr. Allison atribuye a Beth, en gran parte, la sanación de Elizabeth.

Después de informar sobre este caso, el Dr. Allison continúa afirmando que encontró este mismo tipo de alter en cinco casos posteriores. Cada uno de estos pacientes tenía su propia personalidad, muy parecida a Beth. Su experiencia le convenció de que otras personas que sufrían de personalidad múltiple podían tener su propia ayuda interior y, de ser así, podría ser una clave para la sanación.

Desde que se publicó ese artículo, muchos terapeutas han informado de la presencia de un ayudante interno en sus propios casos. Tampoco es que el Dr. Allison fuera el primero en encontrarse con un AI, pero fue él quien lo describió y le dio un nombre.

No todos los terapeutas que tratan a clientes con TID (Trastorno de Identidad Disociativo) dicen haber encontrado un ayudante interno (AI). De los terapeutas que lo hacen, no siempre encuentran dicho ayudante interno en cada uno de esos clientes. Sin embargo, ha existido suficiente confirmación en este campo para reconocer al ayudante interno como un fenómeno genuino y válido. Aun así, no se sabe lo suficiente como para decir exactamente qué es, predecir su frecuencia de aparición o qué valor e importancia hay que darle. Sin embargo, existe un fuerte consenso, al menos en las áreas clínicas de la psicología, en que el AI puede ser un poderoso recurso para la sanación y la integración.

En 1987, no conocía al Dr. Allison ni su extenso trabajo sobre el ayudante interno, pero conocía el término. El AI había aparecido a menudo en mis lecturas y en las conferencias a las que asistía sobre el Trastorno de Personalidad Múltiple.

No tenía experiencia propia con lo que consideraba una personalidad AI auténtica. Me encontré con álteres que tenían acceso a una gran cantidad de información y memoria. También trabajé con álteres que de verdad deseaban ayudar al Yo, pero ninguno de mis clientes mostraba una personalidad AI tan bien definida como la que describían otros terapeutas. Yo estaba abierto a ello y habría acogido con agrado la aparición de un ayudante interno con cualquiera de mis clientes. Sin embargo, ninguno de los que había encontrado hasta entonces poseía lo que yo consideraba todas las cualidades y características de un ayudante interno.

Danny L. y la Conexión entre el Yo y el Alma
El 2 de septiembre de 1987 me reuní con Gerod por segunda vez. Me había impresionado tanto nuestra sesión del mes anterior que le pedí

a Katharine que hiciéramos otra. En aquella primera sesión, tocamos muchos temas y se pusieron sobre la mesa varios términos. La información de Gerod me pareció interesante e intrigante. Éramos dos desconocidos conociéndonos. Sin embargo, lo que más me impresionó en aquella primera sesión fueron las implicaciones clínicas. Cuando Gerod me dijo que un espíritu estaba interfiriendo con mi cliente Jim D., no sólo me estaba dando información específica sobre Jim en el tiempo presente, sino que también insinuaba la posibilidad de que también pudiera ofrecer información sobre otros clientes. Esta insinuación sólo se hizo más convincente cuando mi siguiente sesión con Jim pareció confirmar la información de Gerod sobre la presencia de un espíritu. Todo esto dio pie para otra reunión.

El problema, sin embargo, era que Gerod era casi un completo desconocido. Afirmaba tener un conocimiento y una perspectiva tan diferentes y superiores a los míos que no sabía qué preguntarle ni qué podía decirme. Había leído suficiente literatura paranormal y material sobre la canalización para saber que no quería tener sólo una discusión intelectual sobre metafísica y psicología. Quería ser práctico. Quería saber, en primer lugar, si Gerod tenía información que pudiera ayudar a mis clientes.

Decidí utilizar este segundo encuentro con Gerod como caso de prueba. Decidí centrarme en un cliente durante toda la sesión. Quería ver lo que Gerod podía decirme y dedicar el resto del tiempo a preguntas de seguimiento. Quería ver hasta qué punto podíamos ser específicos. No era una prueba de Gerod ni de su veracidad, sino una prueba de congruencia. Buscaba puntos en común o puntos de referencia, como con Jim D., que pudieran servir de base para un marco común entre la perspectiva de Gerod y la mía.

El caso de prueba que tenía en mente para Gerod era Danny L., un chico de quince años con el que llevaba trabajando nueve meses. Me refirieron a Danny dado su comportamiento extraño y aislamiento social, el cual había sido observado por sus profesores. Decidí preguntarle por Danny por la misma razón que le había preguntado a Gerod por Jim D. Danny y yo estábamos en un callejón sin salida. Le estaba pidiendo que hiciera algo que no podía o no quería hacer. Le pedía que fuera sincero conmigo.

Desde el principio, Danny mantuvo nuestra relación en un nivel superficial a pesar de todos mis esfuerzos para que participara en una conversación más personal. Mi experiencia con Danny reflejaba la de sus profesores. No importaba qué áreas intentara explorar con él familia, él mismo, amigos, escuela, pasatiempos-, en cuanto le hacía una pregunta que me llevara a sus sentimientos o áreas de conflicto, rápidamente me encontraba con bloqueos. Se hacía el tonto, exigía que jugáramos a algo, cambiaba de tema o se retiraba. Estas defensas eran tan rápidas que era difícil saber hasta qué punto Danny era consciente o no de lo que estaba ocurriendo. Algo le preocupaba profundamente y, o bien no sabía lo que era o, si lo sabía, no podía o no quería decirlo. Tenía la impresión de que una parte profunda de Danny vivía en su propio mundo, uno del que no podía salir ni permitir que nadie más entrara.

En el último par de meses, había comenzado sesiones de hipnosis con Danny con la esperanza de que podría conducir a algún avance. No tardé mucho en darme cuenta de que no iba a ser así. Danny no podía entrar en estado de trance.

En lugar de relajarse, es como si sus defensas se hubieran puesto en hiperalerta. (En retrospectiva, habría sido útil saber sobre la parte protectora). No podía mantener los ojos cerrados más de unos segundos. Hacía una pregunta de la nada para interrumpir la inducción. A este punto había llegado con Danny cuando conocí a Gerod. Nada de lo que había intentado rompía las defensas de Danny o la desconexión o lo que fuera que sólo le permitía ir hasta cierto punto y no más allá. Después de todo este tiempo, seguía siendo un enigma para mí. Preguntarle a Gerod por Danny era preguntarle a un desconocido por otro, combinar dos sustancias químicas para ver la interacción.

Cuando pregunté, no entendí la respuesta de Gerod. Hablaba de Danny en términos de su alma.

2 de septiembre de 1987-(Sesión escrita)

Danny está teniendo grandes dificultades con su alma. Está batallando, por así decirlo, con su mente consciente y está resultando en una gran confusión. Danny tiene miedo de los fuertes lazos que tiene con su alma. A diferencia de muchas personas que no son conscientes de la relación de su alma con su personalidad física, Danny es muy consciente de su alma. Sin embargo, no sabe qué es su alma. Su alma lucha por ser reconocida. Danny es alguien inclinado a las habilidades psíquicas si tan sólo se permitiera sentarse quieto y escuchar su "voz interior", ese Yo Superior que es su alma. Por muchas razones tiene miedo al mal y

El Yo Superior

ha cerrado su mente a esos sentimientos que tiene, creyendo que son enfermedades mentales y no asuntos inclinados a lo espiritual. Puedes llegar a él si consigues hacerle creer que los sentimientos y las palabras no son para hacerle daño, sino para mejorar su vida y su crecimiento.

No tenía ningún marco de referencia para entender lo que Gerod estaba describiendo. No sabía qué quería decir con "alma" o "yo superior", o con el alma de Danny "intentando acercarse a él", o su alma "luchando" con el Yo consciente. En general, parecía decir que una conexión abierta entre el Yo y el alma era algo bueno, y que para Danny esa conexión estaba bloqueada. Dijo que Danny tenía habilidades psíquicas y sugirió que podría estar experimentando fenómenos psíquicos e interpretándolos como malignos y/o locos. En efecto, según Gerod, al intentar detener o cerrar los pensamientos y sentimientos aterradores, Danny también estaba cerrando su conexión con el alma. En esencia, se estaba volviendo en contra su verdadero Yo.

No encontré correspondencia entre mi perspectiva psicológica y la perspectiva centrada en el alma de Gerod. No veía cómo su información podía utilizarse clínicamente. En las semanas posteriores, seguí pensando y explorando en mi propia mente lo que decía sobre Danny y su alma. Intenté comprender cómo podía encajar esta información, pero no lo veía. No podía ver conexiones entre lo que Gerod describía y los tipos de síntomas y comportamientos que Danny mostraba.

Esperaba que la información de Gerod coincidiera con mis propias observaciones y añadiera algunas piezas importantes que faltaban. Estaba abierto a cualquier cosa que pudiera ayudar a dar algún sentido a la lucha interna de Danny y revelar nuevas posibilidades, pero eso no ocurrió. Cuando la terapia terminó varios meses después, el comportamiento de Danny había mejorado. Había aprendido algunas formas nuevas de afrontar las situaciones, pero la desconexión que yo sentía con él no se había resuelto.

Al mismo tiempo, creía que Gerod estaba describiendo algo real cuando hablaba del alma de Danny y de la conexión entre el Yo y el alma. Al igual que con Jim D. y el espíritu terrenal, la información de Gerod tenía implicaciones clínicas inmediatas. Estaba describiendo una condición que, según él, estaba afectando activamente a Danny en el presente. También sugirió que podría haber una manera de ayudar a Danny a resolverlo. Sin embargo, a diferencia de Jim, no se trataba de la intrusión de una entidad externa, sino de algo relacionado con el propio Danny. No era algo que había que eliminar, sino algo relacionado con su alma.

La Parte Activa del Alma

Aquí es donde el alma se convirtió por primera vez en un tema clínico. ¿Era Danny un alma? ¿Su alma le causaba dificultades? ¿Qué quería decir Gerod con "alma"? Si era cierto, ¿había algo que yo pudiera hacer en la terapia de Danny para ayudarle a resolver esta desconexión que Gerod describía? No sabía la respuesta a estas preguntas. Eran preguntas sobre Danny, ciertamente, pero iban más allá de él. Planteaban preguntas sobre el alma misma. ¿Qué es un alma? ¿Somos todos almas? ¿Qué significa en la práctica una conexión entre el Yo y el alma? Según las palabras de Gerod, ¿podría ser el alma una pieza importante en el proceso de sanación?

La respuesta de Gerod fue un sí rotundo, pero lo entendí por etapas. La primera etapa fue la distinción que hizo entre el *alma* y el *Yo Superior*. Esto ocurrió en nuestra primera sesión verbal. Formaba parte del despertar. Hasta ese momento, Gerod parecía utilizar los términos "alma" y "Yo Superior" de forma intercambiable. Pero esta vez no. Estábamos hablando de un cliente en el que pensé que podría haber participación de espíritus. Gerod dijo que su *Yo Superior* se daría cuenta si un espíritu estuviera entrometiéndose, aunque ella no lo supiera conscientemente. Cuando le pregunté si hacía una distinción entre el alma y el Yo Superior, dijo que sí.

Sesión #1 -9 de enero de 1988

> El Yo Superior es parte del alma. Algunas personas dicen que el Yo Superior es el alma, y en muchos aspectos es cierto, pero el Yo Superior es la percepción del alma que percibe más de lo que lo físico puede percibir.

Volvimos sobre esta distinción varias veces en las semanas siguientes. Gerod siguió insistiendo en que el Yo superior es la *percepción* del alma. Lo llamó la "parte activa" del alma.

> Yo siempre digo que el alma es el alma y que el Yo Superior es la percepción del alma. Cuando hablo del Yo Superior, hablo de la parte activa del alma.

Sesión #4 -26 de enero de 1988
El alma es depositaria de todo el conocimiento y de toda la información; y cuando hablo del Yo superior, normalmente estoy hablando del alma en actividad.

Sesión #7 -6 de febrero de 1988
Es la parte del alma que trabaja. Es la parte del alma que va recopilando información; que va dando información al interactuar con el Yo consciente.

La información de Gerod cambió mi foco de atención clínico del alma al Yo Superior. Su mensaje básico era que cuando hablaba de trabajar con el alma de una persona, como con Danny, en realidad se refería a trabajar con el Yo Superior. Su clara implicación era que ésta era la parte del alma que podía responder a las instrucciones y ser activa en el proceso de sanación.

También era a esta parte activa del alma a la que Gerod se había referido en aquella primera sesión cuando habló de ayudar a una persona a abrir la conexión entre el Yo y el alma.

Sesión #1 -9 de enero de 1988
Si puedes ponerte en contacto con su Yo Superior, con su alma, con la parte de ellos que es consciente de lo que está ocurriendo, eso expandirá la conciencia de modo que finalmente se producirá un avance en la conciencia -no sabría decir si ese avance es muy obvio o no. Para algunas personas lo será, para muchas pueden pasar años antes de que finalmente se produzca. Pero abrirá su conciencia a su ser superior. La hipnosis es probablemente una de las formas más efectivas de tratar con esto en este momento.

Basándome en el uso que Gerod hace del término, pensé en el Yo superior como un conducto y una interfaz entre el alma y el Yo.

Comunicación Inteligente
Poco después de centrarme en el Yo Superior, Gerod llevó la conversación a otro nivel. Varias veces, en diferentes sesiones, sugirió o dio a entender que yo podía comunicarme directamente con el Yo Superior de un cliente. Yo no había pensado en el Yo Superior de esta manera.

La capacidad de comunicación situaba al Yo Superior en una categoría totalmente distinta a la de un *conducto de energía*. Implicaba que una inteligencia consciente, independiente del Yo consciente, percibía y era consciente en tiempo presente. Era el mismo tema al que me enfrentaría en breve con la parte protectora, es decir, una parte consciente de la mente, independiente del Yo consciente, que realizaba ciertas actividades a nivel inconsciente. Sólo que con el Yo Superior hablábamos de un nivel de conciencia muy diferente.

Durante los siguientes dos años, me comuniqué con muchos Yo superiores. Gerod también me habló de esos mismos Yo superiores desde su punto de vista. De un caso a otro, fui aprendiendo poco a poco a comunicarme con un Yo Superior. Aprendí lo que podía hacer, lo que no podía hacer o lo que no quería hacer. La coherencia de mis interacciones con muchos Yo superiores diferentes se hizo cada vez más convincente. Era una fuerte confirmación de que estaba tratando con una parte distinta, independiente del Yo consciente.

Otra confirmación vino de la propia experiencia de mis clientes durante el trance. Muchos informaron de un cambio notable cuando pedí al Yo Superior que se presentara y se comunicara. Adoptó diferentes formas: una calidez repentina que se extendía por el cuerpo; un cambio en el estado de ánimo; la aparición de una luz interior que se vuelve más brillante; o un sentimiento de amor universal. En algunos casos, el Yo Superior incluso se comunicaba verbalmente. También había clientes que no eran conscientes de ningún cambio, pero cuyos dedos indicaban que el Yo Superior estaba presente y dispuesto a comunicarse.

El Guía Interior

Mi creciente experiencia trabajando con Yo superiores me llevó a un gran avance y a un cambio radical en mi enfoque de la sanación. Sin embargo, no vino de una nueva información. Sino de una intuición. Cuanto más aprendía sobre el Yo Superior a lo largo de los meses, más se parecían sus capacidades y características a las de un ayudante interno. No recuerdo un momento concreto, pero en algún momento me di cuenta de que el ayudante interno que conocía por la psicología y el Yo Superior que estaba investigando con Gerod eran el mismo fenómeno. Esta comprensión amplió instantáneamente mi entendimiento del fenómeno en ambas direcciones. Lo que sabía sobre el ayudante interno y sus capacidades, ahora sabía que también era cierto en el caso del Yo

Superior, y viceversa. Lo que uno podía hacer en el mundo interior, el otro también podía hacerlo. En cierto sentido, el ayudante interno ponía rostro a lo que Gerod llamaba la "parte activa del alma".

A nivel teórico, la convergencia de estos conceptos -uno desde un marco clínico y psicológico y el otro desde un marco clínico y metafísico-también unió dos paradigmas de pensamiento diferentes. Cada uno de ellos había llegado al Yo Superior desde un punto de partida distinto y utilizaba un lenguaje diferente, pero describían y hablaban del mismo fenómeno. La psicología reconocía al ayudante interno, pero no podía explicarlo. Gerod lo llamó el Yo Superior y dijo que era una manifestación del alma.

Esta nueva comprensión cambió mi forma de trabajar con los Yo superiores en general. Fue como cuando el Dr. Allison descubrió a Beth y todas las formas en que podía ayudar a Elizabeth. Ahora entendía que cada persona tiene una "Beth", una autoayuda interna, una parte de Dios, como quieras llamarlo. Sabiendo de lo que era capaz un ayudante interno, el Yo Superior prometía ser un tremendo recurso en el proceso de sanación de cada persona.

Puse esta promesa a prueba. Empecé a comunicarme con el Yo Superior de cada cliente como si fuera un ayudante interno. Empecé a pedir a los Yo superiores información y a pedir que hicieran cosas que sabía que un ayudante interno podía hacer; y fueron capaces de hacerlo. Esto incluía comunicarse directamente con los estados del ego, del mismo modo que el ayudante interno puede comunicarse con un alter de la personalidad. Incluía también acceder y compartir recuerdos de vidas pasadas o presentes con el Yo consciente. Incluía especialmente traer Luz al Yo consciente y al mundo interior. Había tantas cosas que el Yo Superior de una persona podía hacer, sólo que yo aún no sabía lo suficiente como para preguntar. Gerod lo había llamado la "parte trabajadora del alma". Hoy considero que el Yo Superior es el *caballo de batalla* en el proceso de sanación. En muchos sentidos, es el Yo Superior el que hace que el proceso funcione.

En los próximos capítulos, hablaré de las muchas formas poderosas en las que el Yo Superior de una persona puede ayudar en el proceso de sanación. Son formas que han sido probadas y confirmadas una y otra vez en mi trabajo con clientes. Creo que el lector obtendrá una comprensión más profunda del Yo Superior a medida que avancemos en los capítulos.

11

Sanación Centrada en el Alma

Para evitar la frustración y la decepción, busca y encuentra al maestro interior, al gurudeva interior. A la Luz del gurudeva interior serás capaz de distinguir lo que es correcto para ti y lo que no lo es. Si no puedes distinguir lo correcto de lo incorrecto, lo bueno de lo malo, siempre serás víctima del abuso y la explotación del mundo exterior.—Swami Rama, extracto del libro: *La Undécima Hora*

El lugar de Integración

Después de la niña de los zapatos rojos, ocurrieron dos cosas que cambiaron por completo mi forma de trabajar con los estados del ego. Ambas implicaban descubrimientos que sólo podían haberse hecho después de reconocer estados del ego como seres reales. El primero fue el descubrimiento de que estos seres internos no se disuelven o desaparecen después de compartir su experiencia y de liberar su carga emocional. Siguen existiendo a un nivel inconsciente.

Gerod llevaba meses diciendo que los estados del ego eran seres reales, que seguían existiendo después de compartir sus experiencias traumáticas y liberar su dolor, y que había un lugar de integración y bienestar al que cada uno podía trasladarse después de su liberación.

Sesión #98 -7 de julio de 1989

Hay quienes creerían que estos estados del ego no son la persona real, que no son capaces de existir o coexistir, que deben ser absorbidos tan fuertemente que dejan de ser, pero en esencia, son parte del todo y lo que han hecho es agrandar el todo. . . Lo que hay que recordar es que el estado del ego que pasa a formar parte de la personalidad (se integra), aporta su propia energía, y esa energía no se mezcla y se funde, es más bien como si se añadiera y se expandiera, y ahí está la diferencia. Es como si en lugar de mezclar algo, lo añadieras.

En aquel momento no comprendí todo lo que Gerod decía. Estas ideas eran contrarias a la opinión generalizada en psicología -que yo también mantenía- de que 1) estas personalidades no eran seres, sino estados de conciencia, y 2) que se disuelven en el núcleo del Yo una vez que se ha completado el proceso de compartir sus experiencias y liberan el dolor. Entendí la importancia de este tema sólo cuando logré ver que estos estados del ego son seres reales. Era la siguiente pregunta lógica. Si son seres que siguen viviendo, ¿dónde viven? Si no están absorbidos por el Yo, ¿dónde existen?

La respuesta de Gerod fue que, una vez que un estado del ego se libera de su dolor, puede pasar a una nueva conciencia y a una nueva relación con el Yo consciente. Acabamos llamándolo "lugar de integración". Dijo que pensáramos en él como un lugar adyacente con una puerta que conecta con el Yo consciente. Era un lugar en el que ya no era necesario que el estado del ego mantuviera su experiencia disociada del Yo consciente. No es como si el trauma nunca hubiera ocurrido, sino que el estado del ego -y por tanto el Yo-ya no tiene que vivirlo en este nivel inconsciente. La liberación del dolor, decía Gerod, libera al estado del ego para que se alinee con el Yo consciente en la realidad presente. También sugería que yo podía ayudar a facilitar esta integración muy directamente como paso final en la resolución de un estado del ego. Era una idea de integración muy diferente de la que yo había estado trabajando.

Puse a prueba esta idea de integración con muchos estados del ego de muchos clientes diferentes. Cuando un estado del ego se había liberado, empecé a pedir al Yo Superior que le mostrara su lugar de integración. Luego me comunicaba con el estado del ego sobre este lugar. La respuesta constante de un estado del ego a otro era que se habían trasladado a un nuevo lugar, que estaban recibiendo Luz y se sentían tan bien, que no deseaban marcharse. Esto fue tan consistente que no pasó mucho tiempo antes de que incorporara este paso en el proceso de sanación. En lugar de intentar disolver estados del ego en un Yo unificado, les ayudaba a dirigirse a un lugar en el que seguían viviendo, pero en armonía y cooperación con el Yo. Esta nueva comprensión de los estados del ego y del lugar de integración tuvo un impacto poderoso y positivo en mi trabajo con clientes.

Sin embargo, la importancia de esta integración se hizo evidente cuando por fin comprendí que los estados del ego eran seres reales que vivían en lugares reales. Así que, por supuesto, el lugar donde estaban podía hacer una gran diferencia, si estaban cómodos y seguros en un lugar en particular o en otro donde sentían dolor y angustia. Eran "lugares" de conciencia, claro está, pero reales para ellos. Desde un punto de vista clínico, entonces, sería importante que cada uno de ellos supiera que a través del proceso de sanación podían trasladarse a un nuevo lugar en el que se sintieran bien y cómodos.

Con la integración como objetivo principal de la sanación, la promesa de un lugar de integración se convirtió en una motivación primordial para que los estados del ego dijeran sí al proceso de sanación. Para muchos, cambió su visión del proceso, que pasó de ser una amenaza de dolor o disolución a una forma de liberarse del dolor y la angustia. En lugar de una amenaza, la integración prometía alivio.

Como terapeuta, el conocimiento sobre la integración me puso en posición de dar a cada ser interior dos mensajes muy positivos. El primero era que seguiría existiendo después de pasar por el proceso de compartir y liberar. No se disolvería ni moriría. Esto en sí mismo fue un alivio para muchos de los estados del ego con los que trabajaba. (Como descubrí más tarde, muchas veces los estados del ego habían tenido miedo y se habían resistido al proceso de sanación porque veían que el proceso los llevaba a la disolución y a la muerte).

El segundo mensaje para cada estado del ego era que había un lugar cómodo y seguro esperándolos una vez que fueran capaces de liberarse de su dolor. Liberarse del dolor y del miedo es una motivación natural y poderosa para cualquier ser, y los estados del ego no eran una excepción. El resultado fue que la mayoría de los estados del ego se mostraron muy interesados cuando les hablé de un lugar de integración y, a su vez, se volvieron más cooperativos y dispuestos a participar en el proceso de sanación. Este cambio, al igual que en el trabajo con la parte protectora, parecía disminuir cualquier nivel de bloqueo y resistencia.

Un Toque de Alma

Durante este mismo periodo, mientras aprendía sobre el lugar de integración, estaba ocurriendo algo que tendría un impacto aún mayor en el proceso de sanación. Me estaba dando cuenta de que el Yo Superior era una conciencia por derecho propio. Era inteligente, consciente y capaz de comunicarse. Como describí en el capítulo anterior, finalmente me di cuenta de que el Yo Superior tenía todos los conocimientos y habilidades de un ayudante interior. Esto incluía el conocimiento de las personalidades internas y la capacidad de comunicarse directamente con ellas.

Una vez que reconocí a los estados del ego como seres reales, también conscientes e inteligentes, cambió el tipo de relación que veía posible entre el Yo Superior y los estados del ego. El Yo Superior no sólo podía ser un contacto de Luz para un estado del ego, sino que podía participar activamente en él y relacionarse con él en su propio nivel de conciencia. Vi que el Yo Superior podía -o ya lo hacía- relacionarse con ellos como seres. Un contacto personalizado con la Luz, por así decirlo.

Ya sabía que los estados del ego, en general, respondían positivamente al contacto con el Yo Superior. Había pensado en ello como una especie de contacto genérico con la Luz, un enfoque más bien disperso. Sin embargo, no comprendí realmente el poder potencial de este contacto hasta que reconocí que cada estado del ego, como ser consciente, tenía la capacidad de comunicarse con el Yo Superior y conocer la Luz directamente.

No sabía qué ocurría entre el Yo Superior y un estado del ego cuando se comunicaban. No podía observarlo directamente, por supuesto, pero veía los mismos resultados una y otra vez. Una vez que un estado del ego tenía contacto directo con el Yo Superior, su respuesta era increíblemente positiva. Más del noventa y cinco por ciento de las veces, una vez que un estado del ego se re-conectaba con la Luz, se volvía inmediatamente cooperativo en el proceso de sanación. Era como encender un interruptor. Independientemente de lo asustado o resistente que hubiera estado un estado del ego, tras la comunicación con el Yo Superior, se producía un giro completo. Casi de forma instantánea estaba dispuesto a hacer lo que fuera necesario para mantener su conexión con el Yo Superior y la Luz, incluso cuando eso significaba compartir recuerdos y sentimientos dolorosos.

Esta transformación instantánea se asemeja mucho al contacto de una persona con la Luz durante una experiencia cercana a la muerte.

Al entrar en la Luz, informan de un sentimiento infinito de amor y pertenencia. Todos dicen "no hay palabras para describirlo" y que no quieren marcharse. También hablan de un mayor nivel de conocimiento y comprensión de cómo todo tiene sentido, en su propia vida y en todos los niveles de la realidad. Fue la misma forma en que vi a los espíritus terrenales responder una vez que eligieron sentir la Luz. No importaba cuanta resistencia mostraban, una vez que accedían a un toque de Luz, se producía una conversión inmediata. Los estados del ego respondían exactamente de la misma manera.

Las implicaciones clínicas de esto eran profundas. En primer lugar, iniciar el contacto con el Yo Superior prometía resolver cualquier resistencia o temor que pudiera sentir un estado del ego y, al mismo tiempo, encender su propia motivación para participar en el proceso de sanación. A diferencia de la promesa de un lugar de integración que llegaría más tarde, el contacto con el Yo Superior era una experiencia inmediata para un estado del ego, y por lo tanto un incentivo aún más poderoso.

La segunda implicación se deriva de la primera. Puesto que los estados del ego eran una fuente primaria de resistencia, tenía sentido iniciar ese contacto con cada uno de ellos desde el principio. ¿Por qué esperar a que se desarrollaran resistencias o bloqueos? Si el contacto con el Yo Superior conducía a una cooperación tan rápida, entonces podía evitar gran parte de esa resistencia. Era la misma lógica que había detrás del contacto con la parte protectora en nuestra primera sesión: adelantarse a futuros bloqueos y también obtener su cooperación activa. Lo mismo ocurría con los estados del ego.

Esta estrategia funcionó como prometía. Cada vez que identificaba un nuevo estado del ego, le pedía que se comunicara directamente con el Yo Superior. Cuando lo hacía, contaba con su cooperación a partir de ese momento. La estrategia tuvo tanto éxito que se convirtió en un paso habitual en el proceso de sanación. Fue un momento decisivo en el desarrollo de la Sanación Centrada en el Alma. Fue entonces cuando la Luz del alma, en la forma del Yo Superior, pasó a desempeñar un papel directo y poderoso en el proceso de sanación.

Rechazar la Luz

Había un reverso de esta dramática conversión por la Luz. Después de que empecé a iniciar este contacto, descubrí muchos estados del ego que se negaban a recibir la Luz o a tener contacto con el Yo Superior. La situación reflejaba lo que estaba viendo con los espíritus terrenales. Una vez que elegían ver la Luz o tocarla, acudían a ella en un instante. Sin embargo, había otros espíritus que rechazaban la Luz o huían de ella. Descubrí que ocurría lo mismo con los estados del ego.

Los estados del ego rechazaban la Luz por muchas de las mismas razones que los espíritus terrenales. Se sentían culpables o indignos de la Luz, o ésta empezaba a desencadenar su dolor y sus recuerdos, o tenían miedo de que la Luz los rechazara. Algunos estaban enfadados con la Luz. O bien la culpaban de lo ocurrido, o se sentían traicionados porque la Luz no les había protegido. A otros les habían dicho que se alejaran de la Luz porque les haría daño o los destruiría.

Además de los que rechazaban la Luz, existía una segunda complicación a la hora de ayudar a los estados del ego en el proceso de compartir y liberar. Suponía que una vez que un estado del ego entraba en contacto con el Yo Superior y yo contara con su cooperación, no habría necesidad de más bloqueos. Pensaba que una vez que un estado del ego dijera que *sí* a la sanación, simplemente podría avanzar hacia el proceso de compartir y liberar. Pero no fue así. Incluso con su plena cooperación, todavía había puntos en el proceso de sanación en los que un estado del ego se asustaba o se quedaba atascado y detenía el proceso.

También aprendí durante este mismo tiempo que no podía usar al Yo Superior como una varita mágica. No podía simplemente enviarlo a cada estado del ego y esperar que forzara una experiencia con la Luz. No funcionaba así. Ahí estaba el problema. Del mismo modo, guías o seres queridos no se acercarán a un espíritu terrenal sin permiso, el Yo Superior no impondrá su Luz en un estado del ego (o en el Yo, o en cualquier otro). La Luz debe ser elegida libremente. Si un estado del ego rechaza la Luz, o dice no a recibirla por cualquier razón, el Yo Superior respetará ese límite. No transgredirá la posición o la elección del estado del ego. Por lo tanto, aunque el contacto con la Luz podía hacer magia, el problema con muchos estados del ego era conseguir primero que aceptaran el contacto.

Al principio, Gerod fue fundamental para enseñarme sobre los miedos y obstáculos que hacían que los estados del ego rechazaran la Luz. También me enseñó los tipos de cosas que podían bloquear o interrumpir el proceso de compartir de un estado del ego, aunque estuviera intentando cooperar. Éstas eran las preguntas que le llevaba a Gerod cada semana. Trataban de los bloqueos que encontraba en mi trabajo con clientes concretos. Semana tras semana, Gerod me hablaba de diferentes clientes y de quién o qué estaba bloqueando el proceso, y por qué. Cada semana, llevaba esta información a mis sesiones con esos clientes y, una y otra vez, la información de Gerod daba sus frutos y conducía a la resolución del bloqueo.

Con el tiempo, empezaron a surgir patrones y pude identificar las fuentes más comunes de bloqueo. Vi dónde se atascaban normalmente los estados del ego, qué les asustaba o quién podía interponerse en su camino. Aprendí qué preguntas hacer para determinar rápidamente el origen del bloqueo o rechazo de un estado del ego. Trabajar en este nivel de resistencia y bloqueo me enseñó mucho sobre estos seres internos. Significaba adentrarme en su mundo y en la realidad psíquica en la que vivían. Pero la pregunta era siempre la misma. ¿Qué haría que valiera la pena o fuera lo suficientemente seguro para que este o aquel estado del ego en particular dijera sí a la Luz, o diera el siguiente paso en su proceso de compartir?

Resolviendo todas las Resistencias

Saber dónde está atascado o bloqueado un estado del ego es sólo la mitad de la historia. La otra mitad consistía en saber cómo ayudarle a desbloquearse. Aquí es donde volvemos al poder del Yo Superior. Al mismo tiempo que aprendía sobre los estados del ego y las diferentes fuentes de bloqueo, también aprendía más sobre el Yo Superior. Aprendí sobre su capacidad de intervenir en cualquier momento para ayudar a un estado del ego que se había atascado o estaba bloqueado. A través de la información de Gerod y de mi nueva comprensión del Yo Superior como ayudante interno, aprendí que podía traer la Luz a un estado del ego en cualquier forma que necesitara. La presentación concreta del Yo Superior dependía de quién fuera el estado del ego y de lo que necesitara para sentirse seguro. Ya fuera un niño o un adulto, enfadado o aterrorizado, escondido o confuso, el Yo Superior podía proporcionarle lo que necesitara. Si el estado del ego era un niño, por ejemplo, el Yo Superior podía enviarle un muñeco, donde el muñeco era la Luz. El Yo Superior podría aparecer como un ángel, un hada madrina o una Luz resplandeciente. La única condición, una vez más, es que el estado del ego esté de acuerdo en recibirlo. En efecto, el contacto con el Yo

Superior podía hacerse a medida para casi garantizar que el estado del ego diera su consentimiento.

Las capacidades de adaptación del Yo Superior tenían profundas implicaciones en el proceso de sanación. Significaba que el Yo Superior de mi cliente no sólo era una fuente de Luz, sino que podía ser un agente activo en la sanación de la persona. Era consciente y podía hacer cosas. Podía llevar la Luz de cualquier forma que necesitara un estado del ego en particular, incluso hacia aquellos que acarreaban el dolor y sufrimiento más profundo, o a los que estaban más atemorizados.

Desde un punto de vista clínico, el Yo Superior ofrecía un método ideal para resolver la resistencia o los miedos de cualquier estado del ego. El Yo Superior sería capaz de enfrentarse a él respetando sus condiciones y en su propio nivel de conciencia. En la práctica, esto es lo que ocurrió y resultó ser lo más exitoso. En estas situaciones, mi papel como terapeuta se convirtió en el de un negociador, un intermediario. Cuando teníamos problemas con un estado del ego, mi trabajo consistía en averiguar cuál era el problema, y el Yo Superior se encargaba de solucionarlo. Una vez que aprendí a trabajar con este método, pudimos resolver, la mayoría de las veces, cualquier resistencia o bloqueo por parte de los estados del ego.

Todavía no puedo decir lo que sucede durante el contacto de un estado del ego con el Yo Superior y la Luz. Sin embargo, puedo decir con certeza, casi sin excepción, que una vez que un estado del ego tiene contacto con el Yo Superior, dirá sí a la Luz, y luego al proceso de sanación. El noventa y nueve por ciento de las veces, está dispuesto a dar el siguiente paso de compartir sus recuerdos y experiencia con la mente consciente. Estoy seguro de que otros terapeutas que utilicen este mismo método obtendrán los mismos resultados. Este método tuvo tanto éxito en obtener la cooperación de los estados del ego que iniciar este contacto se convirtió en un paso estándar en la Sanación Centrada en el Alma.

Sin embargo, prevenir y evitar la resistencia no es la única razón para que un estado del ego establezca contacto con el Yo Superior. Incluso si un estado del ego coopera plenamente y está dispuesto a compartir su experiencia con la mente consciente, le pediré que primero establezca contacto con el Yo Superior. Imagino el contacto como la apertura de la conexión del estado del ego con el alma y con la Luz. Es una forma de darle una mayor afirmación sobre la sanación y su lugar dentro del

Yo. Desde mi punto de vista, el contacto de un estado del ego con el Yo Superior no sólo ayuda a resolver o prevenir la resistencia, sino que también ayuda a fortificar y reforzar un estado del ego para que dé los pasos necesarios para su propia sanación y liberación.

12

Estados del Ego: Los Seres Internos

El dominio astral tiene ciertas propiedades únicas, una de las cuales es el principio de que los pensamientos astrales o emocionalmente cargados tienen vida propia. En el nivel energético astral, ciertos pensamientos, ya sean conscientes o inconscientes, pueden existir como campos de energía distintos o formas de pensamiento con formas, colores y características únicas. Algunos pensamientos, especialmente los cargados de intensidad emocional, pueden tener una identidad independiente de su creador. Ciertos pensamientos pueden estar cargados de sustancia energética sutil y existir (inconscientemente) como formas de pensamiento en los campos energéticos de sus creadores. Estas formas de pensamiento pueden ser vistas frecuentemente por individuos clarividentes que son muy sensibles a los fenómenos energéticos superiores.—Richard Gerber M.D. extracto del libro *Medicina Vibracional*.

El Nacimiento de un Estado del Ego
Los estados del ego se crean con el propósito de proteger al Yo del dolor y asegurar su supervivencia. Son un mecanismo de defensa. Un estado del ego se crea cuando una persona ya no puede tolerar conscientemente lo que está sucediendo en su experienciafísica, emocional o psicológica.

Una caída dolorosa, un sentimiento de terror o el profundo dolor del rechazo son ejemplos de situaciones en las que la conciencia de una persona, especialmente en el caso de los niños, puede verse abrumada o tan asustada que desencadena la creación de un estado del ego para tomar el control y sobrevivir. (Véase la Figura 1.)

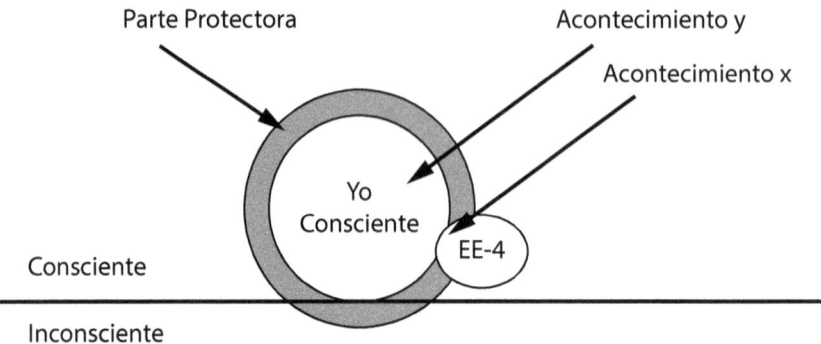

Figura 1. La Creación de un Estado del Ego

Cuando se produce un acontecimiento que no es doloroso ni amenazador (Acontecimiento Y), el Yo permanece consciente y atento durante toda la experiencia. Sin embargo, si un acontecimiento es demasiado doloroso, hiriente o amenazador (Acontecimiento X), entonces la parte protectora reacciona y desencadena la creación de un estado del ego para separar el dolor o el trauma de la mente consciente.

El estado del ego vivirá la experiencia hasta que sea seguro que el Yo consciente reanude la conciencia. Podríamos considerar el estado del ego como un sustituto del Yo consciente, algo así como *un doble* del actor.

El problema, sin embargo, es que una vez que se crea un estado del ego, éste no se disuelve, no muere o desaparece cuando la crisis o el trauma han pasado. Una vez que es seguro para el ego reanudar la conciencia, el estado del ego, como ser consciente, se traslada al inconsciente, fuera de la conciencia normal, donde sigue viviendo en su propia realidad independiente de la mente consciente.

Como decía en el capítulo 8, no es una realidad o dimensión física a la que se traslada el estado del ego. Los psicólogos lo llamarían el *inconsciente*. Gerber lo llama el dominio *astral*. Yo lo considero un reino *psíquico*. Aún no tenemos un lenguaje para designarlo. Sea cual sea el término que utilicemos, es una dimensión no física de la mente, fuera del tiempo y del espacio; un reino gobernado por la conciencia y el pensamiento, no por la materia. Es el reino en el que vive la niña de los zapatos rojos.

En esta dimensión, un estado del ego puede tener cualquier edad y adoptar cualquier forma que sea necesaria o que funcione en el momento del trauma o peligro. Por ejemplo, la mayoría de los estados del ego tienen forma humana, pero no todos. He conocido estados del ego que se presentan como animales o plantas, o incluso como figuras de dibujos animados o una forma vaporosa. (1) Sin embargo, cada uno de ellos es consciente, inteligente y capaz de comunicarse.

Aunque la realidad de un estado del ego suele reflejar nuestro mundo tridimensional, es una dimensión que no obedece las leyes de la realidad física. En esta dimensión, un niño puede caber en un dedal, crecerle un nuevo brazo o incluso volar. En esta dimensión, los monstruos son reales y un niño puede desaparecer en *el país de nunca jamás* para escapar de lo que ocurre en el presente. Lo que importa aquí es la conciencia y la percepción del estado del ego, que determinan en gran medida la realidad. Puede ser una realidad diferente para cada uno, como universos diferentes que coexisten.

Lo que es consistente para estos estados del ego, sin embargo, es que cada uno vive en una realidad nacida del trauma y el peligro. Estos seres internos son creaciones defensivas. No surgen cuando el Yo está a salvo o lo está pasando bien. Los estados del ego se crean como reacción al dolor y al miedo, cuando el Yo tiene problemas y no puede tolerar lo que está sucediendo. Por eso, cuando un estado del ego pasa al nivel psíquico, se lleva consigo esta realidad dolorosa o abrumadora. La experiencia y la conciencia fragmentarias del estado del ego se convierten en toda su realidad. Se separa del flujo continuo de la vida. El estado del ego continúa viviendo en un mundo centrado en su dolor y trauma mucho después de que el trauma haya pasado para el Yo Consciente. La mayoría de los estados del ego no conocen otro mundo que el mundo que los vio nacer.

Viviendo en esta dimensión psíquica, los estados del ego continúan sirviendo al propósito primario de protección para el que fueron creados originalmente. Cada estado del ego, consciente y vivo en su propia realidad, sigue manteniendo su experiencia de dolor, miedo o angustia separada de la mente consciente. El estado del ego es como una burbuja de conciencia cuyo propósito es mantenerse alejado de la mente consciente y evitar que irrumpa en ella.

Tomemos el ejemplo de una niña de cuatro años -la llamaré Connie- que un día está jugando en su jardín cuando el perro del vecino se altera de algún modo y la ataca. En el estado de shock y pánico de la niña, se crea un estado del ego que toma el control hasta que el Yo consciente puede reanudar la conciencia de forma segura. Una vez que la niña es rescatada de la situación, y la amenaza de dolor y peligro ya no están presentes, comienza a calmarse. En algún momento del proceso, también habrá empezado a recuperar su consciencia normal. Cuando lo haga, es posible que apenas recuerde lo sucedido a nivel consciente. De hecho, su reacción instintiva de defensa será olvidar, si es posible.

Incluso puede producirse una disociación completa de la experiencia en la que la niña no recuerde en absoluto lo ocurrido. En los días siguientes, puede creer que fue atacada por un perro porque la gente se lo dice y porque ve la evidencia de las heridas de la mordedura en su brazo, pero conscientemente no lo recuerda. De cualquier modo, ahora está a salvo y es probable que cualquier recuerdo o pensamiento al respecto se desvanezca en las semanas y meses siguientes. Años más tarde, si se le pregunta, es posible que ni siquiera recuerde lo ocurrido.

El Precio de la Protección
Sin embargo, toda defensa tiene su precio y crea sus propios problemas. El problema de la disociación es que, al mantener el dolor o la angustia aislados de la mente consciente, el estado del ego mantiene vivo el dolor a otro nivel. Como cuando se entierran residuos tóxicos, ¿cuán profundo es lo suficientemente profundo?

Esto podría no ser un problema si no hubiera una conexión o interacción continua entre la mente consciente y los estados del ego una vez que se trasladan al nivel inconsciente. Sin embargo, no es así. No existe una frontera absoluta entre estos niveles. Los estados del ego pueden afectar, y de hecho afectan, a la mente consciente. La frecuencia y la intensidad dependen de la persona consciente y de los estados del ego implicados. Los efectos pueden ser desde insignificantes hasta abrumadores.

Esto sucede cuando un estado del ego es gatillado por acontecimientos, sentimientos o pensamientos que le ocurren a una persona a nivel consciente y que se parecen o coinciden con la experiencia del estado del ego en uno o más aspectos significativos. Cuando se produce esta confluencia, un estado del ego puede gatillarse y éste reaccionará. Sin embargo, reacciona desde su propia realidad y percepción, no ante los acontecimientos de la realidad actual de la persona.

Tomemos de nuevo el ejemplo de Connie, que fue atacada por un perro cuando tenía cuatro años. Han pasado treinta años y Connie, ya adulta, está en la entrada de su casa hablando con su vecino cuando empieza a sentir un pánico desbordante. De repente, empieza a sudar y su corazón se acelera. No sabe por qué está tan aterrorizada. Sólo sabe que quiere entrar corriendo en casa o en el coche lo antes posible. Lo único que la detiene es que teme que su vecino piense que está loca (incluso puede que en este momento se esté cuestionando su propia cordura).

Connie puede haberse dado cuenta o no del hombre que se acerca desde algunas cuadras de distancia y que está paseando a su perro. Sin embargo, el estado del ego de cuatro años sí se ha dado cuenta. A nivel inconsciente, el trauma anterior se ha reactivado. La niña de cuatro años ha visto al perro y le ha entrado el pánico. Para el estado del ego de cuatro años, en su conciencia limitada, cada perro es EL perro, y responde de la única manera que conoce. Intenta escapar.

La experiencia de ansiedad y pánico de Connie es lo que yo llamo *incorporación*. El estado del ego de cuatro años se ha activado, y es como si ella empezara a moverse hacia la consciencia. (Véase la figura 2.)

Cuanto más se acerca a la conciencia presente, más empiezan a resonar sus sentimientos y emociones y más ansiedad y pánico empieza a sentir la mujer de treinta y cuatro años.

Llamo a esto 'incorporación' porque el niño de cuatro años no irrumpe en la conciencia. A nivel consciente, Connie no recuerda el ataque del perro mientras está allí con su vecino. No tiene recuerdos

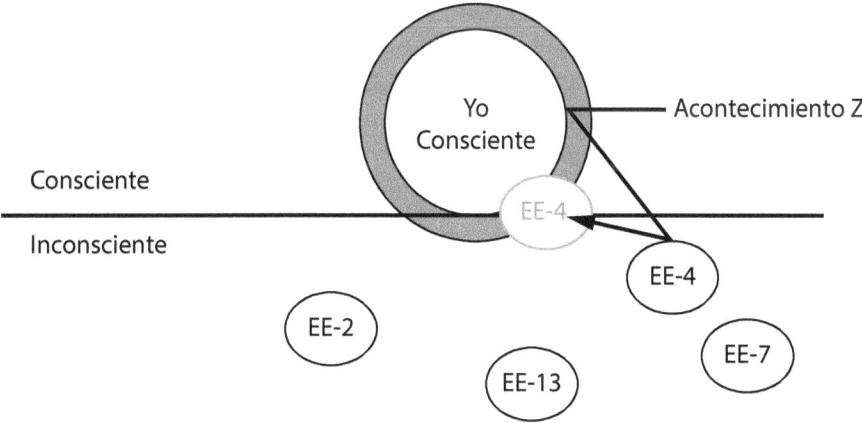

Figura 2. Estado del Ego Incorporándose al Yo Consciente

de su jardín delantero ni piensa en lo que sucedió treinta años atrás. Ni siquiera es consciente directamente del estado del ego de la niña de cuatro años y, por lo tanto, no tiene forma de distinguir entre el pánico de la niña de cuatro años y el propio. Una persona puede verse afectada por la percepción, las emociones y las reacciones cinestésicas de un estado del ego, sin recordar la experiencia del estado del ego. Por lo tanto, lo más probable es que Connie busque en su realidad externa lo que le resulta tan amenazador porque, a nivel consciente, no tiene ninguna referencia interna que le permita comprenderlo.

Considero que esta activación e incorporación de estados del ego forma parte de las defensas psicológicas de una persona. Sirve para alertar y movilizar al Yo para una acción defensiva contra una situación que un estado del ego percibe como dolorosa o amenazante. De este modo, los estados del ego actúan como una especie de sistema de alerta temprana que puede alertar al Yo de los peligros e incluso llevarlo a actuar si es necesario, y todo ello a un nivel inconsciente.

En nuestro ejemplo ficticio, Connie puede encontrar una excusa para poner fin a su conversación con el vecino y apresurarse a volver a casa. O puede mirar a su alrededor y asegurarse de que todo va bien, incluido el hombre y el perro que se acercan. Puede que no establezca ninguna relación entre el perro y su pánico.

En cualquier caso, una vez superada la crisis, el estado del ego de cuatro años vuelve a su lugar normal dentro de la mente y los sentimientos de pánico y miedo de Connie empiezan a remitir. En poco tiempo, vuelve a sentirse normal y puede seguir con su día. En un caso sencillo como éste, la reacción de pánico puede no producirse con la frecuencia suficiente como para justificar una preocupación seria. La Connie adulta puede considerarlo como "una de esas cosas raras" y, al cabo de uno o dos días, es posible que no vuelva a pensar en el incidente.

Este desencadenamiento de los estados del ego y su incorporación con la conciencia es algo que le ocurre a las personas todos los días, a veces varias veces al día. Cuando a una persona le ocurre algo que se asemeja al problema o trauma original de un estado del ego, el estado del ego puede gatillarse y reaccionar como si el trauma siguiera ocurriendo o amenazara con ocurrir. Una persona ve algo, u oye algo, o está en medio de una situación, cuando de repente reacciona con sentimientos y pensamientos que no encajan, o que amenazan con abrumarla emocionalmente.

Es posible que la persona no sepa por qué se siente de una manera determinada, o por qué tiene una reacción concreta, o por qué, de repente, parece que una nube oscura se ha cernido sobre ella. Puede que sepa que sus sentimientos o reacciones no guardan proporción con lo que la situación requiere, o puede que sólo se dé cuenta de ello después, cuando los sentimientos y las acciones hayan remitido. A menudo, en esos momentos, no parece haber ninguna conexión entre lo que ocurre en su realidad consciente actual y lo que sienten o cómo reaccionan. El estado de ánimo, los pensamientos y las emociones pueden durar sólo un momento o dos, o persistir durante horas.

La forma en que un estado del ego afecte a una persona una vez que se ha gatillado dependerá del estado del ego involucrado. También dependerá de la consciencia de la persona y de si posee la fuerza psicológica y emocional para tolerar y resolver lo que está ocurriendo sin tener que cerrarse, arremeter o huir de la situación. La incorporación puede ser leve, o puede ser lo suficientemente fuerte como para interferir con lo que la persona está haciendo, incluso haciendo que cambie su curso de acción por completo, como Connie corriendo a su casa en estado de pánico, pero sin saber por qué.

Compartir

Si Connie fuera una cliente y, a través de la hipnosis, me comunicara con este estado del ego de cuatro años, probablemente no sabría quién soy, qué año es en el presente o desde dónde le estoy hablando. Esto no sería inusual. La mayoría de los estados del ego, en el primer contacto, no son conscientes de la realidad física actual. Es muy probable que la niña de cuatro años ni siquiera sea consciente de que la personalidad consciente es ahora adulta y vive en una realidad muy diferente a la suya. La niña de cuatro años, por ejemplo, no sabría nada del marido y los hijos de Connie, ni de la casa en la que vive, ni del lugar en el que trabaja.

Los estados del ego a menudo se sorprenden y asombran cuando se enteran del Yo consciente en un cuerpo adulto y ven los cambios que han ocurrido desde su propia creación. Empiezan a darse cuenta de que hay un panorama más amplio. En el proceso de sanación, esta comprensión en sí misma a menudo alivia al estado del ego y le lleva a estar más dispuesto a comunicarse.

En nuestro ejemplo, el hecho de que la niña de cuatro años no sea consciente de la realidad preexistente no se debe a que haya estado dormida. No lo ha estado. Está despierta y sigue viviendo en la realidad en la que fue creada. Sigue teniendo cuatro años, sigue siendo un día claro y soleado y sigue estando en el jardín de su casa. Si se lo pidiera, podría decirme en qué parte del patio está, qué ropa lleva y qué juguetes hay. También podría contarme lo que pasa a su alrededor y, si quiere, lo que le pasa a ella.

Y lo que es más importante, la niña de cuatro años también puede compartir su experiencia directamente con el Yo consciente si así lo desea. A diferencia de la incorporación, yo imagino el *compartir* como un estado del ego que no sólo *se acerca* a la conciencia, sino que *entra* en ella. (Véase la figura 3.)

Al compartir, el Yo consciente empezará a recordar y, hasta cierto punto, a revivir la(s) experiencia(s) del estado del ego. A diferencia de la incorporación, en la que el Yo consciente y el estado del ego permanecen inconscientes el uno del otro, al compartir, la niña de cuatro años *abre* su conciencia, por así decirlo, y Connie, de treinta y cuatro años, verá, sentirá, oirá o conocerá la experiencia del ataque en sí (2). En ese momento, está recordando. Lo que antes estaba aislado se convierte en parte del todo.

Mientras que la incorporación se produce con frecuencia en las personas en el transcurso de su experiencia cotidiana, compartir no es tan habitual. Normalmente, la frontera entre estos dos reinos de la conciencia permanece intacta. Sin embargo, hay ocasiones en las

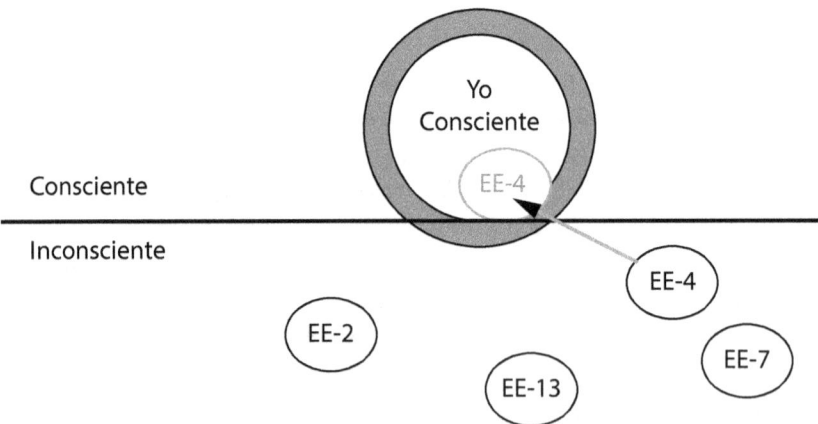

Figura 3. Estado del Ego Compartiendo con la Conciencia

que un estado del ego se dispara e irrumpe en la conciencia como un recuerdo completo, un flashback o incluso una realidad viva. Esto puede ser un shock para la persona, pero el límite suele restablecerse rápidamente.

Sin embargo, si ese *irrumpir* se produjera con demasiada frecuencia, la persona se vería abrumada por la confusión y las emociones que se agolpan en su vida cotidiana. Son personas, por ejemplo, que pueden ser diagnosticadas como psicóticas. Para los que tienen un trastorno severo, es como si la frontera estuviera plagada de agujeros. Necesitamos la frontera entre estos reinos para sobrevivir y llevar una vida estable y productiva.

Abriendo la Frontera

En el proceso de sanación, sin embargo, la actitud hacia el compartir es justo la contraria. Queremos abrir esa frontera para que pueda haber un intercambio entre estos niveles. Queremos que el estado del ego y el Yo consciente se conozcan y, al conocerse, se resuelva cualquier necesidad de disociación. Este compartir es un paso central en el proceso de sanación porque es el punto donde dos realidades conflictivas se encuentran y se reconcilian. Ésta es la abreacción de la que hablé en el Capítulo 1, en la que el Yo consciente recupera, psicológica y emocionalmente, la experiencia del estado del ego.

Volviendo a nuestro ejemplo, cuando Connie recuerda el ataque del perro, lo más probable es que sienta hasta cierto nivel, el terror y dolor de la niña de cuatro años. También comprenderá mejor lo que ocurrió aquel día cuando hablaba con su vecina y entró en pánico. Sabrá que el estado del ego de la niña de cuatro años se había activado y estaba reaccionando al ataque de hacía tantos años. Connie también podría relacionar este trauma temprano con la incomodidad general que siempre ha sentido con los perros. Podría darsecuenta por primera vez hasta qué punto había evitado a los perros en su vida. Éstos son los tipos de percepciones cognitivas que una persona suele tener una vez que un estado del ego ha compartido su experiencia.

A nivel emocional, la persona experimenta los sentimientos y las emociones que se bloquearon en la conciencia y la expresión cuando se creó el estado del ego. Es como si la propia experiencia hubiera sufrido un cortocircuito y la energía de la emoción hubiera quedado bloqueada en un nivel inconsciente. Cuando el estado del ego comparte con la conciencia, se completa parte del proceso y permite que la energía se haga consciente y se descargue.

Una vez que Connie recuerda y ha tenido cierto nivel de catarsis, ya no habrá necesidad de que la niña de cuatro años mantenga la disociación. Al recuperar la experiencia del ataque, el Yo consciente recupera a la niña de cuatro años como parte de sí mismo y la experiencia como propia. El hecho de compartir la experiencia resuelve la necesidad de mantenerlas separadas.

Liberación e Integración
En el proceso de compartir, el estado del ego también se transforma. Al abrirse a la mente consciente, la niña de cuatro años es capaz de liberarse de la realidad en la que ha estado atrapada durante tanto tiempo. Es importante recordar que la experiencia de la niña de cuatro años de conectarse con la mente y la realidad consciente ha sido una abreacción para ella también, alterando su percepción y, por lo tanto, su realidad. La antigua realidad en ese momento ya no es aplicable.

La abreacción pone a la niña de cuatro años en una posición que le permite liberarse del dolor, el terror y la angustia que arrastra desde que fue creada. Esto no significa que olvide lo ocurrido, sino que deja de ser su realidad actual y deja de sentir el dolor y la angustia de ese momento. La liberación y la transformación la liberan para pasar a una nueva conciencia, su propio lugar de integración. (Véase la figura 4.)

La integración es un estado de conciencia, por lo que el lugar de integración vendrá determinado en gran medida por la conciencia del estado del ego en cuestión. Si un estado del ego realmente necesita vivir solo en una casa junto al río para estar en armonía con el Yo, se trasladará allí. Si el estado del ego es un niño que necesita estar con otros niños, así será. En general, sin embargo, la integración de un estado del ego significa que se mueve hacia un nuevo equilibrio y compatibilidad con el Yo y libera a la persona consciente y al estado del ego de una percepción pasada y una realidad dolorosa.

Para Connie, la personalidad consciente, la integración significará que la próxima vez que esté cerca de un perro no se desencadenará su reacción extrema de *lucha o huida* y, si la situación le preocupa, tendrá más libertad para determinar si el perro es o no una amenaza real y presente. Tampoco se verá atrapada entre dos percepciones en las

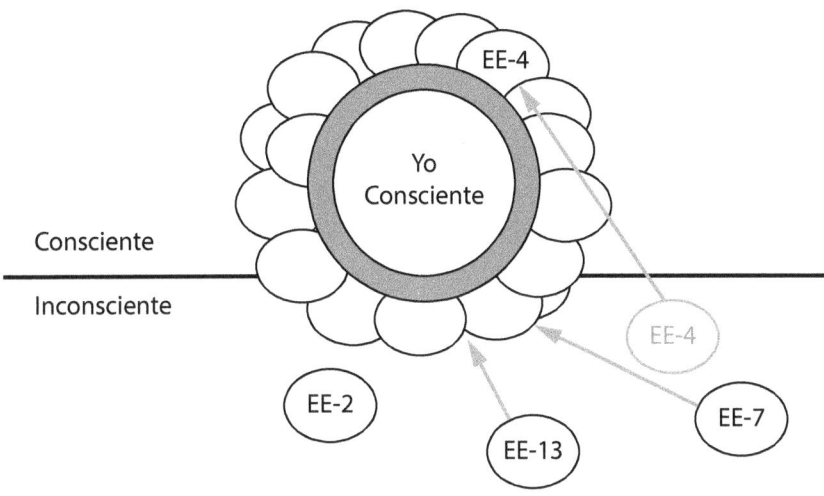

Figura 4. Integración de los Estado del Ego

que un poco de preocupación y ansiedad se convierten en confusión y pánico creciente.

Una gran parte del proceso de sanación es la acumulación de efectos, o sinergia, creada por la integración de estos seres internos a medida que cada uno se alinea con el Yo consciente. Cada una de estas integraciones es una sanación de la fragmentación y el dolor que, a cierto nivel, ha mantenido a la persona bloqueada, asustada o separada durante muchos años. Cada integración de un estado del ego libera a la persona del conflicto oculto y de la protección retrógrada. Es una recuperación del Yo, y cada recuperación aporta a la persona una mayor claridad y comprensión de sí misma, del mundo en el que vive y una mayor sensación de seguridad y libertad.

13

Mundos Internos

Un complejo (psicológico) con su determinada tensión o energía tiene la tendencia a formar una pequeña personalidad propia. Tiene una especie de cuerpo, una cierta cantidad de su propia fisiología. Le puede caer mal al estómago. Altera la respiración, inquieta el corazón. En resumen, se comporta como una personalidad parcial.—C.G. Jung

Las Llaves del Reino
En lo que a mí respecta, cuando se trataba de estados del ego, la promesa de integración y el contacto inmediato con el Yo Superior eran como recibir las llaves del reino, de muchos reinos, de hecho. Una vez que un estado del ego recibía información sobre la sanación y la integración, y tenía contacto con el Yo Superior, solía estar más que dispuesto no sólo a compartir su experiencia y sus recuerdos, sino también a responder a cualquier pregunta sobre sí mismo o sobre la realidad en la que existía. Éstas eran claves poderosas, una especie de '*ábrete sésamo*', y empecé a utilizarlas con cada cliente y con cada estado del ego que encontraba.

El resultado general fue que muchos estados del ego, con más clientes, compartían sus recuerdos y experiencias. También tuve la certeza de que el contacto con el Yo Superior y la promesa de integración también evitaron una cantidad significativa de bloqueos que, de otro modo, podrían haber causado temor y resistencia en los estados del ego.

Una vez que empecé a utilizar estas llaves en mi trabajo con clientes, prácticamente se eliminó una fuente de bloqueo y confusión con la que antes siempre tenía que lidiar. Cuando trabajaba con un estado del ego y la comunicación se bloqueaba, nunca podía estar seguro de que no fuera el propio estado del ego el que lo impedía. Una vez que empecé a utilizar el lugar de integración y el contacto con el Yo Superior para obtener la cooperación de un estado del ego, pude determinar mucho más rápidamente si el estado del ego con el que estaba trabajando estaba bloqueando o si venía de otra parte.

A veces, era el estado del ego el que bloqueaba. Había estados del ego, por ejemplo, que eran portadores de más de una experiencia o tenían sentimientos más profundos de los que habían sido conscientes. Entonces, estos estados del ego podían detener el intercambio cuando estos niveles de experiencia empezaban a aflorar. También había quienes bloqueaban instintivamente el intercambio cuando empezaban a sentir el dolor emocional. Sin embargo, incluso en estas circunstancias, el estado del ego en cuestión cooperaba haciéndome saber que había sido él quien detuvo el intercambio. También estaba dispuesto a responder mis preguntas y hacer lo que pudiera para completar su proceso de compartir y liberar.

Conseguir la cooperación de un estado del ego desde el principio fue un gran avance en el proceso de sanación. Significaba que más estados del ego pasaban por el proceso de compartir, liberar e integrar. Para mis clientes, significaba que las experiencias que habían estado disociadas durante muchos años ahora salían a la luz, a menudo por primera vez. Los clientes recuperaban e integraban partes de sí mismos que habían estado separadas del Yo durante mucho tiempo, creando conflicto y confusión.

La Red del Mundo Interior
Esta mayor cooperación de los estados del ego condujo directamente a otro gran avance en el proceso de sanación. Al poder descartar el estado del ego con el que estaba trabajando como fuente de bloqueo, podía centrar mis preguntas de forma más eficaz en identificar quién o qué estaba bloqueando. De este modo, empecé a conocer otros niveles y dinámicas de bloqueo que podían interferir en el proceso de sanación.

Descubrí, por ejemplo, que una de las principales fuentes de bloqueo, incluso después de contar con la cooperación de un estado del ego, eran otros estados del ego. El énfasis aquí está en la palabra *primaria*. El fenómeno en sí no era nuevo para mí. Antes de conocer a Gerod, sabía que los álteres podían interactuar y comunicarse directamente entre sí. También sabía que a veces un alter podía bloquear a otro.

Más de una vez había visto un alter apartar a otro y apoderarse de la conciencia justo en medio de una conversación. Sin embargo, no sabía lo frecuente que era esta dinámica y con qué frecuencia los otros estados del ego eran una fuente de bloqueo. Aprendí que la interconexión y la interacción entre los estados del ego era la norma, no la excepción. También descubrí que la mayoría de los estados del ego con los que trabajaba no estaban solos. No existían aislados, sino que solían formar parte de un grupo. Un grupo podía estar formado por dos, varios o muchos estados del ego.

No era inusual, por ejemplo, encontrar un estado del ego mayor actuando como protector de los más jóvenes que estaban con él. Un estado del ego de dieciocho años podría decirme, por ejemplo, que su trabajo es proteger a los niños y que por eso interviene y bloquea mis intentos de explorar ciertas áreas de dolor o angustia de un cliente. Podía decirme que mis preguntas estaban provocando a algunos de los niños de su grupo y amenazando con desencadenar su dolor. De este modo, el joven de dieciocho años había bloqueado todos los intentos de acceder a esos niños impidiendo toda comunicación conmigo.

Al igual que ocurre con los álteres que se bloquean unos a otros, la existencia de grupos tampoco era un fenómeno nuevo para mí. Sabía por mi propia práctica que algunos álteres formaban grupos, y había leído sobre ellos en la literatura en numerosas ocasiones. Sin embargo, lo que era nuevo para mí era saber con qué frecuencia los estados del ego formaban grupos.

Descubrir que los estados del ego normalmente existían en grupos, y que otros miembros de un grupo podían participar en el bloqueo, planteó más preguntas sobre la naturaleza de estos grupos y las interrelaciones entre los estados del ego. Cada vez tenía más claro que cuando un estado del ego con el que trabajaba se veía bloqueado para comunicarse o compartir, a menudo era otro u otros miembros de su grupo, o cercanos, los que se acercaban para detener el proceso.

Mi ventaja ahora era que poseía las claves para obtener la cooperación, no sólo de la persona con la que estaba trabajando, sino también de cualquier otro estado del ego que se presentara para bloquear. Cuando eso ocurría, podía ajustar la línea de investigación para identificar fácilmente al que bloqueaba y obtener también su cooperación. Saber cómo obtener la cooperación de un estado del ego tenía una especie de efecto dominó. Cuando era necesario, podía seguir un hilo de estados del ego que se activaban uno tras otro. Esto se aplicaba también a grupos enteros que se activaban y bloqueaban. El Yo Superior podía llevar Luz e información a todos ellos y obtener su cooperación como grupo.

Clínicamente, lo esencial seguía siendo lo mismo: identificar y trabajar con cada estado del ego que se presentaba para ayudarlo a compartir, liberar e integrar. El hecho de que formaran grupos e interactuaran entre sí no cambiaba el resultado final, pero lo hacía más complejo. El descubrimiento de que este tipo de bloqueo era frecuente me obligó a desarrollar un nuevo nivel de comprensión sobre estos seres internos, cómo pueden afectar e interactuar entre sí, así como la forma en que afectaban a la personalidad consciente. Por lo tanto, estas agrupaciones y las interrelaciones entre los estados del ego empezaron a surgir como un tema y un centro de atención importantes en el proceso de sanación.

Era un terreno nuevo para mí. Estas interconexiones e interacciones entre los estados del ego eran otro acontecimiento que no había previsto ni esperado, pero que formaba parte del proceso. Así eran las cosas. Si iba a ocuparme de los estados del ego, también tenía que ocuparme de sus grupos e interconexiones. Tenía que pensar no sólo en el estado del ego individual con el que trabajaba, sino también en su contexto. Empecé a comprender que cuando entraba en contacto con un estado del ego, a menudo lo hacía con una matriz de relaciones ya existentes entre diferentes estados del ego y sus experiencias.

La Llave Maestra

La promesa de integración y contacto con el Yo Superior provocó cambios importantes en mi forma de abordar los estados del ego y en el aprendizaje del mundo interior. Sin embargo, no sé hasta dónde me habrían llevado estas dos llaves por sí solas en la comprensión de la complejidad y profundidad del mundo interior. El hecho es que tenía una tercera llave que estaba utilizando al mismo tiempo para ayudarme también a mirar detrás de los bloqueos y ver quién o qué se interponía en mi camino. Esa llave, por supuesto, era Gerod y su capacidad para acceder y compartir conmigo información sobre el mundo interior de cada uno de mis clientes. En este sentido, Gerod era una llave maestra.

Cada semana escuchaba la opinión de Gerod, a menudo en profundidad, sobre estos mismos clientes y sus mundos interiores. Cada vez que me encontraba con un bloqueo con un cliente que no podía resolver, o con en el que estaba confundido acerca de las respuestas que estaba recibiendo, o no podía localizar el origen de alguna reacción fuerte de un cliente, entonces le llevaba mis preguntas a Gerod. Le preguntaba en nuestra siguiente sesión si podía encontrar ese bloqueo o ver el problema. Él era capaz de ver la situación en tiempo presente con el cliente en particular y casi siempre era capaz de dar alguna información específica sobre el bloqueo y cómo abordarlo.

Rápidamente llegamos a un punto en nuestros diálogos en el que a menudo hablábamos de ocho a diez clientes en una sesión, de algunos brevemente y de otros largo y tendido. A partir de ese momento, nuestra colaboración se intensificó.

A menudo, la información que Gerod me daba sobre un bloqueo apuntaba a lo mismo que yo estaba aprendiendo sobre los estados del ego, es decir, que la fuente del bloqueo o interferencia provenía de otro estado del ego o un grupo de estados del ego. Sin embargo, la descripción de Gerod a menudo revelaba una interrelación compleja y dinámica entre estas partes del Yo que yo no podía imaginar y que probablemente no habría sido capaz de descifrar por mí mismo.

Nuevamente, creo que Gerod ya era consciente de estas interrelaciones entre los estados del ego, y fui yo quien tuvo que ponerse al día. Al principio, por ejemplo, hablé con Gerod sobre un cliente en el que acababa de descubrir tres estados del ego que parecían estar conectados de algún modo con otro estado del ego con el que estaba trabajando. Sin embargo, no sabía cómo estaban conectados. Le pedí a Gerod cualquier información que pudiera ofrecerme sobre la situación. Dijo que mi trabajo con este cliente en particular estaba "agitando las aguas y había mucha actividad". A continuación, describió una interrelación entre los estados del ego.

Sesión 49 -15 de octubre de 1988

> Ésta es una de esas situaciones que no estoy seguro que hayamos abordado antes, donde ciertas piezas de información que necesitan ser retenidas de la mente consciente para proteger y sobrevivir están escondidas en otros lugares, y muchas veces estos diferentes estados del ego están conectados; se pueden cruzar con facilidad. Y así ha sido durante mucho tiempo con ella. Pero a menudo, cuando las personas alcanzan ese punto crítico en el crecimiento y desarrollo de su alma, se desencadenan situaciones y cuando empieza el dolor y los recuerdos, no es raro, desde mi punto de vista, ver que empiecen reacciones

fuertes en las que cada estado del ego se cierra, se separa y va por su cuenta para mantener esos recuerdos muy protegidos.

Este fue uno de los primeros indicios que tuve del mundo interior como una red de estados del ego y grupos de estados del ego interconectados, pero no estaba en condiciones de comprender su significado.

Hubo muchas ocasiones como ésta en mis primeros trabajos con Gerod, en las que me dio información de que un estado del ego estaba bloqueando a otro, o de que estaba tratando no sólo con uno, sino con un grupo de estados del ego. La información de Gerod era tan específica sobre tantos clientes que revelaba una realidad interior única e increíble para cada uno de los clientes de los que hablábamos.

Espero que los siguientes extractos ofrezcan al menos un atisbo de los mundos interiores que Gerod describía. Espero que estos ejemplos transmitan al lector una *sensación* de apertura y exploración de la dimensión psíquica.

En cada uno de los siguientes extractos, hablo con Gerod de un cliente diferente. En cada caso, me había encontrado con algún tipo de bloqueo y le pedía a Gerod cualquier información que pudiera ofrecerme. A menudo, la información que me daba suscitaba más preguntas y me llevaba a un debate más profundo, ya que intentaba ser más específico. A veces, esto podía dar lugar a un largo diálogo, como se verá en el segundo extracto.

Sesión 127 -7 de enero de 1990

En el círculo de los nueve hay una líder que podría ayudarte. Es una chica y es más fuerte que el resto, ella es la líder y si puedes abordarla, probablemente puedas ser capaz de encontrar una entrada. No tengo un nombre; ni siquiera tengo una edad aproximada. Lleva cintas amarillas en el pelo, es beligerante, muy fuerte, desafiante y si te diriges a ella de alguna manera que ella sea capaz de identificar que es a ella a quien estás llamando, creo que te hablará.

Sesión 131-28 de enero de 1990

G. Hay un lugar dentro de él que oculta algo. Está muy, muy fuertemente defendido. Todos los bloqueos están ocultando un lugar. Son muy fuertes, y lo podrías imaginar casi como un laberinto, con esta caja en el centro de él. Y no es tanto que necesites quitar estos bloqueos, como encontrar el camino a través de ellos, porque no son tan portadores de ninguna sustancia, sólo están ahí para bloquear tu camino hacia esta caja donde encontrarás lo que necesitas para trabajar a través de lo que está pasando con él. Te sugiero que pidas ayuda al Yo Superior para encontrar un ser que es casi una sombra o un fantasma. No es un espíritu terrenal, es más bien un estado del ego, pero no es uno creado a partir de una experiencia, sino uno creado para ser un guardián.

T. ¿De la caja?

G. Del laberinto. Casi como un guardián. Este no tiene grandes miedos, porque no sabe lo que hay en la caja. No sabe que es necesariamente algo que hay que temer, sino sólo que es el único que conoce el camino a través del laberinto.

T. Gerod, mi comunicación con el Yo Superior también se ha bloqueado sistemáticamente cada vez. ¿Crees que si sólo por pedir esa ayuda sin requerir una respuesta del Yo superior, el Yo Superior recibirá esa comunicación y buscará a éste con el que necesito comunicarme?

G. Lo hará. Es incapaz de responder. El laberinto es fuerte, y esos bloqueos que crean el laberinto son muy fuertes. Es como si cualquier cosa detrás o alrededor o siendo protegida, por así decirlo, por el laberinto, es muy difícil que haga algo. Pero el Yo Superior es bastante capaz de recibir un mensaje y hacer trabajo interno. Puede que no seas capaz de comunicarte directamente con él. Ahora bien, creo que este guardián se comunicará contigo, porque, como digo, no tiene miedo ni instrucciones de no comunicarse. Sólo tiene la instrucción de no dejar entrar a nadie.

T. ¿Puedes saber, Gerod, si el bloqueo que he encontrado hasta ahora es el bloqueo de uno solo, o de varios, o de todos juntos?

G. Varios.

T. ¿Y, en cierto sentido, cederán el paso al guardián?

G. No, no es que vayan a ceder, es como si dijéramos que los bloqueos no son necesariamente estados del ego en el sentido típico de lo que entendemos por los que tienen personalidad e historia, sino que son muros fuertes.

T. ¿Puedes decir cómo se crearon?

G. Fueron creados por el ego y, hasta cierto punto, por el que está en la caja.

T. ¿Así que en la caja hay un ego-estado?

G. Así es.

T. ¿Puedes decir si esto es la vida presente?
G. Es de la vida presente. Y estos bloqueos que crean el laberinto, estás consciente de la pared del perímetro, es como si se convirtieran en paredes interiores. Y no veo estos bloqueos como conectados. Es como si fueran un laberinto, pero no tienen paredes conectadas. Entonces, puedes entrar y rodearlos todos, y parece que hay al menos doce de ellos. Así que necesitas que te guíen.
T. Y si el guardián ayuda con eso, ¿significaría básicamente no tener que lidiar con los bloqueos, sino sólo ser capaz de acercarme a la caja en el centro?
G. Así es. La caja es pequeña, pero profunda. Tiene capas.
T. ¿Y sólo hay un estado del ego? ¿O podría haber más?
G. La capa superior.
T. ¿Este estado del ego tiene miedo del Yo Superior en este momento?
G. No creo que necesariamente tenga tanto miedo sino falta de voluntad. No es tanto miedo como incertidumbre sobre por qué hay necesidad de comunicarse o prestar atención al Yo Superior. Este estado del ego no es muy consciente de lo que es el Yo Superior y, por lo tanto, lo ve como algo que no comprende y no le ve el valor. Y por lo tanto hay una gran indiferencia hacia él, fingiendo que no está ahí.
T. Bueno, cada vez que doy un paso para comunicarme con el Yo Superior, las cosas se cierran.
G. Así es. Porque permitirte el acceso es permitir. . . Es como taparse los oídos. Si van a permitirte comunicarte y escuchar al Yo Superior, entonces es casi como si tuvieran que destapar sus oídos para permitir que eso ocurra, y no quieren hacerlo. Preferirían no oírlo, porque así no tendrían que lidiar con ello y tratar de decidir qué es.

Sesión 147 -26 de mayo de 1990

G. El niño de 7 años tiene una navaja. Pídele que se la guarde en el bolsillo y que la deje allí. Dile que está bien; que no se sienta consternado por los pensamientos que ha tenido sobre lo que le gustaría hacer con esta navaja; que no hay nada que vaya a hacer con ella que sea dañino, ni siquiera para sí mismo. Ayúdale a sentirse más cómodo con ella, con lo que ha pensado que haría con ella. Eso quizá le infunda una sensación de seguridad que le permita seguir adelante con el trabajo.

Cada vez que Gerod hablaba así de los estados del ego de un cliente, yo tenía que doblar y estirar mi pensamiento para imaginar

Mundos Internos

o conceptualizar el mundo interior que estaba describiendo. ¿Dónde estaban exactamente esas nueve niñas que formaban un círculo y qué tenía la niña de los lazos amarillos que la convertía en la persona con la que había que hablar? ¿Quién era el *Guardián* y qué eran esos centinelas que creaban un laberinto de energía para proteger la caja? ¿Qué temía hacer el niño de 7 años con la navaja que llevaba en la mano... y a quién temía hacérselo?

Estos ejemplos muestran la profundidad y complejidad del mundo interior. Deja absolutamente claro que el mundo interior de cada persona es único. Semana tras semana, Gerod describía estos mundos de un modo que los hacía revivir para mí y revelaba las complejas y dinámicas relaciones que existían entre los estados del ego. Cuando intentaba comunicarme con estados del ego que no podía ver, las descripciones de Gerod eran como encender una linterna en una habitación oscura para que viera con quién estaba trabajando y lo que les ocurría o les rodeaba. La información de Gerod les daba un rostro y los situaba en un contexto. Sus descripciones revelaban una realidad y una profundidad del mundo interior que yo no podía imaginar.

Volviendo a los ejemplos anteriores, encontré los diferentes estados del ego: la niña con los lazos amarillos, la caja en el centro del laberinto (que resultó ser una jaula con un niño dentro) y el niño de 7 años que pudo compartir una vez que guardó la navaja en su bolsillo. Utilicé la información y las sugerencias de Gerod y casi siempre funcionaron. Pude establecer comunicación con cada uno de estos estados del ego y ayudarles a avanzar en su proceso de compartir y liberarse. Al mismo tiempo, la información de Gerod también me obligó a empezar a pensar en términos de la realidad dinámica que existía dentro de cada persona.

Un mes después de contarme lo del chico de la navaja, hablé con Gerod sobre Martha K. y la chica de los zapatos rojos. (Véase el Capítulo 8.) Aquí fue donde se produjo mi propio avance. Fue donde empecé a darme cuenta de que los estados del ego eran seres reales que existían en lo que yo sólo podía llamar un "reino psíquico". Llegué a un punto clínico en el que empecé a pensar en términos de realidades psíquicas y de las interrelaciones que existían entre estos seres internos.

Una vez que desperté a la realidad psíquica de los estados del ego y empecé a utilizar las llaves que ahora poseía, empecé a aprender mucho más no sólo sobre los propios estados del ego, sino también sobre las interrelaciones que existían entre estos seres internos. ¿Quién estaba solo y quién no? ¿Quién bloqueaba a quién y por qué? ¿Qué unía a unos en un grupo y separaba a otros? Esta forma de pensar y este tipo de preguntas se convirtieron en parte de mi trabajo con cada cliente.

Creo que es correcto decir que se trató de otro período, de otro despertar como el que siguió a mi descubrimiento de los espíritus terrenales. Sin embargo, este despertar se prolongó durante mucho más tiempo y a un nivel mucho más profundo y más allá de todo lo que había conocido hasta entonces. Fue un viaje de exploración y descubrimiento que me llevó a nuevos conocimientos sobre el mundo interior, cómo está estructurado y cómo funciona dentro de uno mismo.

Tercera Parte
Dimensiones del Alma

Tercera Parte
Dimensiones del Alma

Introducción

La Sanación Centrada en el Alma comenzó como psicología. Los estados del ego se consideraban fenómenos psicológicos, estados mentales complejos. Se creaban a partir de la propia experiencia del cliente, por lo que se basaban en el Yo físico e histórico. La Segunda Parte se centraba en el individuo y el mundo interior de los estados del ego. En la Tercera Parte, el enfoque pasa de lo psicológico a lo *psíquico* (tomado del término griego para *alma*). Se trata de dimensiones y fenómenos que van más allá del ego y su percepción sensorial. No pueden entenderse desde un punto de vista estrictamente psicológico. Incluyen las vidas pasadas, el apego o la intrusión de los espíritus y las fuerzas primarias de la oscuridad y la Luz.

En mi comunicación con Gerod, quedó claro desde el principio que él veía a todas las personas como algo más que su cuerpo físico y su personalidad egoica. Veía a todas las personas como almas encarnadas, la mayoría con una historia de muchas vidas. También habló desde el principio sobre la oscuridad y la Luz, la existencia de espíritus malignos y la reencarnación. Para Gerod, todo esto era un hecho. A mí me llevó mucho tiempo, personal y profesionalmente, explorar y comprender esos fenómenos, elaborar un tipo de clasificación y estructura, y aprender a tratarlos clínicamente. El proceso involucró miles de sesiones con clientes, varios cientos de sesiones con Gerod y la investigación de muchos fenómenos a la vez.

La Tercera Parte nos adentra en estos reinos psíquicos desde un punto de vista clínico. Se centra en aquellos fenómenos que se presentaron de forma constante con clientes a lo largo de muchos años.

Esto también significaba que los fenómenos podían comprobarse y verificarse a lo largo de esos muchos meses y años. Cada capítulo de la Tercera Parte se centra en fenómenos concretos, pero en conjunto revelan dimensiones entrelazadas del ser que se describen mejor como *dimensiones del alma*. También revelan una realidad mucho mayor de la que todos formamos parte.

14

Vidas pasadas: El Tejido de Historias del Alma

Porque desde el momento en que el alma asume una forma física, el recuerdo de las esferas celestes de las que ha descendido se oscurece; sólo permanecemos conscientes de las cosas que nos han ocurrido desde nuestro nacimiento. Pero el conocimiento perdido del Universo aún reside en nuestro inconsciente. Como un arqueólogo que escarba y hace túneles a través de capas de piedra, podemos recuperar ese conocimiento profundizando y expandiendo nuestra conciencia a través de la meditación, la oración y la glorificación.—Pir Vilayat Inayat Khan, extracto del libro *Despertar*.

La ley equilibradora del karma, tal como se expone en las escrituras hindúes, es la de acción y reacción, causa y efecto, siembra y cosecha. En el curso de la rectitud natural, cada hombre, por sus pensamientos y acciones, se convierte en el moldeador de su destino. Cualesquiera que sean las energías universales que él mismo, sabia o imprudentemente, haya puesto en movimiento, deben volver a él como punto de partida, como un círculo que se completa inexorablemente. La comprensión del karma como ley de justicia sirve para liberar la mente humana del resentimiento contra el hombre y contra Dios. El karma de un hombre le sigue de encarnación en encarnación hasta que se cumple o se trasciende espiritualmente.—Paramahansa Yogananda, extracto del libro *Autobiografía de un Yogui*

Considerando las Vidas Pasadas

Antes de conocer a Gerod, creía en la reencarnación, pero no *pensaba* en términos de reencarnación. Llegué a la creencia en la reencarnación principalmente a través de mis lecturas y de una aceptación intelectual. Desde mi punto de vista, la evidencia -no la prueba- de la reencarnación era abrumadora. Al igual que en el caso de las experiencias cercanas a la muerte, había demasiados informes de demasiadas fuentes y demasiados estudios fiables como para que sólo fueran casualidades o fantasías. Hablamos, por ejemplo, de muchos niños que poseían recuerdos muy concretos de vidas pasadas, y detalles de personas, lugares y sucesos de vidas anteriores que fueron investigados y corroborados de forma que no dejaban lugar a dudas. (1)

Sin embargo, aunque creía en la reencarnación, no tenía ni idea de por qué, si éramos almas, debíamos vivir muchas vidas; y si lo hacíamos, por qué tantos de nosotros no teníamos recuerdos de ellas. Aparte de vagas nociones sobre el alma y teorías sobre el karma, tampoco tenía explicaciones sobre cómo podía funcionar un sistema tan vasto de causa y efecto a lo largo de las vidas. No podía decir cómo los acontecimientos de la vida actual de una persona estaban conectados con sus vidas anteriores, o viceversa. Creía que esas conexiones existían, pero lo que significaba en términos prácticos, en lo que se aplicaba a la gente real, estaba muy lejos de mi alcance. Sin recuerdos activos de vidas pasadas, lo único que podía hacer era pensar en ello a través de fuentes de segunda mano y comparar las distintas teorías y tradiciones entre culturas.

Clínicamente, no abordaba la reencarnación en el tratamiento de mis clientes. Conocía a terapeutas de todo el país que practicaban la llamada *terapia de regresión a vidas pasadas*. También había leído buena parte de la literatura al respecto, pero no tenía formación en terapia de regresión a vidas pasadas. No tenía ningún modelo clínico para guiarme, ni estaba convencido en aquel momento de la eficacia o los beneficios de este enfoque.

Después de que empecé a utilizar la hipnosis, hubo clientes que espontáneamente trajeron, durante la sesión, lo que algunos llamarían recuerdos de vidas pasadas. Esto no ocurría a menudo, pero cuando ocurría, intentaba seguir al cliente a donde fuera necesario con su experiencia. No sabía lo suficiente como para hacer algo más. Mientras consideraba la posibilidad de que las quejas y dificultades actuales de un cliente tuvieran su origen en una vida pasada, hablaba con él/ella sobre la reencarnación si lo deseaba, pero eso era todo lo que podía hacer.

Esto cambió cuando empecé a trabajar con Gerod. Desde el principio se refirió a las vidas pasadas. Era una de esas cosas de las que hablaba con tanta naturalidad que uno sabía que para Gerod no había duda de que las almas se reencarnaban. Al principio de nuestra colaboración, también empezó a identificar las vidas pasadas como el origen de los problemas de determinados clientes. También funcionaba a la inversa. Cuando en la terapia de alguien aparecía un recuerdo que parecía provenir de una vida pasada, yo podía preguntarle directamente a Gerod.

Los siguientes extractos son de las primeras sesiones después de conocer aGerod. Él ya mencionaba las vidas pasadas como un problema para algunos clientes.

20 de noviembre de 1987 -(Sesiones escritas)

Celia necesita saber que esta vida no es su dolor; su vida pasada es su dolor, y debe curarse ahora o seguir para siempre insatisfecha sin conocer el amor ni la paz...

8 de diciembre de 1987 -(Sesiones escritas)

Jennifer continuará sorprendiéndote con su información. Michael es un nombre de vidas pasadas. Las almas en desarrollo llevan consigo al presente sus asuntos pendientes. Michael es la vida pasada y su historia contiene las raíces de su infelicidad. La terapia basada en esta vida presente no puede ser completamente exitosa porque no son estos eventos los que sostienen las raíces de su desalineación en la vida.

Sesión 2 -16 de enero de 1988

No veo que haya un espíritu involucrado, pero sí veo que se trata de una persona que nació en esta vida con un problema de vidas pasadas sin resolver. Si hicieras una regresión con ella, descubrirías que esta depresión proviene de una vida pasada en la que era una mujer acosada por muchos problemas y murió de un suicidio. Si quisieras profundizar en este tema, podrías encontrar una solución para ella a través del perdón.

Una vez que comenzamos nuestras sesiones verbales, no pasó mucho tiempo antes de que las vidas pasadas fueran un tema frecuente que entraba y salía de nuestros diálogos. La información de Gerod siempre resultaba intrigante por lo que podía significar para un cliente concreto e interesante por lo que involucraba sobre la relación entre el alma y la personalidad actual.

A lo largo de los meses hubo muchos casos en los que Gerod habló de las vidas pasadas de una persona como algo que afectaba o influía en su vida presente. Sin embargo, a nivel clínico, las vidas pasadas seguían estando en un segundo plano. Pensaba en ello y en la regresión a vidas pasadas, pero aún no sabía cómo poner en práctica las sugerencias de Gerod ni cómo utilizar su información. Me llevó tiempo encajar las piezas. Así que, mientras Gerod y yo hablábamos de vidas pasadas, mi enfoque clínico principal seguía siendo el trabajo con los espíritus terrenales y los estados del ego.

Además, para muchos de mis clientes de entonces, la reencarnación no formaba parte de su visión del mundo y tenía que decidir caso por caso si esta información sería más perturbadora que útil para alguien. Algunos clientes simplemente no estaban preparados para enfrentarse a estas posibilidades. Si aparecía espontáneamente un recuerdo de una vida pasada, hablaba con la persona después para ver si era algo que quería abordar.

Esta situación empezó a cambiar con la llegada de nuevos clientes que ya creían en el concepto de reencarnación o estaban abiertos a él. Estos clientes también estaban abiertos a la regresión a vidas pasadas si los temas que tratábamos nos llevaban por ese camino.

La Pregunta Clínica

La información de Gerod sobre las vidas pasadas me planteó una pregunta que, como terapeuta, me vi obligado a abordar. ¿Era cierto que las vidas pasadas podían ser la fuente del dolor, de conflicto o de la confusión actuales de una persona? La pregunta era la misma que con los estados del ego y los espíritus terrenales. Si las vidas pasadas de una persona eran una fuente de su conflicto, dolor o angustia, entonces sería importante saberlo y tenerlo en cuenta para ayudar a aquellos clientes que se vieran afectados de este modo.

Durante muchos meses, hablé con Gerod a un nivel general y teórico sobre la reencarnación y sobre clientes específicos para quienes, según él, las vidas pasadas estaban significativamente relacionadas con sus problemas en la vida presente. Clínicamente, no intenté trabajar a estos niveles a menos que se presentara un recuerdo de vidas pasadas por sí solo. Cuando lo hacía, lo trataba igual que los recuerdos de la vida presente, es decir, intentaba ayudar a que el conjunto de recuerdos se compartiera y se liberara. Ésta era mi comprensión básica de la terapia de regresión a vidas pasadas. Pude no haber entendido lo que se estaba compartiendo, ni por qué, o por qué aparecía en ese momento de la terapia, pero mi papel era ayudar en el proceso y contribuir a su resolución y liberación.

El paso de la teoría a la práctica se produjo por etapas a lo largo de dos o tres años. Ahora que miro hacia atrás, veo que mi exploración de las vidas pasadas siguió un curso paralelo y, en última instancia, convergente con mi aprendizaje sobre los estados del ego. Al principio los veía como recuerdos que irrumpían en la conciencia presente; después los reconocí como estados del ego de vidas pasadas; y finalmente comprendí su realidad como seres psíquicos.

Al igual que con los estados del ego, Gerod desempeñó un papel fundamental en ese proceso. Hablaba de esos recuerdos de vidas pasadas como si fueran personalidades o seres distintos, de la misma forma en la que hablaba sobre los estados del ego. En ese primer año de trabajo con Gerod, las vidas pasadas se estaban convirtiendo en un tema clínico, que surgía simultáneamente junto con los fenómenos de los espíritus terrenales, el Yo Superior y los estados del ego. En mis diálogos con Gerod y en mi trabajo con clientes, las preguntas sobre vidas pasadas se hicieron más apremiantes.

Al final de ese primer año, las vidas pasadas se habían convertido en un tema tan importante en mi trabajo clínico que empecé a buscar formas de abordar este fenómeno con determinados clientes. La sugerencia de Gerod, que yo no podía comprender en aquel momento, era "hablar con ellos/ellas". Para mí eran memorias, reproducciones en video, por así decirlo, de un pasado estático que surgía de un océano de experiencia. Sin embargo, la sugerencia de Gerod, al igual que en el caso de los estados del ego, era comunicarse con ellos directamente como seres.

Hablando con el Pasado

Al año siguiente, empecé a identificarme y a comunicarme con algunas de estas personalidades de vidas pasadas. No se trataba de que el cliente recordara o reviviera un pasado estático, sino de una comunicación con una parte inteligente y dinámica de la persona que participaba directamente conmigo. En términos de mi experiencia clínica hasta ese momento, estas partes se asemejaban a álteres de la personalidad en su capacidad para asumir la conciencia de un cliente y comunicarse conmigo como una parte autónoma del Yo/alma.

Dos casos en particular se destacan en mi mente. El primero tenía que ver con mi cliente, Candace J., y dos personalidades diferentes que se presentaron con varias semanas de diferencia. Una era una sacerdotisa que bloqueó abiertamente nuestro trabajo varias veces antes de presentarse. No quiso dar su nombre y se negó a hacer lo que yo le pedía, es decir, compartir su experiencia con Candace a un nivel consciente. Dijo que se trataba de "misterios de mujeres", y como yo era un hombre, no los compartiría conmigo a menos que recibiera el visto bueno de guías espirituales de nivel superior. Tuve que asegurarle que podía compartir la información con Candace y que no tenía que hacerlo en voz alta. Sin embargo, finalmente decidió compartir su experiencia con ambos.

La experiencia que compartió tuvo lugar en un templo. Contó que un día unos soldados invadieron el templo para apoderarse de él y destruir los objetos sagrados. En el proceso, los soldados también golpearon y violaron a las mujeres, tanto sacerdotisas como asistentes. En aquel momento ella no le encontraba sentido. Decía que ellas (las mujeres) no habían hecho daño a nadie. Más tarde se enteró de que el sumo sacerdote, un varón, las había traicionado y había conspirado para que los soldados entraran en el templo. Más tarde, reflexionando sobre la experiencia, dijo que esto formaba parte de un "cambio de las diosas a los dioses de la guerra". Fue un cambio en su sociedad, de una estructura de poder matriarcal a una patriarcal. Los antropólogos han estudiado varias sociedades en las que se produjo este tipo de cambio.

Varias semanas después, mientras trabajaba con Candace, se presentó otra mujer. Era de una vida diferente a la de la sacerdotisa. Dijo que su nombre era Marasena, y que estaba atrapada en combate con un hombre y estaba en un empate con él. Dijo que él siempre intentaba controlarla y que cada vez que lo hacía, ella le escupía a la cara y lo despreciaba. Dijo que él la controla a través del sexo, que la domina de esa manera. Dijo: "Es una competencia de voluntades".

Hablé largo y tendido con Gerod sobre Marasena. Durante ese diálogo fue cuando Gerod me sugirió que me comunicara y la ayudara a tener una experiencia consciente en el presente.

Sesión 103-11 de agosto de 1989

T. Gerod, hablé con Candace J. Tuvimos una interesante sesión con Marasena. Al parecer, está atrapada en un combate con un hombre. Parece tener poca o ninguna conciencia de la Luz; está muy decidida a mantener su poder para sobrevivir; y vive, en cierto sentido, en este constante estado de combate. Le pregunté si le gustaría resolver esto. No parece un lugar muy cómodo para vivir y, sin embargo, ella no ve ninguna solución, ninguna manera de salir de esto. Así que mi pregunta es: ¿hay alguna manera de ayudarla a resolver esto y seguir teniendo lo que ella siente que necesita, todo el poder y la seguridad que podemos ofrecerle?

G. Desde luego. Parte de la importancia es que ella se presente a modo de introducción, por así decirlo, a esta vida presente. Y es muy posible traer a esta personalidad de esa vida pasada para ver donde está viviendo el alma en el presente, y ver también el grado presente de comprensión, para ver lo que es y lo que puede ser y lo que es posible para ella. Es casi como encontrar un pasado y llevarlo al futuro para que el pasado pueda entonces recrearse a sí mismo en un lugar de paz, que entonces ciertamente afecta al futuro.

T. Entonces, lo que estás sugiriendo, con la ayuda del Yo Superior, es que ella puede avanzar hacia el presente. ¿Significaría eso también compartir?

G. En cierto modo, y también significará de cierta forma que ella asimile el presente, que vea que la persona de la que forma parte en el presente es una persona muy capaz que tiene poder, pero cuyo propio poder está inmovilizado debido a los conflictos del pasado, y que ese poder no es sólo para sobrevivir, sino para crear.

... Será un proceso interesante. Es un procedimiento muy parecido al de conversar con los estados del ego y conversar con todas las muchas personalidades que has conocido a lo largo de los años y que existen dentro de un cuerpo. Es casi como traerla al presente y acercarla a esta conciencia. Incluso se le puede permitir quedarse por un tiempo, por un período de minutos o un período de horas o incluso un período de días, para expandir su conciencia. Dependerá del nivel de comodidad que sienta esta persona y también de la percepción del Yo Superior sobre la conveniencia de hacer esto.

T. ¿Y Candace permanecería consciente y alerta también en ese momento?

G. Por supuesto que sí. Habría un cierto grado de incomodidad tal vez, un cierto grado de desorientación, pero si ella está preparada y consciente de ello, ciertamente puede ser trabajado sin angustia.

La propuesta de que Marasena podría presentarse y ser consciente de la realidad presente de mi cliente, como algo independiente de la suya, y que esta nueva perspectiva podría llevarla a cooperar con el proceso de sanación fue una de esas percepciones y técnicas que se aplicarían a otros casos. Lo denominé *tener una experiencia consciente* y descubrí que podía ser muy útil para los estados del ego de la vida presente, así como para las personalidades de vidas pasadas. Como estas partes del ego a menudo estaban atrapadas en el marco temporal de su propia experiencia, traerlas a la mente consciente era una forma muy rápida de darles una perspectiva actual y asegurarles que, fuera cual fuera el trauma en el que estaban atrapadas, ya no estaba ocurriendo en el presente.

Mi comunicación directa con Marasena también me hizo ver la naturaleza autónoma de este tipo de personalidades. La descripción de su continuo conflicto con este hombre y la preocupación de la sacerdotisa por revelar los misterios de las mujeres a un hombre me dieron la fuerte impresión de que estaban operando en una realidad presente, sólo que no era la realidad en la que Candace y yo vivíamos. Esta impresión se hizo más fuerte a medida que adquiría más experiencia con estas personalidades de vidas pasadas.

El segundo ejemplo, tomado de este mismo periodo, se refería a un general militar que se presentó con mi cliente, Theresa P. Intentaba apoderarse del cuerpo para poder volver con sus tropas y lanzar una advertencia. Mientras nos comunicábamos, reveló que los había traicionado pensando que había sido por buenas razones, sólo para enterarse más tarde que lo habían engañado. Ahora intentaba volver con sus tropas y deshacer la masacre que había provocado. Tuve que explicarle que ya no estaba en esa realidad, y que, aunque se apoderara del cuerpo de Teresa, no encontraría a sus tropas en este tiempo presente.

Una semana después de conocer al general, hablé largo y tendido con Gerod sobre esas personalidades de vidas pasadas (ya me había encontrado con varias), y él me describió cómo las veía.

Sesión 109 -6 de septiembre de 1989
Es casi como si hubieran creado su propio mundo allí. El problema con eso es que no avanzan. Permanecen siguiendo el mismo patrón, en el mismo lugar en el que estaban cuando se fueron. Es como si lo que estuvieran creando en ese momento los problemas que pudieran tener, lo que estuviera ocurriendo en ese momento-se lo llevaran con ellos a esa realidad que han creado, y continuaran con ella. Y es como si nunca salieran de ahí.

Los comentarios y la perspectiva de Gerod plantearon la pregunta de si estaba tratando con una personalidad completa de una vida pasada o con un fragmento de una vida pasada.

La implicación era que una personalidad de vidas pasadas que encontraba en la terapia no era necesariamente el núcleo del Yo o la personalidad de esa vida, sino más bien un fragmento de esa vida que todavía vivía a cierto nivel dentro del vasto territorio del Yo/alma. La implicación adicional era que estos fragmentos de otras vidas eran, en efecto, como los estados del ego con los que ya trabajaba, sólo que habían sido creados en vidas diferentes.

La descripción de Gerod sugería la posibilidad lógica de que los estados del ego sobrevivieran de alguna manera de una vida a otra. Tuve que preguntarme si eso era lo que estaba ocurriendo con las personalidades de vidas pasadas con las que me había encontrado. ¿Eran fragmentos?

Unas semanas más tarde le planteé a Gerod este asunto desde el punto de vista de los estados del ego de la vida presente.

Sesión 113 -30 de septiembre de 1989
T. Gerod, después de la muerte, cuando existen estos estados del ego que no han sido resueltos, ¿cuál es su realidad en términos del alma en ese momento? ¿Qué es lo que ocurre? ¿Esos estados del ego siguen existiendo? Y si es así, ¿siguen teniendo influencia?

G. Están con la memoria del alma, así como la memoria de la personalidad también está allí. Y aquí es donde viene la dificultad para el alma, muchas veces teniendo que trabajar a través de asuntos en el reino espiritual o tener que trabajar a través de asuntos en la vida presente haciendo terapia de vidas pasadas. Cuando vuelves a hacer regresión a vidas pasadas y estás haciendo terapia en vidas pasadas, estás tratando con estados del ego, por así decirlo, que han influenciado al alma. Un alma que tiene un recuerdo de una vida con un estado del ego que era muy dominante y no estaba resuelto lo traerá porque es el recuerdo, es la historia, y está grabado en el alma.

Esta equivalencia entre los estados del ego de la vida presente y las personalidades de la vida pasada apuntaba a un proceso paralelo. La implicación era que se trataba del mismo fenómeno. La creación de estados del ego en la vida presente era un proceso que también había ocurrido en otras vidas del alma.

Esta idea me obligó a pensar de otra manera. Elevó mi comprensión sobre el Yo y los estados del ego desde un punto de vista psicológico centrado en la personalidad actual y la situó en un contexto mucho más amplio, lo que ahora llamaría la *perspectiva del alma*. Fue como estudiar el mapa de una ciudad y luego dar un paso atrás y ver el mapa de todo el país. El mapa de la ciudad no cambia, pero ahora se ve como una ciudad interrelacionada con muchas otras que forman un todo mayor. Para mí, como psicólogo clínico, extender mi trabajo de los estados del ego de la vida presente a los estados del ego de la vida pasada fue como empezar a explorar este territorio más amplio.

El reconocimiento de los estados del ego de vidas pasadas como parte del proceso de sanación cambió mi forma de pensar de una perspectiva psicológica a una perspectiva del alma. También proponía la posibilidad de que se pudiera sanar y trabajar con estas partes de vidas pasadas utilizando los mismos métodos y técnicas que funcionaban para los estados del ego de la vida presente. Desde este punto de vista, lo que los terapeutas de regresión llamaban personalidades de vidas pasadas, yo lo veía ahora como estados del ego de vidas pasadas. Esto los situaba dentro del marco clínico de la terapia de los estados del ego, donde podían aplicarse métodos terapéuticos similares. Era un terreno conocido. También era algo que podía poner a prueba y saber si funcionaba o no.

La principal diferencia al trabajar con estados del ego de vidas pasadas es que el terapeuta tiene que adaptar su pensamiento y su lenguaje, y estar preparado para comunicarse con alguien de cualquier época, cultura y experiencia. No podemos dar por sentado que un estado del ego conozca la personalidad consciente o la realidad del siglo XXI. Tenemos que hablarles de una manera que no les asuste, ni avasalle sus propias creencias y marco de referencia, al menos hasta que hayan tenido contacto con el Yo Superior y la Luz. No va a funcionar muy bien, por ejemplo, si utilizo una analogía relacionada con los automóviles con un estado del ego de la época romana, o hablo con un druida celta en términos de Jesús o Gandhi.

El Entretejido del Yo y el Alma

Aquí fue donde mi exploración y mi trabajo con las personalidades de vidas pasadas y los estados del ego de la vida presente empezaron a converger. Aprendí que el Yo Superior, por ejemplo, podía establecer contacto y comunicarse con las personalidades de vidas pasadas del mismo modo que lo hacía con los estados del ego. Empecé a vislumbrar cómo los estados del ego de la vida presente estaban vivos dentro de su propio marco temporal, del mismo modo que lo estaban las personalidades de vidas pasadas.

Cuando por fin comprendí que los estados del ego eran seres reales, me di cuenta de que lo mismo ocurría con las personalidades de vidas pasadas. También eran seres que vivían dentro de una realidad psíquica, fragmentos de un Yo pasado, con una percepción y una conciencia limitadas. Descubrí que las mismas claves que utilizaba para obtener la cooperación de un estado del ego de la vida presente también funcionaban con estas personalidades de vidas pasadas. A través del proceso de recibir Luz y tener contacto con el Yo Superior, estas partes de vidas pasadas de diferentes clientes compartían ahora su experiencia con el Yo consciente más a menudo que antes, al igual que ocurría con los estados del ego de la vida presente.

Al final, descubrí que estos estados del ego de vidas pasadas también formaban parte de la estructura interna que describí en el capítulo anterior. Cuando aprendí a identificar grupos de estados del ego, descubrí que los estados del ego de vidas pasadas formaban parte de un grupo con la misma frecuencia que los estados del ego de la vida presente. También descubrí a veces que, así como algunos grupos estaban compuestos enteramente por estados del ego de la vida presente, también había grupos compuestos principalmente por estados del ego de vidas pasadas.

Pero en ambos casos se aplicaban los mismos principios. Todos los estados del ego de un grupo, ya fueran de la vida presente o de la pasada, compartían algún elemento o vínculo común. En un grupo de seis estados del ego, por ejemplo, todos podrían compartir la experiencia de sentir vergüenza. Tres de ellos podrían ser experiencias de la vida presente del cliente, y las otras procederían de vidas diferentes. En este ejemplo, pensaría que el grupo está formado por una *energía de vergüenza*. Esa energía de la vergüenza, sin embargo, tal como la veía ahora, podía llegar más allá de esta vida presente y extenderse también a vidas anteriores. Desde esta perspectiva más inclusiva, vería este complejo de energía de la vergüenza como un problema del alma.

Esta interacción y entrelazamiento de vidas pasadas y presentes en torno a temas específicos añadió una nueva dimensión a mi comprensión del Yo y del alma. Clínicamente, esta comprensión también abrió una nueva dimensión en el proceso de sanación. Nunca podía saber de antemano a quién encontraría y qué configuración de grupos estaba presente en un cliente, pero estaba en posición de identificar estos grupos, sus interconexiones y seguir el rastro interno, tanto si conducía a través de una vida como de muchas.

No tenía una visión global de todo esto. Sólo podía aprender sobre estos caminos y grupos internos a medida que se presentaban y desplegaban en cada uno de mis clientes. La sanación seguía siendo el centro de atención y mi papel como terapeuta era ayudar a resolver lo que se presentara y facilitar su desarrollo. Mi comprensión general de estas estructuras y dinámicas internas, así como del entrelazamiento de las vidas, fue surgiendo poco a poco, tras seguir cientos de senderos y luego de cartografiar miles de grupos.

El entrelazamiento del pasado y el presente a través de los estados del ego y sus agrupaciones también amplió mi concepto de *áreas*. Al principio, pensaba en estas agrupaciones definidas como campos de energía. Con el tiempo, sin embargo, empecé a ver estas áreas como manifestaciones psíquicas, no sólo del Yo, sino también, a un nivel más profundo, como manifestaciones del alma. Estaba claro, por lo que compartían estos estados del ego de vidas pasadas, que el alma de una persona había experimentado las mismas y similares dificultades y conflictos en otras vidas que mi cliente estaba experimentando en su vida actual. También quedó claro que resolver un problema para una persona en esta vida presente podría significar tener que seguir el rastro y resolverlo, hasta cierto punto, también a nivel del alma.

La Capa Kármica

El cambio de una perspectiva *psicológica* a una perspectiva del *alma* fue mucho más fácil de realizar clínicamente que teóricamente. Una vez que comprendí que estos estados del ego de vidas pasadas también eran seres internos, pude trabajar con ellos utilizando los mismos métodos que había aprendido para trabajar con los estados del ego de la vida presente. El objetivo también era el mismo: ayudar a estos estados del ego de vidas pasadas a compartir lo que necesitaban para liberar su dolor y angustia. El contacto con el Yo Superior, recibir la Luz y la promesa de integración funcionaron con la misma eficacia con los estados del ego de vidas pasadas que con los de la vida presente.

Teóricamente, sin embargo, no tenía explicación de cómo estos estados del ego de vidas pasadas seguían existiendo dentro del alma como seres distintos y eran capaces de manifestarse en la vida presente de una persona, en concreto, de mis clientes. Incluso sabiendo que eran seres conscientes y que podían sobrevivir a la muerte del cuerpo, eso no explicaba cómo podían viajar con el alma hacia la Luz y no sanarse. Esto contradecía todo lo que había aprendido hasta entonces sobre el poder sanador de la Luz. Sabía por experiencia clínica que estos estados del ego de vidas pasadas podían recibir la Luz y liberar su dolor y confusión, al igual que los estados del ego de la vida presente. Entonces, ¿por qué no ocurriría esto al final de cada vida, cuando los estados del ego entraban en la Luz con el alma? ¿Por qué seguían viviendo en sus realidades dolorosas como si nunca hubieran entrado en la Luz?

Estas preguntas condujeron a otras. Si un estado del ego no se integraba cuando el alma pasaba a la Luz, ¿qué ocurriría con él? ¿Y qué ocurriría con los estados del ego de vidas pasadas con los que trabajaba a diario? ¿De dónde venían? ¿Dónde existían y cuál era la naturaleza de su existencia? ¿Hasta qué punto podían afectar a una persona en la vida presente?

Me llevó varios años de trabajo con muchos clientes poder responder a estas preguntas. La pieza que finalmente lo unió todo fue cuando Gerod me habló de la capa *kármica*. Dijo que hay una capa dentro del alma a la que se trasladan los estados del ego no resueltos cuando el cuerpo muere y el alma regresa a la Luz. Lo que ocurre, dice, es que estos seres internos retroceden ante la Luz porque empieza a desencadenar su dolor y angustia, igual a lo que ocurre en el proceso terapéutico cuando un estado del ego no está preparado para ello. Su reacción natural es detener la Luz o escapar de ella. Como seres conscientes, dijo Gerod, tienen la capacidad de rechazar la Luz. Como son partes del alma, la Luz respetará estas elecciones.

Así, en lugar de ser infundidas de Luz, estas partes del alma, dijo Gerod, son plegadas en lo que él llamó una capa dentro del alma donde serán protegidas de la Luz. Dijo: "es como si estuvieran guardadas en un bolsillo". También dio la impresión de que se adormecen allí y permanecen así mientras el alma está en la dimensión espiritual.

Gerod describió esta capa, como un depósito de experiencias no resueltas del alma y de percepciones distorsionadas que se acumulan y se mezclan a lo largo de las vidas. También dijo que es este depósito de experiencias no resueltas, con sus temas y problemas particulares, lo que un alma intenta abordar en vidas posteriores. Dijo que el alma toma decisiones y crea un proyecto para cada vida con objetivos específicos para sanar esta reserva:

> La capa kármica se convierte en el recurso del alma para elegir la experiencia. Es como mirar dentro de ese nivel, aislar determinados rastros de energía y elegir seguirlos para resolverlos.

Gerod continuó diciendo que, al reencarnar, cuando el alma entra en la realidad física, se gatilla la apertura de esta capa. Dijo que estas partes del alma pueden despertar y reactivarse una vez más al resonar con la realidad física, la realidad en la que fueron creadas originalmente.

> Es una capa que cuando uno entra en la dimensión espiritual es casi como si dijéramos que se pliega y lo encapsula todo, y que cuando el alma vuelve a lo físico, se despliega.
>
> ... Ellos (los estados del ego no resueltos) son los engranajes de la experiencia, así que cuando vienen de una vida pasada al presente, esa energía, por así decirlo, lo vuelve a poner todo en juego. No hacen elecciones, pero se activan y empiezan a reaccionar desde su punto de experiencia, reaccionando al entorno y al estímulo presentes. Y el entorno y el estímulo actuales son los que lo inician todo.

La información de Gerod sobre la capa kármica respondió a mis preguntas sobre cómo estos estados del ego de vidas pasadas podían ir con el alma hacia la Luz al morir, permanecer sin sanar y manifestarse de nuevo en vidas posteriores. También me ayudó a explicar por qué, durante el proceso de sanación, los estados del ego de diferentes vidas se presentaban en grupos o en series en las que todos compartían un problema o conflicto común. Es como si formaran áreas definidas o, como los llamaba Gerod, "senderos de energía" dentro del alma que pedían sanación. Por último, la existencia de la capa kármica reforzaba la idea de que el alma participaba activamente en su propio proceso de aprendizaje y utilizaba las experiencias pasadas y las vidas futuras para expandirse y evolucionar en su propia conciencia.

Desde un punto de vista clínico, el conocimiento de la capa kármica no cambió mi forma de trabajar con los estados del ego de vidas pasadas, excepto en un aspecto significativo. A diferencia de los estados del ego de la vida presente, una vez que un estado del ego de la vida pasada había completado su proceso de compartir y liberar, no pasaba a integrarse con el Yo consciente en el presente. En su lugar, dijo Gerod, se integraría en el alma con la vida pasada en la que se había creado. Dijo que el Yo Superior del cliente sigue siendo el que puede acompañar al estado del ego de vidas pasadas a su lugar de integración.

Imaginando el Mundo Interior

En 1995, hice una serie de dibujos intentando visualizar el modelo del Yo y el alma que estaba surgiendo en mi trabajo. Sin olvidar el axioma de Korzybski de que "el mapa no es el territorio", los modelos pueden ser útiles para articular y expresar ideas complejas. La ilustración del principio del libro se basa en esa serie de dibujos. La imagen es esencialmente una ampliación de los diagramas limitados que presenté anteriormente en torno a la disociación y la creación de estados del ego. (Véase el Capítulo 12.)

Esta imagen representa el alma encarnada, donde el Yo consciente, amortiguado por la parte protectora, mira hacia la realidad física. El Yo Superior actúa como un conducto entre el Yo y el alma, y también es capaz de funcionar de muchas maneras en todo el Yo, tanto a nivel consciente como inconsciente.

En el nivel inconsciente, entonces, están los estados del ego que existen solos o en grupos. Las esferas más claras indican estados del ego de la vida presente, y las esferas más oscuras representan estados del ego de vidas pasadas. Los grupos pueden estar formados por cualquier combinación de estados del ego de vidas pasadas y presentes, dependiendo de la historia única de cada alma, de las partes de la capa kármica que se hayan activado y de los estados del ego creados en la vida presente de la persona.

La imagen también muestra la presencia de espíritus terrenales representados por conos y almas oscuras representadas por cubos negros. Los espíritus, cuando están presentes, se encuentran a menudo con un estado del ego o dentro de un grupo de estados del ego. Puede tratarse de un estado del ego de la vida actual de la persona o de una vida pasada.

Según este modelo, cuando una persona muere, la personalidad consciente ocuparía su lugar en la conciencia del alma, y las constelaciones de estados del ego no resueltos se plegarían en la capa kármica del alma, permaneciendo latentes entre encarnaciones. Cuando el alma vuelve a encarnar, la capa kármica se abre nuevamente y los estados del ego de vidas pasadas se re-constelan de nuevo donde, como dice Gerod, vuelven a "entrar en juego" para continuar su papel en la conciencia evolutiva del alma.

15

Oscuridad y Maldad

Como muchos maestros han proclamado antes, hay una batalla continua en el Universo entre la luz pura de la dedicación desinteresada al ideal más elevado, y la luz luciferina que está nublada con las sombras del egoísmo. ¿Qué es exactamente la luz luciferina? Es la luz que se ha desconectado de su fuente Divina. Cuando perdemos nuestro sentido de pertenencia a la totalidad, nuestra experiencia de la luz puede volverse engañosa, equívoca y, en última instancia, contraproducente, como en el caso de Lucifer, el ángel caído. —Pir Vilayat Inayat Khan, extracto del libro *Despertar*

Entre los ángeles oscuros caídos, expulsados de otros mundos, se producen fricciones y guerras con bombas vitatrónicas o rayos vibratorios mentales mántricos. Estos seres moran en las regiones empapadas de penumbra del cosmos astral más bajo, ejercitando su karma maligno.—Yogananda Paramahansa, extracto del libro *Autobiografía de un Yogui*

Haciendo la Distinción

De todas las cosas que aprendí en mi trabajo con Gerod, la distinción entre oscuridad y maldad fue una de las más significativas. Antes de conocernos, yo confundía los términos y no hacía una distinción clara entre ellos. Creo que en mi mente eran casi sinónimos. Asociaba la oscuridad con el mal, y cuando pensaba en el mal, lo veía envuelto en oscuridad y sombra. Aparte de la oscuridad de la noche, la oscuridad no tenía realidad para mí, excepto como metáfora o descripción de lo que era malvado, amenazador y aterrador.

Hablar con Gerod sobre la oscuridad y el mal era como aquellos casos en los que hablábamos sobre los términos ego y estados del ego, en los que Gerod y yo utilizábamos los mismos términos, pero no queríamos decir lo mismo. Ambos, por ejemplo, utilizábamos los términos *oscuridad* o *maldad* para describir a esos espíritus acosadores e intrusos que yo encontraba con ciertos clientes. Gerod, sin embargo, también utilizaba el término *oscuridad* como algo en sí mismo, una realidad o dimensión independiente de la existencia de los espíritus. Los espíritus malignos habitan en la oscuridad, pero los espíritus no son la oscuridad en sí. La oscuridad no era un alma, sino una energía y una fuerza primigenias que operaban, como la Luz, en todos los niveles de la realidad. Las almas podían existir en esa energía y conciencia, pero era una existencia muy diferente a la de las almas en la Luz.

Personal y clínicamente, la idea de la oscuridad como una realidad o fuerza existente estaba fuera de mi marco de pensamiento. Cuando se trataba del mal, desde un punto de vista clínico me centraba en los espíritus malignos, no en la oscuridad. Sólo de manera gradual llegué a escuchar la distinción que hacía Gerod entre oscuridad y mal y empecé a abordarla en mi trabajo con clientes y en las conversaciones con Gerod. Había tres fenómenos clínicos en particular que me encontraba con clientes en los que la oscuridad era un tema central.

Almas en la Oscuridad

Los espíritus intrusos y hostigadores fueron los primeros fenómenos que abrieron todo este tema de la oscuridad y el mal. Estos espíritus eran del tipo del que hablé en el Capítulo seis. Gerod fue el primero en nombrarlos. Los llamó "espíritus malignos". Señaló la diferencia entre *espíritus terrenales* y *espíritus malignos* al principio de nuestros diálogos, cuando el tema de la participación de los espíritus aún era nuevo para mí. Según Gerod, no se trataba simplemente de espíritus terrenales -perdidos, confundidos o traviesos- que intentaban aferrarse a la realidad física. Eran espíritus que se inmiscuían intencionadamente o amenazaban al cliente con el que yo trabajaba, y parecían saber muy bien lo que hacían. Cuanto más aprendía sobre ellos, más comprendía que, aunque existían en la oscuridad, la propia oscuridad era algo diferente.

A diferencia de los espíritus terrenales, estos espíritus no querían saber nada de la Luz ni de recibir ayuda de los guías espirituales, por muy segura que fuera. Cuando se les identificaba, se negaban a cooperar y, por el contrario, a menudo intentaban deliberadamente bloquear o interferir en el proceso de sanación, especialmente mediante el bloqueo de las señales de comunicación. También se negaban sistemáticamente a abandonar voluntariamente a un cliente o a cesar su acoso. Su actitud era "oblígame". No se iban a menos que se les obligara, y la mayoría creía que ni mi cliente ni yo teníamos poder para hacerlo.

En ese primer año y medio de trabajo con Gerod, tuve varios casos relacionados con este tipo de espíritus hostiles y agresivos. A medida que fui aprendiendo a reconocer a los espíritus terrenales y a trabajar con ellos, también fui distinguiéndolos mejor de aquellos espíritus oscuros. Sin embargo, a diferencia de los espíritus terrenales, tratar con ellos requería un cambio de táctica. A diferencia de los espíritus terrenales, no me comunicaba con entidades que agradecerían nuestra ayuda y que buscaban una salida a sus problemas.

Al principio, mis encuentros con espíritus malignos eran más bien enfrentamientos, porque no sabía exactamente a quién o a qué me enfrentaba. Me dirigía directamente a esos espíritus -o lo intentaba-, pero no sabía lo suficiente sobre ellos como para hacerles las preguntas adecuadas. Los intercambios se convertían rápidamente en ruido de sables y amenazas. A la hora de la verdad, no sabía de qué ventaja disponían mis clientes, si es que disponían de alguna, que yo pudiera utilizar, para obligar a estos espíritus a marcharse. En el caso de los clientes en los que encontraba espíritus oscuros, la cuestión de cómo abordarlos y eliminarlos era la preocupación inmediata y se convirtió en el centro de mis conversaciones con Gerod.

Su sugerencia en estas situaciones era llamar a la Luz. Según Gerod, cuando una persona pide ayuda a la Luz, la Luz responde.

Sesión 6 -4 de febrero de 1988

> Estos espíritus son malignos, pero no tan poderosos. Ellos están intentando, por así decirlo, de llegar a los niveles más altos, (o más bajos tal vez debería decir) de capacidad. Ordena que esos espíritus salgan por la voluntad del Creador, Quien creó todo, Quien es la Luz y Quien los creó... protestarán, pero se irán, porque en última instancia la voluntad tiene la elección y la elección por el amor y la libertad de Dios prevalecerá.

Cuando me encontré con un espíritu de este tipo, y llegó el momento de la verdad, utilicé este enfoque e invoqué a la Luz y al Yo Superior para sacarlos. La imagen que tenía en mi mente era la de inundar al espíritu con Luz y, esencialmente, expulsarlos. No era una técnica muy sofisticada, más bien un enfoque falto de precisión. Parecía funcionar en algunos casos, y con algunos espíritus, pero otros se marchaban para volver más tarde, y a otros, la invocación de la Luz ni siquiera parecía perturbarlos.

Cuando esto no funcionaba, quedaba la pregunta original: ¿cómo expulsarlos? Si llamar a la Luz hubiera funcionado en todos los casos, probablemente habría sido el fin de mi investigación sobre estas almas oscuras. Cada vez que me hubiera encontrado con una, simplemente la habría expulsado. El hecho de que muchos de estos espíritus fueran capaces de resistir los intentos de forzarlos a salir planteaba preguntas sobre quiénes eran, qué perseguían y cómo eran capaces de mantener su presencia. Éstas fueron las preguntas que tuve en mente cuando me encontré con un espíritu oscuro e intenté comunicarme con él.

Éstas fueron también las preguntas que le planteé a Gerod, tanto teóricamente como en relación a casos concretos. Le pedí toda la información que pudiera darme sobre estas diferentes situaciones y especialmente sobre los espíritus que estaban presentes. Al igual que con otros fenómenos que investigaba con Gerod, la mayor atención prestada a los espíritus malignos y las discusiones más frecuentes agudizaron nuestro lenguaje y nuestra definición de los términos.

Con aquellos clientes en los que estos espíritus oscuros eran un problema, mi objetivo era encontrar algún tipo de palanca que pudiera utilizarse para desalojarlos. Cada vez que Gerod y yo discutíamos un caso o un asunto relacionado con esos espíritus oscuros, aprendía algo nuevo o pensaba en algo de una forma nueva. Aquí operaba el mismo principio que he mencionado antes: cuanto mejor comprendiera quiénes o qué eran esas entidades, mejor sabría qué podría motivarlos para que se marcharan o, en caso necesario, obligarlos a salir. La negociación era siempre preferible al combate.

Al hablar más concretamente de estos espíritus, Gerod empezó a hacer la distinción entre espíritus de la oscuridad y espíritus malignos. En una sesión, por ejemplo, señaló que esos espíritus eran almas y que muchas de ellas habían vivido una existencia humana. Continuó diciendo que habían sido "arrastrados a las tinieblas".

Sesión 7 -6 de febrero de 1988

Estos espíritus malignos con los que te encontraste eran almas, pero en un momento dado también se tiñeron del mal, que lentamente los arrastró hacia la oscuridad. Es su elección. Cuando lees sobre los casos de ejemplos muy severos de posesión, esos espíritus malignos son almas. Fueron en un tiempo una persona humana que vivió en la tierra, o un ser de alguna otra realidad, pero son un alma que ha cruzado esa línea porque es lo que por alguna razón apela a su sentido del ser.

Mientras Gerod hablaba de los espíritus malignos, yo seguía escuchando sobre la distinción entre la oscuridad y las almas en la oscuridad. Según Gerod, las almas en la oscuridad no pueden reencarnarse. Existen en algún estado o dimensión de conciencia fuera del tiempo y del espacio. Además, según Gerod, esas almas en la oscuridad -al menos algunas de ellas- pueden mantener una presencia constante con alguien, o pueden establecer contactos periódicos en distintos momentos de la vida de una persona. Y lo que es aún más inquietante, afirmaba que esas almas, desde su posición ventajosa en la oscuridad, podían tener acceso a un alma una vez encarnada, y que incluso podían tener acceso a un alma a lo largo de varias vidas.

Rhonda

Las implicaciones de todo esto me empezaron a quedar claras cuando hablé con Gerod sobre una nueva clienta, Rhonda P. Rhonda llegó a mi consulta por su tío, un antiguo cliente mío, que la vio girar psicológica y emocionalmente fuera de control. Sabía que necesitaba ayuda.

Cuando me reuní con ella, Rhonda me contó que en las dos últimas semanas había tenido intensos sentimientos de ansiedad y describió una serie de síntomas disociativos. Hablando de sí misma, dijo que era "como una parte demente hablando con una parte agradable". Dijo que salían de su boca cosas que no parecían suyas y que a veces decía cosas en voz alta pero no sabía con quién estaba hablando.

Lo que había precipitado esta crisis, según Rhonda, fue una reunión a la que había asistido la semana anterior y en la que ella y otras personas se habían reunido con Marty, el nuevo director regional de la empresa en la que trabajaba. Marty era relativamente nuevo en esta oficina, ya que había sido trasladado desde otra ciudad. Sólo llevaba seis meses en el puesto. Rhonda sintió que había cierta atracción entre ellos incluso antes de esta reunión en particular, pero dijo que después de la reunión se sintió muy extraña y empezó a experimentar breves crisis de pánico. Desde entonces, dijo que estaba obsesionada con Marty y que deseaba activamente tener una aventura con él.

Dadas algunas de sus descripciones de estas voces, ya sabía lo suficiente para considerar la posibilidad de que hubiera espíritus implicados. Le pedí a Gerod su interpretación de la situación y estuvo de acuerdo en que había espíritus presentes.

Sesión 55-7 de noviembre de 1988

T. Gerod, la sensación que tengo es que Rhonda está muy involucrada con estos espíritus, e incluso hay una especie de sensación inquietante de que puede que no sean espíritus muy agradables. También, como parte de esto, ella se ha estado involucrando con este supervisor en el trabajo, Marty T., y lo que sea que esté pasando parece estar creciendo rápidamente y volviéndose más y más angustiante. Así que quería preguntarte si ves espíritus involucrados o el mal involucrado y/o tal vez asuntos de vidas pasadas que están influyendo en estas dos personas.

G. Hay cierta relación de vidas pasadas que influye en esta situación, pero no a un extremo tan grande como la influencia oscura que está presente en este desarrollo. Esta mujer está fuertemente influenciada por espíritus del lado oscuro y vienen de su pasado para encontrarla de nuevo, y lo que está sucediendo es una colusión entre los espíritus con esta mujer y el que está con este hombre. Están siendo atraídos juntos para propósitos no del todo saludables, no del todo dentro del reino de la Luz, está bastante enredado.

Puedes ser eficaz en esta situación. Sin embargo, no se puede aliviar completamente a menos que ella rompa su relación con esta persona, a menos que él mismo aproveche la oportunidad para romper su vínculo con estos espíritus. Si él no está en condiciones de hacerlo, entonces sería muy recomendable que ella lo evitara. Y me doy cuenta de que a menudo no es un paso fácil de dar en determinadas circunstancias, pero cuando uno juega con la oscuridad, se está abriendo a más problemas.

T. Y esos espíritus de su pasado, ¿te refieres a vidas anteriores?

G. Han intentado formar parte de su vida anteriormente. Existe una fuerte atracción hacia esta alma. Una experiencia de vida pasada compartida con uno de los espíritus que está con ella continúa siguiéndola y acosándola de alguna manera de vida en vida, y esto es lo que está ocurriendo de nuevo.

T. ¿Estamos hablando, Gerod, de espíritus que la rodean o de espíritus que la habitan? como un espíritu terrenal?

G. En este momento están habitando. Antes no lo hacían. Ellos han estado a su alrededor, siguiéndola, y esa relación de la vida pasada parece estar implicada en esto, pero en este momento están habitando en ella. Y no hace mucho tiempo que existe este estado, pero estos espíritus han estado alrededor de ella de vez en cuando durante muchos, muchos años, pero sólo recientemente han dado ese siguiente paso de compartir espacio con ella y esto en parte se ha producido más con la participación de esta otra persona.

T. Si esto se desarrolla, ¿estaríamos hablando más bien de un exorcismo?

G. Eso sería necesario, y sería similar a la descripción de la reacción más fuerte, quizá más violenta. No estoy tan seguro de que vaya a ser extremadamente violenta, pero digamos que estos espíritus no son de los que van a cooperar de buena gana y ciertamente te lo van a hacer pasar muy mal antes de marcharse, pero sabes que se irán.

T. Sí. ¿Existe una asociación entre ellos -los espíritus con este hombre y los espíritus con Rhonda-, existe algún tipo de plan o estrategia que se esté llevando a cabo con intención? Me pregunto si eso dificultaría aún más la salida de estos espíritus.

G. Hay un plan. Hay una estrategia. Les da a los espíritus una forma de comunicarse a través de un cuerpo físico, de establecer una base, y por eso es importante que esta mujer evite a este hombre mientras él también esté habitado por estos espíritus, porque siempre serán una influencia, siempre intentarán influir, y siempre intentarán atraer a los espíritus de vuelta a ella. En cierto modo será una batalla continua. Por lo tanto, recomendaría encarecidamente cortar tantos lazos como sea posible si este hombre no está también libre de espíritus.

Este diálogo y otros relativos a diferentes clientes me hicieron comprender la complejidad y la profundidad de los enredos que pueden existir cuando hay participación de espíritus. Estas interrelaciones podían darse en uno de estos planos, o incluso en todos ellos a la vez: en el presente, a partir de contactos en curso en la vida actual de una persona, y de contactos realizados en otras vidas, y entre espíritus vinculados a diferentes personas. Además, estas interrelaciones e interacciones se producían fuera del mundo tridimensional del tiempo y el espacio.

Continué hablando con Gerod sobre las almas alineadas con la oscuridad y, a medida que las preguntas se volvían más específicas, también lo hacían las preguntas sobre la oscuridad. En uno de esos diálogos, Gerod se hizo más explícito sobre la distinción entre la oscuridad y las almas oscuras. Volví a preguntarle por aquellas almas que, como humanos, habían vivido una vida enfocada en el mal. Yo aún intentaba comprender esta idea sobre las almas que, en el momento de la muerte, no van a la Luz, sino que continúan existiendo. Gerod dijo que esas almas "se alinean mucho con esa oscuridad".

Sesión 61 -2 de diciembre de 1988

G. Hay personas que están alineadas con esta oscuridad, pero están equivocadas; hay malentendidos principalmente porque estas almas se han involucrado en forma física con el lado oscuro, en ciertas prácticas de maldad y polaridad negativa y a su vez, cuando pasan de una vida física, se alinean mucho con esa oscuridad, así como las personas en la realidad física se alinean mucho con ella.

T. ¿Hay algo más que puedas decir sobre esta oscuridad, alguno de sus parámetros o principios?

G. Esta energía es colectivamente muy consciente en algunos aspectos de lo que es. Sabe que no es de la Luz. Es consciente de la Luz, porque siempre hay un opuesto. Como sabe que es oscuridad, sabe que hay Luz, pero también tiene conciencia de que no está basada en la Luz y que si creyera en la Luz ya no existiría. Esa energía se disiparía porque no habría poder para mantenerla generada. Tiene límites dentro de los cuales trabaja. Sabe que no es de la Luz y sabe que la Luz tiene más poder que ella. También sabe que hay ciertas verdades; que hay ciertas leyes y reglas universales que no puede cruzar porque si lo hace se destruirá a sí misma. Por lo tanto, es cautelosa y trabaja dentro de sus propios límites y cualquiera que trabaje con la oscuridad, con el mal, debe ser atraído para trabajar dentro de sus límites, porque una vez que la oscuridad o el mal son atraídos para trabajar dentro de la Luz, entonces pierden su poder y se destruyen a sí mismos. Por eso la voluntad es extremadamente valiosa. Evita que uno cruce la línea completamente. Una vez que la voluntad cruza completamente hacia la oscuridad, es extremadamente importante extraer esa alma de ese lado, pero mientras la voluntad mantenga a la Luz involucrada, nunca podrá ser atraída completamente y la voluntad tiene el poder de expulsar a la oscuridad. Es algo simple, pero a la vez extremadamente complejo... muy definitivamente opuestos de inteligencia, muy conscientes, y cada uno sabe cuál es el más poderoso.

No entendía todas las implicaciones metafísicas de lo que decía Gerod, pero sabía que hablaba de algo que iba más allá de las palabras. Describía la oscuridad como una fuerza y una conciencia en sí mismas, independiente de las almas. Hablaba de la oscuridad con los mismos términos que utilizaba para hablar de la Luz: no como un alma, sino como una energía primaria que opera en todos los niveles de la realidad.

La diferencia entre la *oscuridad* y las *almas malignas que existen en la oscuridad* se convirtió en uno de los hilos conductores de mis diálogos con Gerod. Desde un punto de vista clínico, la atención seguía centrada en el desalojo de los espíritus intrusos y acosadores. Aprender a hacerlo, sin embargo, iba a requerir una comprensión más profunda de la realidad de la propia oscuridad.

La Zona Oscura
El segundo fenómeno que me llevó a distinguir más claramente entre la oscuridad y el mal fue lo que Gerod llamó "el lado oscuro". Más tarde lo llamamos "la zona oscura". Fue una de esas informaciones que me llegaron de la nada. Hablaba con él de lo difícil que resultaba a veces discernir cuando una persona actúa o reacciona movida por el dolor, la necesidad o el miedo humanos y cuando hay maldad de por medio. ¿Cuándo las acciones y los sentimientos dejan de ser *inhumanidad del hombre hacia el hombre*, o pasiones fuera de control, y se convierten en algo más, en algo maligno?

Me planteaba la pregunta en términos generales, pero también pensaba en situaciones con determinados clientes. No siempre estaba seguro de cuándo sus problemas y luchas interiores eran el resultado de su propio dolor emocional y confusión, y cuándo esos problemas y luchas tenían que ver con espíritus o influencias malignas. Buscaba a tientas las palabras para poder hablar de ello.

Sesión 74-24 de febrero de 1989

T. Todavía no tengo claro, ni me parece siempre fiable, emitir un juicio sobre si la oscuridad está involucrada con alguien o si se trata más bien de este tipo de lucha interna humana. Esta oscuridad parece ser difícil de localizar o identificar.

G. Y es difícil, porque ves que dentro de cada persona hay una zona oscura y no es necesariamente que esa oscuridad sea maligna, porque lo que parece maligno, muy a menudo, es sólo una ausencia de conocimiento y una ausencia de comprensión, y cada persona puede tener eso dentro de sí. Es casi como decir que la oscuridad dentro de cada persona es parte del ímpetu para crecer, para moverse hacia la Luz. Así que la oscuridad que está alineada con el mal puede a menudo estar equivocada. Normalmente, sin embargo, si una persona está fuertemente involucrada con las fuerzas malignas de la oscuridad, es muy a menudo discernible.

Gerod hizo esta afirmación a los veinte minutos de empezar la sesión, lo que cambió inmediatamente el enfoque de nuestro debate. Yo quería saber qué quería decir con el *lado oscuro* de cada persona. También quería entender la distinción que hacía entre oscuridad y maldad. Me pasé el resto de la sesión interrogándolo sobre el tema, tratando de precisarlo. Mis únicos conceptos sobre la oscuridad interior eran psicológicos: el concepto de sombra de Jung, la historia de Jekyll y Hyde, el *Yo* inconsciente de Freud con todos sus instintos primitivos, etcétera. Gerod, sin embargo, hablaba de ella como una especie de región o zona psíquica.

Continuó diciendo que, a lo largo de su vida, una persona pasa periódicamente por esta zona oscura, que existe un ciclo.

T. ... esta zona oscura, esta oscuridad dentro de cada uno de nosotros. Me hace pensar en Jung hablando de la sombra. Y me parece muy interesante hablar de este lado oscuro dentro de cada uno de nosotros sin decir necesariamente que está alineado con el mal, o que se dirige hacia el mal.

G. Esa oscuridad y la sombra son un paralelismo muy bueno. Es como cuando los planetas están orbitando y se produce un eclipse y el día se vuelve oscuro. Es casi como decir que hay un eclipse dentro de cada persona que de vez en cuando la personalidad atravesará. Y el punto crucial de este asunto es: ¿la persona va a atravesar esa sombra, esa oscuridad, y va a volver a la Luz, o se va a quedar atascada ahí y se va a quedar ahí? Y muy a menudo las personas que permanecen demasiado tiempo en esa sombra, en esa oscuridad, son las que atraerán a los espíritus. Atraerán a los espíritus de la oscuridad porque en ese lugar oscuro hay desesperación, hay tristeza, hay depresión, y hay un debilitamiento de la voluntad de moverse hacia la Luz y ahí es donde las fuerzas del mal pueden moverse hacia esa oscuridad.

Pero es definitivamente un lugar con propósito porque es el ímpetu para el crecimiento. Cuando, en la sombra, esos sentimientos son los que lo impulsan a uno hacia adelante muchas veces para encontrar lo opuesto.

La experiencia de esta oscuridad, dijo, es única para cada persona. En general, sin embargo, se caracteriza por sentimientos como depresión y tristeza, desconfianza, soledad y falta de amor. También insistió en que la oscuridad en sí no es mala.

La mayoría de la gente, al describir desde este punto de vista, hablaría de una sensación de oscuridad, de asfixia casi en ciertos momentos. Y cuando entran ese tipo de descripciones, entonces la perspectiva es a menudo desde ese profundo vacío que está ahí. Las personas que finalmente llegan al suicidio suelen estar bastante atascadas en ese lado oscuro, y no se mueven lo suficientemente bien como para seguir vislumbrando lo que necesitan vislumbrar, que es la Luz, para seguir moviéndose, para seguir luchando, y muchas veces se han detenido tanto en ese lugar oscuro, y eso no significa que sean malvadas; no significa que sean malas. A menudo significa que han abandonado la esperanza, que han perdido la idea de que tienen un propósito, de que tienen un significado, de que están aquí por alguna razón. Una vez que pierdes de vista ese hecho, que estás aquí para crecer, que tienes un propósito, que tienes un sentido, que estás aquí por alguna razón, entonces la esperanza desaparece y el alma puede elegir irse.

Lo que Gerod describía en esta sesión era plausible. También estaba claro que la *zona oscura* podía tener importantes implicaciones clínicas para algunas personas, sobre todo si uno se quedaba estancado en ella. Planteaba preguntas obvias sobre si los sentimientos de una persona, como la depresión, la falta de esperanza o la desesperación, podían tener que ver con esta zona oscura.

No hay duda de que yo habría profundizado en este tema de la zona oscura en futuros diálogos. Sin embargo, antes de que terminara la sesión, Gerod me ofreció una forma de abordar directamente estas preguntas clínicas. Dijo que el Yo Superior de una persona podía localizar esta zona oscura y ver dentro de ella.

Sesión 74-24 de febrero de 1989

T. Entonces, si le pido al Yo Superior que entre en esa zona oscura, que se haga más consciente de ella, que aprenda cuál es esa experiencia y que vuelva a salir, el Yo Superior podría hacerlo.

G. Definitivamente. Y puede hacerte saber qué hay ahí que está atascado, que necesita avanzar.

De ser cierto, significaría que podría verificar la información de Gerod a través de mi propio trabajo con clientes.

Atrapados en la Oscuridad

Durante los años siguientes, llevé a cabo una investigación activa sobre este fenómeno, primero con clientes seleccionados y luego de forma más general. Los resultados clínicos me confirmaron que esta zona oscura existe y que una persona pasa por ella periódicamente. Sin embargo, es difícil decir mucho en general sobre ella debido a las variaciones extremas de frecuencia, duración y efecto de un individuo a otro. Gerod dijo que la experiencia de cada persona y su paso por la zona oscura es única. Creo que es cierto. Una persona, por ejemplo, puede pasar por su zona oscura una vez cada dos años y cada vez puede durar sólo un par de semanas. Otra persona puede tener un ciclo de nueve meses en el que está en la zona oscura durante tres meses y luego vuelve a salir durante seis. Mientras está en la zona oscura, una persona puede describirla como una sensación de "bajón" o "desorientación" y luego desaparece. Para otra persona, puede desencadenar sentimientos profundos de desesperación y desesperanza, aunque en su mundo exterior todo vaya bien.

Desde un punto de vista clínico, la zona oscura es un problema importante cuando una persona se ha quedado atascada en esta oscuridad, o cuando su paso por ella se ha vuelto prolongado y doloroso.

He trabajado con algunos clientes que llevaban varios años atascados en la zona oscura, o que han estado en ella la mayor parte de su vida.

Lo que descubrí cuando empecé a tratar estas situaciones con mis clientes fue que los estados del ego eran a menudo un factor importante en el bloqueo. Aprendí que algunos de los estados del ego con los que me comunicaba vivían en la zona oscura. Como explicó Gerod, cuando una persona entra en la zona oscura en su ciclo normal, la experiencia de la oscuridad puede gatillar estados del ego que existen allí. Si se trataba de uno que ya estaba activo, la experiencia directa de la oscuridad parecía energizarlo, como si volviera a operar en su propio elemento. Sin embargo, en lugar de buscar la Luz, la respuesta de ese estado del ego sería evitarla activamente u oponerse a ella. Si es lo bastante fuerte, ese estado del ego, o más de uno actuando juntos, puede bloquear el movimiento hacia delante y enredar al Yo en la oscuridad.

Estos estados del ego, como resultó, eran los que tan a menudo se negaban a recibir Luz o a tener contacto con el Yo Superior. Eran los que tan a menudo participaban en el bloqueo. Desde su punto de vista, la Luz era una amenaza. Algunos tenían miedo de que la Luz les hiciera daño, o incluso los destruyera. Algunos sentían que no merecían el Amor de Dios, o que serían rechazados una vez que la Luz viera quiénes eran. Otros estaban enfadados con la Luz y sentían que los había traicionado, que no los había advertido, que no los había rescatado o que había dejado morir a un ser querido.

Conocía este tipo de estados del ego y de álteres de la personalidad que se resisten, pero no pensaba que estuvieran aislados de la Luz. Eran como los espíritus terrenales con los que me encontraba, cuya ignorancia, sentimientos o creencias los mantenían aislados del reino espiritual de la Luz. Esta percepción me proporcionó una comprensión más profunda de estos estados del ego y de la intensidad del miedo y la resistencia que encontraba en ellos. También me sugirió un enfoque diferente para su tratamiento. Era el mismo enfoque que adopté con los espíritus terrenales, es decir, ayudarles a resolver primero sus miedos o conflictos y hacer que pudieran sentirse seguros para recibir la Luz.

Al igual que con los espíritus, este enfoque fue muy eficaz. Una vez que un estado del ego se sentía lo suficientemente seguro y aceptaba recibir la Luz, respondía igual que los demás estados del ego. Obtenía una nueva comprensión, se abría más a la Luz y empezaba a cooperar en el proceso de compartir y liberar.

Atravesando la Zona Oscura

Hay clientes con los que nunca hay que tratar directamente la zona oscura. Su paso por ella, aunque puede resultar incómodo o desagradable, no dura mucho ni les hace perder el equilibrio. Para otros, es un problema crítico. Suele deberse a que el ciclo de la persona involucra periodos prolongados en la zona oscura o a que se ha quedado atascada en ella. Los largos períodos en esta oscuridad han cambiado toda su perspectiva y sus sentimientos ante la vida. En este caso, la zona oscura suele convertirse en el centro de atención. El objetivo es abordar los factores que mantienen a la persona en la oscuridad, para que pueda volver a avanzar hacia la Luz.

Ayudar a una persona a resolver esta situación es bastante sencillo. El Yo Superior de un cliente puede determinar si ha entrado en la zona oscura. También puede determinar si la persona se está moviendo a través de ella correctamente, si tiene dificultades significativas o si está atascada. Si hay dificultad, el Yo Superior puede mirar dentro de la zona oscura y encontrar la fuente del problema o bloqueo. Puede tratarse, por ejemplo, de poderosos estados del ego que se han gatillado. Si es así, el Yo Superior puede identificar a los implicados y sugerirles que se comuniquen. También puede ser que una persona haya sufrido un trauma grave. La muerte de un hijo o un accidente que altere la vida, por ejemplo, pueden causar un dolor y una pena tan abrumadores que desencadenen un movimiento hacia la zona oscura, donde la persona se pierde en la depresión, la rabia o la desesperación. También es muy posible que durante el trauma se hayan creado uno o más estados del ego que sufran un dolor lo suficientemente profundo y fuerte como para bloquear el movimiento del Yo hacia la Luz. El objetivo entonces es resolver estos bloqueos para que la persona pueda empezar a moverse de nuevo.

Aunque el método es sencillo gracias al Yo Superior, no significa que enfrentarse a la zona oscura sea fácil. El proceso en sí puede ser muy doloroso dependiendo de quién o qué se encuentre en esta oscuridad. No sería una sorpresa, por ejemplo, que un cliente encontrara su dolor o miedo más profundo en esta zona. Cuando la zona oscura es un problema importante para alguien, no es raro que, al abordarla, el propio ciclo de la persona cambie. Su movimiento hacia la zona oscura puede ser menos frecuente y/o menos intenso. Para algunas personas, esto supone un gran cambio positivo en su vida.

La Oscuridad en sí Misma

Cuando Gerod identificó por primera vez la zona oscura y la describió como una fuente potencial de dolor y angustia para una persona, se convirtió inmediatamente en un asunto clínico. Sus afirmaciones plantearon la pregunta de si esta zona oscura, y el paso por ella, podían ser un factor significativo en los casos en que una persona experimentaba sentimientos prolongados de depresión, ansiedad o desesperanza, hasta el punto de llegar a la depresión clínica y la ideación suicida. A primera vista, eran temas que merecía la pena investigar, y la zona oscura se añadió a la lista de fenómenos que exploraría con Gerod y mis clientes.

Sin embargo, había otro asunto relacionado con el fenómeno de la zona oscura. La descripción de Gerod implicaba una correlación entre esta oscuridad interior y la oscuridad cósmica a la que aludía cuando hablaba de las almas que "entran en la oscuridad" tras la muerte. La implicación era que estaba hablando de la misma oscuridad, sólo que a diferentes niveles. En efecto, tratar la oscuridad a un nivel era tratarla potencialmente a todos los niveles. Cuando la oscuridad interior se convirtió en un problema clínico, también lo fue la oscuridad cósmica. Al centrarme en el tema de la zona oscura en mi trabajo con clientes, me estaba abriendo a todo el tema de la oscuridad en sí misma.

Hasta ese momento, aunque Gerod distinguía entre la oscuridad y las almas malignas en la oscuridad, yo seguía sin considerarlas fenómenos separados. No me centraba en la oscuridad, sino en los espíritus oscuros que se inmiscuían o interferían con mis clientes. Sin embargo, tras aprender sobre la zona oscura y adquirir cierta experiencia clínica con ella, eso empezó a cambiar. Empecé a considerar la oscuridad como una energía separada de las almas que la habitan.

Ocho meses después de que Gerod hablara por primera vez de la zona oscura, entablé con él una larga y amplia conversación sobre la oscuridad, el mal, las almas oscuras y la zona oscura. Fue una de esas sesiones culminantes en las que se habían acumulado suficientes preguntas, pensamientos y experiencias clínicas hasta el punto de que necesitaba hacer balance e intentar aclarar mis ideas.

Durante aquella sesión, Gerod habló más directamente sobre la oscuridad como una energía y una fuerza cósmica.

Sesión 120 -19 de noviembre de 1989

La verdadera oscuridad, la oscuridad que querría ser el equilibrio o el opuesto de la Luz, ni siquiera desea necesariamente trabajar dentro de la realidad física. Es como si quisiera absorber la Luz, atraerla hacia sí para que ya no exista. Es casi como si esa oscuridad fuera esa energía y esa fuerza que, a sabiendas, destruiría la Luz y, a sabiendas, casi se destruiría a sí misma. Está dispuesta a sacrificarse para absorber la Luz. No es un concepto completamente comprendido, pero está ahí. Así que, en muchos sentidos, la oscuridad y el mal que están presentes en la forma física son variaciones de esa oscuridad original que se han desviado, por así decirlo.

. . . Esta forma de energía más profunda y densa trabaja dentro del universo, dentro de su propio reino, y en muchos sentidos no tiene en cuenta lo que ocurre en una realidad física particular; su única preocupación es destruir la Luz tal como existe en el todo. Y las emanaciones de esa energía en estas realidades físicas no es su intención y propósito principal, sino que se convierte en el subproducto de su propósito principal que es obliterar la Luz y su fuente.

Gerod describió la oscuridad como una fuerza primordial e impersonal que se opone a la Luz a todos los niveles. Habló de ella como una fuerza de la naturaleza que lo devora todo y lo convierte en polvo si puede. No es buena ni mala. Simplemente es lo que es.

Sesión 120 -19 de noviembre de 1989

T. Así que, de alguna manera, esta oscuridad, este poder, es neutral. . . como ir río abajo, si supieras de un remolino peligroso, puedes evitarlo. El remolino no es ni bueno ni malo, simplemente es.

G. Sí. Así es. Esta oscuridad es como la serpiente que se consume a sí misma; eso es lo que este vacío tiende a hacer hasta cierto punto. Tiene una energía particular, pero da vueltas y vueltas entonces no hay consumo final, simplemente es.

La oscuridad ya no tenía rostro. No se trataba de un diablo, ni de Satanás con cuernos, sino de una energía y una fuerza primigenias que se oponían directamente a la Luz. Cuando pensaba en la oscuridad, veía en mi mente un vacío inmenso y sin rostro, una oscuridad infinita en la que un alma podía perderse, ser presa y devorada. Una oscuridad también en la que un alma podría quedar atrapada en la promesa del poder, y convertirse ella misma en el depredador.

La primera vez que hablamos de la zona oscura, le pregunté a Gerod por qué esta oscuridad tenía que formar parte de la experiencia humana. Fue entonces cuando la conversación pasó de una perspectiva personal a la del alma. Dijo que las almas encarnan en la realidad física sin memoria consciente de la Luz, para aprender y despertar a su propia y verdadera naturaleza. Dijo que era a través del encuentro con la oscuridad -lo que el alma no es-que un alma puede aprender lo que es.

Gerod habló entonces de la zona oscura en el contexto de esta oscuridad mayor.

Sesión 120 -19 de noviembre de 1989

Y es casi como cuando esa zona oscura fue creada, no era un lugar de maldad; pero era ese lugar donde cada alma puede tener la elección de ir si lo desea. Y te diré que muchas almas han explorado esa zona oscura, porque la zona oscura dentro de cada ser está en conexión con esa oscuridad y cuando atraviesas tu propia zona oscura atraviesas ese lugar oscuro central y encuentras qué es lo que eres. Sólo puedes saber lo que eres cuando tienes la experiencia de lo que puedes no ser; o de lo que puedes ser. Y es como si a través de esa estancia en ese vacío, en ese vacío donde la Luz está ausente, sólo entonces puedes ser consciente de lo que la Luz es realmente. Y es en ese viaje a través de ese vacío de Luz que te das cuenta de las opciones que tienes. Pero en ese vacío, hay poder, hay un sentimiento que atraerá a algunos, porque alineará ese vacío con la oscuridad que tienen dentro de cada alma y si, por así decirlo, se atraen unos a otros, entonces puede ser más fácil permanecer allí y explorar esa experiencia por un tiempo.

Dos semanas más tarde, tuvo lugar otra larga conversación, y Gerod volvió a hablar de esta conexión entre la oscuridad y la zona oscura dentro de cada persona.

Sesión 122 -1 de diciembre de 1989

Esa oscuridad tiene energía, y cuando esa energía se manifiesta en lo físico, entonces es como si se elaborara más la interpretación de ella. Esa energía existe en el universo. La energía paralela es la zona oscura dentro de cada persona. A medida que cada persona viaja a través de su propia oscuridad, su propia zona oscura, lo que sucede allí depende de su experiencia de vida, las elecciones que ha hecho al entrar en esta experiencia de vida y la capacidad del alma para hacer frente o para comprender y ver las elecciones que este ser está haciendo, y cuando el alma está oscurecida y no es consciente, entonces este ser puede pasar una mayor cantidad de tiempo en esta oscuridad, y como digo, cuanto más tiempo permanezcas allí entonces empiezas a atraer esta energía similar hacia ti. Y cuando esta 'energía similar' viene, es un golpe fuerte, por así decirlo. Lleva el mensaje de que la Luz no es buena y entonces esa energía y ese pensamiento que entran en forma física en el lugar oscuro comienzan a crecer.

El enlace que hizo Gerod entre esta oscuridad primordial y su posible conexión con la zona oscura de una persona es donde la oscuridad misma se convirtió en una interrogante no sólo teórica, sino también clínica. Las afirmaciones de Gerod sobre esta oscuridad también implicaban que estas preguntas, a nivel clínico, tendrían que responderse en última instancia desde una perspectiva del alma.

Seguí explorando y trabajando con la zona oscura cuando parecía ser un problema para un cliente, o cuando los informes de un cliente indicaban que podría haber comenzado su ciclo en la zona oscura. La diferencia fue que estos diálogos con Gerod me abrieron a la posibilidad de que las dificultades de una persona con la oscuridad podían implicar un nivel de enredo mucho más profundo de lo que yo había reconocido anteriormente. En retrospectiva, creo que estos diálogos marcaron otro cambio en mi trabajo con clientes, de una perspectiva centrada en el ego a otra centrada en el alma.

El Mal

Los diálogos con Gerod pusieron de relieve la idea de la oscuridad como energía y fuerza, independiente de las almas. Al hacer esta distinción, también empecé a centrarme más claramente en aquellas almas que existían y operaban en la oscuridad. En concreto, me preocupaban aquellos espíritus que describía como intencionadamente acosadores, intrusos o que se comportaban con un cliente de forma amenazadora o destructiva. Este tipo de espíritus había sido un problema todo el tiempo y formaban parte de estas largas conversaciones con Gerod sobre la oscuridad.

La actitud de Gerod hacia esos espíritus fue siempre de profunda compasión. Los veía como almas, como seres de Luz que se habían separado de lo Divino y de la Luz de sus propias almas, algunos en mayor medida que otros. Los veía como almas que, por miedo, rabia, dolor o confusión, se habían enredado en la conciencia de la oscuridad. Gerod veía su desconexión de la Luz como el dolor más profundo de estas almas. Por muy odiosos, despiadados o intrigantes que fuesen esos espíritus, Gerod consideraba que sus sentimientos y acciones nacían de su dolor y confusión.

Gerod hablaba de estas almas desencarnadas atrapadas en las tinieblas, pero también hablaba de las almas encarnadas aquí en la Tierra que pueden quedar atrapadas o esclavizadas en la oscuridad. Al contrario de lo que ocurre con la propia oscuridad, estas almas encarnadas "no buscan borrar la Luz de forma universal, sino que buscan ganar poder y control en su realidad física".

Aquí también es donde Gerod hizo la distinción entre las almas en la oscuridad que eran malvadas, y aquellas almas que estaban perdidas en ella, o escondiéndose en ella, o se habían convertido en presa de las almas malvadas y los poderes demoníacos que existen en la oscuridad.

Sesión 122 -1 de diciembre de 1989

G. Hay personas a las que nos referiríamos como malvadas, pero no son personas malvadas. Son personas que están confundidas, que están sufriendo, que están buscando avenidas que los saquen de su oscuridad, y aun así están haciendo elecciones que los llevan cada vez más a la oscuridad. Y a medida que siguen circulando cada vez más en esa oscuridad, atraen esa energía del universo y es como si estuvieran en un laberinto, pueden ir en una dirección o en la otra. Mientras no estén interfiriendo con el libre albedrío, quitándole a otra alma la oportunidad de hacer elecciones, entonces no es verdaderamente malo. Es experiencia. Puede ser oscuro, pero eso es porque la persona está en la oscuridad y entonces sus acciones no son bien comprendidas por ellos mismos.

La oscuridad no es necesariamente el mal y sé que aquí estamos hablando de palabras. ¿Cómo definimos lo que es la oscuridad? Yo te diría que la oscuridad en sí no es el mal. La oscuridad es sólo ausencia de luz y de conocimiento. El mal sólo se manifiesta cuando hay interferencia, y yo diría que suele ser cuando alguien quiere acabar con la vida de otra persona para quitarle su libre albedrío, o forzarla a un acto o a una situación en la que no tiene absolutamente ninguna capacidad para salir de ella. Entonces se está interfiriendo con el libre albedrío -cuando alguien no puede elegir estar en un lugar diferente y ser capaz de ir allí libremente.

T. ¿Mental y espiritualmente, así como físicamente?

G. Sí. El verdadero mal es cuando deseas interferir con el libre albedrío y las elecciones de otra alma. Esto es el mal, y luego es algo que puede expresarse de muchas maneras diferentes, pero esos son sus principios básicos, porque esa es la promesa que Dios dio a todos, que tienes libre albedrío, la capacidad de crear tu vida de cualquier manera que sea apropiada para ti. Cuando le quitas ese derecho a cualquier individuo o a cualquier alma, entonces has creado lo contrario de lo que se ha prometido; se lo has quitado e interferido con su derecho básico como ser existente. Ahí es donde el mal, entonces, puede ahora comenzar a entrar porque es un acto controlador y manipulador y tiende a interferir con lo que debería ser.

Gerod lo resumió así: el mal se produce cuando un alma transgrede intencionadamente el libre albedrío de otra, ya sea entre almas a nivel físico, espiritual o entre dimensiones. Hablaba de la voluntad no sólo a nivel de la personalidad física, sino también a nivel del alma. Muchos acuerdos, según Gerod, se hacen entre las almas antes de encarnar. Y cada alma que encarna también acepta las leyes y reglas que rigen la realidad física. Así, cuando la personalidad consciente puede creer que su voluntad está siendo violada, puede haber otros niveles de acuerdo y elección del alma que están en juego entre las personas.

Gerod siempre había hablado del libre albedrío del alma como algo absoluto, y en esta sesión definió la transgresión del libre albedrío de un alma hacia otra como la raíz del mal. A veces, la oscuridad puede ser brutal, aterradora y agotadora, pero no es el mal. Después de esta sesión, empecé a pensar mucho sobre estas distinciones entre oscuridad, almas en la oscuridad y almas malignas. También tuve que pensar mucho sobre la diferencia entre las elecciones a nivel consciente y las elecciones a nivel del alma.

A nivel clínico, sin embargo, mis preguntas se centraban en los espíritus intrusos que encontraba con algunos de mis clientes. Seguía buscando la palanca que me permitiera expulsarlos, ya que con estos espíritus en particular era lo que solía ocurrir. Después de hacer la distinción entre oscuridad y el mal, empecé a centrarme más claramente en la transgresión hacia mi cliente como un asunto crítico. Según Gerod, las almas oscuras que afectaban a mis clientes transgredían el alma. Por lo tanto, desde una perspectiva terapéutica, si resolvemos la transgresión, resolveremos la intrusión o interferencia.

Entonces, ¿Quiénes eran? ¿Qué querían? ¿Cómo entraron? ¿Cómo detenerlos? Esperaba que las respuestas a estas preguntas condujeran a respuestas sobre qué hacer para ayudar al cliente a liberarse de tales intrusiones e interferencias.

16

El Acuerdo

Un día vinieron los Hijos de Dios a visitar a Yahvé, y entre ellos estaba Satán. Yahvé dijo a Satán: "¿Dónde has estado?". "Dando vueltas por la tierra", respondió, "vagabundeando". Entonces Yahvé le preguntó: "¿Te has fijado en mi siervo Job? No hay nadie como él en la tierra: un hombre sano y honrado que teme a Dios y rehúye el mal." "Sí", respondió Satanás, "pero Job no es temeroso de Dios en vano, ¿verdad? ¿No has puesto un muro alrededor de él, de su casa y de todos sus dominios? Has bendecido todo lo que emprende, y sus rebaños pululan por el campo. Pero extiende tu mano y pon un dedo sobre sus posesiones: Te aseguro que te maldecirá en tu cara". "Muy bien", dijo Yahvé a Satán, todo lo que tiene está en tu poder. Pero aleja tus manos de su persona". Y Satán abandonó la presencia de Yahvé.—Libro de Job

Diablos y Demonios
En los últimos veinte años me he encontrado con muchos "diablos" y "demonios" diferentes en mi trabajo con clientes, al menos así es como los llamaría mucha gente. Estas entidades adoptan muchas y diferentes formas, algunas humanas y otras no. Cada una utiliza tácticas y técnicas distintas para conseguir sus objetivos. Son seres conscientes e inteligentes, y van desde los muy conscientes a los ignorantes y sumisos. La mayoría mantiene en secreto sus actividades con los humanos, operando a niveles inconscientes. Otros, sin embargo, pueden ser provocadores, deleitándose en atormentar o demostrar su control. Algunos actúan individualmente, otros en grupo. La mayoría de ellos

parecen formar parte de una red o jerarquía de almas más amplia, ya sea muy o poco organizada.

Lo que sé sobre estas almas en la oscuridad proviene principalmente de mi trabajo clínico. Como he dicho antes, no soy clarividente. No veo ni oigo a estos seres excepto a través de mis clientes, y no busco el contacto con ellos fuera de mi trabajo de sanación. Los he estudiado como un exterminador estudia una plaga destructiva, observando sus movimientos y hábitos, averiguando qué busca o qué le atrae, y descubriendo cómo ha estado entrando en el edificio. Los objetivos del exterminador son eliminar la plaga y tomar medidas para cerrar el acceso o eliminar lo que la atrae. Estos eran también mis objetivos al tratar con espíritus intrusos y destructivos: expulsarlos y cerrar su punto de entrada. Sin embargo, a diferencia del exterminador, yo no podía ni quería seguir a esas entidades de vuelta a las regiones de la oscuridad. No se trataba de intentar acabar con ellos en su origen ni de razonar con ellos, sino sólo de expulsarlos e impedir que siguieran accediendo a mi cliente.

Dos preguntas, por lo tanto, dominaron mi comunicación con estos espíritus malignos que estaban presentes en un cliente. En primer lugar, quería saber qué buscaban esas almas oscuras. ¿Qué intentaban conseguir con sus intrusiones y actividades? Y, en segundo lugar, ¿cómo eran capaces de transgredir los límites de mi cliente, aparentemente a voluntad? ¿Cómo accedían a una persona para hacer lo que hacían? Había muchas otras preguntas sobre estos seres, por supuesto, y surgieron más en el transcurso de mi investigación sobre estas almas oscuras. Sin embargo, desde un punto de vista clínico, estas dos preguntas -sobre la motivación y los medios-eran, en mi opinión, clave para comprender cómo tratarlas. Las respuestas a ambas preguntas llegaron el mismo día durante una sesión con Gerod.

Habían pasado dos años desde mi charla con Gerod sobre la distinción entre la oscuridad y el mal, y en ese tiempo habían ocurrido muchas cosas. Tenía más de treinta clientes cuyo trabajo interior revelaba algún tipo de participación de esas almas oscuras, ya fuera en el pasado o en el presente. Había hablado a menudo con Gerod sobre ellas, tanto en términos generales como en los que se referían específicamente a mis clientes a nivel interno. En esta sesión en particular, había preparado mi lista de preguntas sobre estos clientes, y le pregunté a Gerod si podíamos hablar sobre un grupo de almas oscuras que estaba encontrando en mi trabajo.

Contratos

Mi primera pregunta a Gerod se refería a un patrón que había observado con varios clientes en relación a estos espíritus intrusos. En cada caso, un estado del ego de la vida presente o pasada había compartido un recuerdo que indicaba que había hecho un contrato con el espíritu que ahora acosaba al cliente. El patrón me hizo pensar que los diferentes espíritus, estas almas desencarnadas, pertenecían todos a un grupo y *hacer un contrato* era su característica, su *modus operandi*.

Sesión 209-11 de diciembre de 1991

T. Me encuentro con este grupo con Ben D., Jenny W., Linda T., y ellos también han estado con Shelley. Tengo un par de personas nuevas sobre las que todavía no estoy preparado para preguntar, pero basándome en su descripción, parece que este grupo está involucrado. El tema que sigue apareciendo es que este grupo parece acercarse a estas personas en momentos muy, muy vulnerables y ofrecerles algún tipo de acuerdo, ya sea aliviar su dolor, ayudarles a evitar su dolor o darles algo que desean y, a través de este acuerdo, de cierto modo, conseguir bloquear el alma u obtener derechos sobre el ella. ¿Estás de acuerdo en que es una estrategia que utilizan?

G. Sí.

T. Con Ben hemos hablado de este grupo de niños de dos años, gravemente traumatizados y en mi trabajo con ellos, hemos llegado a un punto en el que parece que ellos mismos han sido contactados por estos seres oscuros, y de nuevo se ha hecho un contrato para ayudarles a negar o alejarse de su dolor. ¿Está de acuerdo?

G. Sí.

T. Parte de mi desafío con este grupo es que a menudo también parece haber vidas pasadas involucradas, de modo que hay como un hilo negro que enreda el alma. Con Ben había un estado del ego de vidas pasadas -al menos uno-, pero ahora he llegado a la vida presente con este grupo de dos años de edad. Tienen mucho miedo de presentarse; creo que el miedo es que han hecho un trato y no quieren contarlo. Su experiencia es bastante dolorosa, por un lado, pero en el fondo es como si no quisieran dar la cara porque tienen miedo de lo que pueda pasar si rompen el trato. Es un dilema que se les complica. ¿Algún comentario al respecto?

G. Es un dilema para ellos, porque si van a presentarse y reconocerse a sí mismos, por así decirlo, es como si tuvieran que recordar o rememorar qué es lo que han acordado hacer, por lo que se muestran algo reacios o inseguros sobre la conveniencia de hacerlo. Tiene que haber cierta seguridad de que pueden compartir todo lo que saben y comprender que no hay acuerdos con nadie que sean más fuertes que el acuerdo original con Dios.

T. ¿Hay alguna manera de que entiendan esto?

G. Hay que decírselo. Y el Yo Superior puede decírselo. El Yo Superior tiene que seguir comunicándoles que -cómo lo explico- es una falsa factura de venta, un trato que no tiene validez.

Esta percepción de los contratos como acceso sólo pudo llegar después de reconocer los estados del ego como seres reales. La capacidad de los estados del ego para comprender y responder a otros seres se extendía no sólo a la interacción con otros estados del ego dentro del Yo, sino también a los seres espirituales que intentaban establecer contacto directamente. La capacidad de los estados del ego para responder a otros seres significaba que eran vulnerables al acceso de los espíritus que tenían la estrategia precisa o hacían la oferta adecuada. La experiencia y las perspectivas limitadas de los estados del ego los convertían en un blanco fácil si un espíritu deseaba manipularlos.

Lo que descubrí en los meses siguientes fue que hacer tratos no era sólo una estrategia de un grupo de almas oscuras, sino que parecía ser una norma que regía estas intrusiones. Aprendí que un espíritu, ya fuera terrenal, de bajo nivel o maligno, tenía que tener el consentimiento del Yo/alma para entrar en la mente o psique de uno. Sin embargo, no tenían que ser acuerdos explícitos, ni siquiera hechos a nivel consciente. De hecho, la mayoría no lo eran. La mayoría de estos acuerdos se hacían con los estados del ego a un nivel inconsciente.

Con los espíritus terrenales, ese consentimiento parecía ser más oportunista o mutuo, lo que significaba que las emociones o problemas del estado del ego encajaban con los sentimientos, percepciones o necesidades del espíritu terrenal. El contacto de las almas oscuras con los estados del ego no era accidental. Empecé a comprender que las almas oscuras buscaban estos contactos intencionadamente. Me di cuenta de que, hasta cierto punto, estaban haciendo lo mismo que hacen los terapeutas en la terapia de estados del ego: es decir, entrar en contacto directo con los estados del ego y comprometerlos en una interacción continua. Sin embargo, a diferencia de la terapia, estos contactos de las almas oscuras no tenían como objetivo la sanación. Se hacían para obtener acceso y establecer cierto nivel de poder y control dentro de una persona. Un espíritu puede ofrecer socorro a un niño solo y asustado, o amenazar a un joven con más castigos si no hace lo que se le dice, o puede dar con el secreto sentimiento de culpa de un estado del ego y repetir el mensaje hasta que resuene por toda la mente.

En efecto, los estados del ego se utilizaban como puertas de entrada al Yo/alma. Gerod lo describió como una especie de permiso "por la puerta trasera". Técnicamente, dijo, como parte del alma, un estado del ego comparte la libertad del alma, por lo que sus elecciones, por limitadas que sean, son válidas. Si un estado del ego dice *sí* a un alma oscura -ya sea aceptando algo que se le ofrece o sometiéndose a una amenaza-, el alma oscura lo considera como el consentimiento del alma. El acuerdo para el acceso, entonces, se hace si el estado del ego lo reconoce como tal o no. Con su perspectiva limitada, un estado del ego por lo general nunca descubrirá su propio poder de poner fin a cualquier acuerdo o contrato que ha hecho con un alma oscura.

Se Trata de Energía

Después de hablar con Gerod sobre contratos y acuerdos, cambié el enfoque de preguntas sobre clientes específicos al de las almas oscuras en general. Este tipo de conversaciones eran como expediciones de pesca. Lanzaba una serie de preguntas hasta que daba con una que creía que Gerod y yo podíamos explorar. Era como un abogado o un detective que sondea a un testigo con preguntas hasta que encuentra la forma de entrar. La pregunta a la que llegué aquel día era si esas almas oscuras que se relacionan con los humanos podrían no sólo interferir con alguien psíquicamente, sino si podrían llegar a manifestar una presencia física.

Sesión 209-11 de diciembre de 1991

T. ¿Pueden manifestarse físicamente?

G. ¡Sí!

T. ¿Sin reencarnarse?

G. Sí.
T. Esa es una habilidad bastante sofisticada.
G. Sí, lo es.

Gerod continuó hablando de cómo las almas oscuras con un alto nivel de conocimiento y habilidad son capaces de acercarse a la Luz directamente con el propósito de energizarse y luego regresar a la oscuridad. Un número suficiente de estas almas energizadas, actuando en conjunto, podría generar la energía necesaria para que un alma oscura cruce la frontera y manifieste un cuerpo.

> Son capaces de hacerlo porque se acercan todo lo que pueden a la Luz para limpiarse y volverse más conscientes de su capacidad. Pero llevan esa habilidad de vuelta a ese espacio donde no están dentro de la Luz y generan, por así decirlo, una gran cantidad de energía por su congregación. Esta es la razón por la que desean reunir más almas hacia ellos porque a medida que ganan más almas, es como si vivieran parasitariamente y expandieran sus habilidades. No pueden existir de forma singular, por así decirlo. Un alma que desee tomar forma y entrar en la realidad física necesita la amplificación de almas que le ayuden a hacerlo.

Era una afirmación asombrosa: que, en determinadas condiciones, un alma desencarnada podía cruzar la frontera del espíritu a la materia y manifestarse en un cuerpo físico. Desde nuestro punto de vista, sería como ver a alguien materializarse de la nada. Gerod describió tal hazaña como una función de la energía de la Luz que las almas oscuras eran capaces de alterar y utilizar. A continuación, habló en general de la necesidad de las almas oscuras de obtener energía de Luz y del uso de las almas encarnadas como una fuente conveniente.

> G. Y, añadiría, que necesita la amplificación de aquellas almas que están en la Luz. Entonces, cuando uno está en un cuerpo físico en la tierra y es un alma de la Luz, traerá una amplificación muy fina a uno de estos seres, pero una vez que es absorbida y usada, por así decirlo, entonces esa alma oscura no tiene nada más que ofrecer a aquellos que están más arriba, así que debe entonces alimentarse de la Luz otra vez.

T. El vampiro.

G. Sí.

T. Esto parece ser, Gerod, la forma más desarrollada de la oscuridad... de la que hemos hablado.

G. Sí, lo es.

T. Lo que las iglesias tal vez llaman el diablo o Satanás.

G. Eso es correcto.

T. ¿Y estás diciendo que uno de los temas básicos sobre ellos es que deben obtener su energía de la Luz?

G. Sí, y ves que ahí es donde radica uno de los conceptos erróneos, que están tratando de reunir almas en la oscuridad para hacer la oscuridad más fuerte. Y es cierto, cuantas más haya, más poder tendrá, pero esa es la ilusión. Lo que están haciendo es absorber la Luz para mantenerse fortalecidos, por así decirlo. El poder de la Luz amplifica su energía, pero es como cuando uno come comida o fruta. Te la llevas a la boca, la masticas y te la comes, y eso nutre el cuerpo y le da energía durante un tiempo y luego desaparece. Así que sigues comiendo. Y eso es lo que están haciendo.

Podía creer lo que Gerod decía sobre un alma que se manifiesta físicamente, aunque no entendía ni tenía un lenguaje para este nivel de energía y conciencia. Fue un tema que volveríamos a tratar varias veces en los años siguientes. Sin embargo, la idea de que los humanos pudieran ser una fuente de energía para estas almas oscuras fue el atisbo de una respuesta a mi pregunta sobre *qué* buscaban estas almas intrusas. Buscaban energía.

Según Gerod, las almas en la oscuridad siguen siendo seres de Luz y, por tanto, necesitan energía de Luz para sobrevivir. Dijo que cada una de estas almas podía volver a la Luz cuando quisiera, que "la redención está siempre, siempre disponible para todos". Sin embargo, como estas almas no estaban dispuestas a ir a la Luz por sí mismas, tenían que obtener la energía de la Luz de otras almas, concretamente, de las almas encarnadas. Gerod dijo que las almas oscuras no podían acceder a las almas en el reino espiritual de la Luz -eso sería acercarse demasiado-, pero una vez que un alma se encarna, dijo, esa alma podría ser vulnerable entonces al acceso de estas almas oscuras.

Sesión 213 -31 de enero de 1992

T. Gerod, quería volver a esta pregunta de cómo las almas oscuras viven o se alimentan de nuestra energía. No comprendo ese proceso ni el mecanismo. Ha habido muchos clientes en los que nos hemos encontrado con estos seres. Supongo que, de alguna manera, el acceso que tienen es que están utilizando la energía de estas personas. ¿Puedes decir más sobre cuál es el proceso de usar esta energía o drenar esta energía, qué está sucediendo allí?

G. No estoy seguro de cómo explicarlo, aparte de decir que uno debe rejuvenecerse constantemente para sobrevivir. Un alma de la Luz tiene acceso constante a la Luz para mantenerse, pero cuando un alma existe en la oscuridad, la Luz no está fácilmente disponible y no se arriesgará a trasladarse completamente hacia la Luz porque podría ser peligroso, podría ser demasiado confrontativo, así que la Luz es extraída de aquellos que existen dentro de la Luz.

T. ¿Y éste sería un proceso que nunca alcanzaría el nivel consciente de una persona?

G. Es muy posible que nunca llegue al nivel consciente, sí.

T. ¿Es como cuando hablamos de obtener energía de una batería: simplemente fluye una vez que hay contacto?

G. Sí.

T. Así que para ellos sería más o menos lo mismo. ¿Pueden tener sus herramientas y sus dispositivos y no necesariamente ven la energía, pero saben que la están recibiendo?

G. Eso es correcto. Es el proceso de pensamiento el que crea el acceso.

T. ¿Hacemos lo mismo cuando oramos o meditamos en la Luz?

G. Sí, atraes esa energía hacia ti, la aprovechas.

T. Ellos, por supuesto, no harían eso. ¿Sólo irían a través de otra alma para obtener esa energía?

G. Eso es correcto, porque la energía se reduce, por así decirlo. Es como a medida que llega a través de la forma física, a través de un alma en la forma física, se reduce a un nivel diferente de modo que es como recibir bienes robados. No vas y lo robas tú mismo; lo tomas de un intermediario. Así no puedes ser descubierto como el ladrón. Una cosa es rezar y otra robar.

T. Es como si estuvieran trabajando todo el tiempo para crear acceso y mantenerlo abierto.

G. Tienen que trabajar muy duro.

T. Y crear una apertura, digamos, a un nivel inconsciente, de vidas pasadas ¿es esa una apertura suficiente para obtener lo que necesitan o podrían necesitar más acceso para obtener más energía, una carga mayor?

G. Están más seguros si no se les detecta, así que es más probable que tengan un pequeño acceso a mucha gente que un gran acceso a unos pocos. Por lo tanto, pueden permanecer bastante ocultos.

Según Gerod, la intervención de las almas oscuras con los humanos tenía que ver principalmente con su necesidad de energía de Luz, y su enfoque en las almas encarnadas como fuente primaria de esa energía.

Intercambio de Energía

Esta visión de las almas oscuras y de la motivación principal de sus actividades respondía a la pregunta de qué buscaban. Esta comprensión, sin embargo, también reveló un significado más profundo para aquellas situaciones en las que descubrí que se habían hecho tratos entre los estados del ego y los espíritus. La necesidad de energía de las almas oscuras me hizo ver estas situaciones de una manera diferente. Aunque los estados del ego y los espíritus específicos diferían de un cliente a otro, llegué a ver el trato, contrato o acuerdo, esencialmente como un medio de intercambio o transferencia de energía. El objetivo del proceso de sanación seguía siendo el mismo, es decir, hacer que los espíritus se marcharan, pero sacar a estos espíritus también significaba poner fin a la extracción de la energía de mi cliente.

Entender el contacto entre los espíritus y los estados del ego como un intercambio de energía también ofrecía una explicación para una serie de situaciones en las que un estado del ego, el Yo Superior de una persona o Gerod me daban información de que faltaba una parte o partes de energía del alma, o que se habían encapsulado dentro del alma. Una vez que comprendí que se trataba de energía, empecé a prestar más atención a la forma en que la energía se movía en la realidad interior: puede estar en forma de libro, en maletas, en camiones o en tuberías. Trozos de energía del alma, por ejemplo, podían estar escondidos en un viejo baúl, o llevados en los bolsillos de un ego-estado, o podían haber sido entregados a un espíritu que posteriormente los sacara del alma. Una vez que reconocí el principio de la transferencia de energía, supe qué palabras clave escuchar y cuándo hacer preguntas.

En conjunto, estas dos percepciones -la necesidad de las almas oscuras de obtener energía de Luz y los contratos que hacían para adquirirla-añadieron otra dimensión a mi perspectiva, ya en expansión, sobre los reinos psíquicos y espirituales de la mente y el alma. Independientemente de las estrategias, técnicas o engaños que pudieran utilizar las almas oscuras, el objetivo principal del contacto con los humanos, como llegué a ver, era el acceso a la energía.

También empecé a comprender que la intrusión psíquica y el enredo de alguien por parte de los espíritus no tenía que ver principalmente con la personalidad consciente (aunque en ciertos casos eso era importante), sino con obtener acceso al alma. Si se lograban suficientes contactos y tratos con partes del alma, incluidos los estados del ego de la vida presente y de vidas pasadas, estas almas oscuras podían tejer una red de conexiones que se extendía a lo largo de las vidas. El panorama era aterrador. Podían, por así decirlo, acampar en el alma de una persona y, si estaban lo suficientemente seguros, les estarían esperando para volver a ella cuando el alma regresara al cuerpo físico en una vida posterior.

Las almas oscuras parecen utilizar dos métodos principales para establecer este acceso continuo a un alma. El primero son los acuerdos de los que he hablado antes. Estos acuerdos parecen hacerse con un estado del ego -de la vida presente de la persona o de una vida pasada-en la que un alma oscura ofrece al estado del ego algo que quiere o necesita: alivio del dolor, inmortalidad, venganza, protección, etc. A menudo, el estado del ego no parece saber que hay un precio que pagar hasta que ha dicho que sí. Más adelante en la vida de la persona, o en una vida posterior, un alma oscura o una energía oscura puede acercarse a ese estado del ego. El estado del ego reacciona cuando siente la proximidad o la energía de sondeo de las almas oscuras. El estado del ego reconoce y responde a la energía. Dependiendo del contacto original, un estado del ego puede percibir a estas almas oscuras como amigos o benefactores, o puede asustarse y responder sólo por el acuerdo que hicieron. Cualquiera que sea la reacción, es lo que las almas oscuras buscan y en lo que se centran.

Otra forma en que las almas oscuras establecen una conexión con un alma que puede ser utilizada como un punto de acceso más adelante es mediante la ubicación de lo que he llamado un *dispositivo psíquico* dentro del alma. Puedes pensar en estos dispositivos como un *marcador de energía o ancla*, y se colocan dentro de un alma a través de los estados del ego. Un alma oscura puede, por ejemplo, dar a un estado del ego un sombrero nuevo, una joya o un arma. Puede darle al estado del ego una caja especial y decirle que la esconda, o colgar un cuadro en la pared que en realidad es una ventana. El alma oscura usará cualquier cosa que funcione para el estado del ego en particular. En un momento futuro, cuando el alma oscura regrese, el dispositivo actuaría entonces como una conexión de energía y acceso.

Los estados del ego, con su comprensión Limitada, normalmente no tienen ni idea de que estos objetos son dispositivos o de cómo se están utilizando para explotar al alma. He tenido varios estados del ego, por ejemplo, a los que se les dio un dispositivo y se negaron a que el Yo Superior se lo quitara porque creían que el dispositivo les mantenía vivos, o era su juguete favorito, o incluso una mascota. A la inversa, hay estados del ego en los que hay un dispositivo que causa dolor si el estado del ego se acerca a la Luz. Estos estados del ego no saben que lo que realmente les está afectando y causando dolor es el dispositivo en sí. Es más, creen que es la Luz la que causa su dolor y así, en el proceso de sanación rechazan la Luz o bloquean el contacto con el Yo Superior.

Este uso de dispositivos por las almas oscuras es extremadamente común. Son empleados no solo para establecer conexiones futuras con un alma, sino que pueden ser ubicados dentro de una persona en su vida presente, usualmente a través de un estado del ego, para causar dolor, angustia, miedo o confusión a una persona. El Yo Superior tiene la capacidad de escanear los estados del ego -en la vida presente o en el pasado-para determinar si hay algún dispositivo presente y, en caso afirmativo, puede eliminarlo. Sin embargo, puesto que es el estado del ego el que ha *aceptado* el dispositivo, normalmente es éste el que debe dar permiso para que se elimine.

Según Gerod, estas almas oscuras no tienen la capacidad de rastrear almas hacia la Luz ni saber cuándo y dónde se encarnará un alma. Sin embargo, cuando un alma se encarna, es como si su sello energético apareciese en su radar, y las almas oscuras pueden acercarse. Pueden enviar energía en busca de zonas vulnerables o intentar provocar reacciones, como si estuviesen tocando los timbres de varias casas al azar hasta que alguien les abra la puerta.

El Acuerdo

A medida que avanzaba nuestro trabajo, seguí presionando a Gerod sobre el tema de la oscuridad y las almas oscuras, y especialmente sobre el tema de la justicia. En primer lugar, ¿por qué iba un alma a someterse conscientemente a la experiencia humana, sobre todo cuando ello podía implicar convertirse en presa de fuerzas tan oscuras y malignas? ¿Y por qué un Dios que todo lo ama exigiría o permitiría que eso sucediera?

La respuesta de Gerod llegó durante otra de esas sesiones periódicas en las que trataba de integrar mis observaciones clínicas y mi comprensión teórica. Empecé la sesión sentando algunas bases. Repasé con Gerod varios puntos que había planteado a lo largo de los meses, incluida la opinión de que la encarnación de un alma es, a distintos niveles, un encuentro con la oscuridad (no necesariamente el mal).

Reiteré que había almas que podían ser arrastradas a la oscuridad o perderse en ella y pregunté a Gerod si quería añadir algo en ese momento. Volvió a hablar de la oscuridad como energía primordial.

Sesión 271 -6 de febrero de 1993

> Me gustaría señalar que la oscuridad es -cómo podría decirlo-el apuntalamiento. La oscuridad es el vacío que sostiene el universo. No está separada, sino que forma parte de él. Es el espejo, por así decirlo, del creador.
>
> ... La oscuridad es una energía, pero es el vacío en el que crece el universo. Es la tierra fértil, por así decirlo, donde se siembran las semillas para que crezca la Luz. Y siempre es, en esencia, más grande que la Luz. Pero carece de propósito, excepto el propósito que puede crear en su respuesta a la Luz cuando se siente atraído hacia el conocimiento, la comprensión, la calidez y el amor. Puede reaccionar en su ignorancia de muchas maneras.

Pero fue más allá. Dijo que la oscuridad existía antes que la Luz.

Sesión 271-6 de febrero de 1993

> G. La oscuridad estuvo aquí primero. Su energía, su conciencia, tal como es. Estuvo aquí primero.
> T. ¿Quieres decir aquí en términos del universo?
> G. Sí.
> T. Esa es una gran afirmación, Gerod.

G. Lo sé.
T. La pregunta obviamente es: ¿de dónde vino entonces la Luz?
G. La oscuridad la creó.
T. ¿La oscuridad creó la Luz?
G. Sí. No estoy seguro de poder describirlo bien. Trabajaré a mi manera hasta que sienta que podemos explayarnos. La oscuridad existió primero y creó la Luz porque no había propósito. No había foco. No había razón de ser. La oscuridad tenía conciencia, pero no había propósito para esa conciencia, así que, en esencia, tomó su conciencia y la volvió contra sí misma. Es como decir, creó algo que era más grande que ella misma. Y eso que creó comenzó a consumirla. Y era mucho más poderosa que la oscuridad y en reacción al consumo, por así decirlo, del apetito voraz de su creación y su habilidad superior para conceptualizar y concebir y crear, la oscuridad, como reacción, comenzó a defenderse y a protegerse de aquello que había creado. En pocas palabras, es como el padre que tiene un hijo mucho más inteligente que él y, por lo tanto, se convierte, no en el creador, sino en el subordinado de aquello que ha creado.
T. Es como si dijeras que una vez que la oscuridad creó la Luz, si la oscuridad lo hubiera permitido, la Luz se habría extendido por todas partes.
G. Sí.
T. Pero en lugar de eso, la oscuridad se detuvo y se opuso a sí misma.
G. Sí. El compromiso es la encarnación física. Es la única manera en la que la Luz puede expandirse. Es como si fuera puesta a prueba -una manera de limitar la rápida expansión; una forma en la que la Luz pase por una prueba; de pasar por obstáculos; de pasar por -no sé la palabra, pero -pasar por un proceso por el cual ganó el derecho a expandirse, y tener que hacerlo a pesar de todos los desafíos. El alma encapsulada dentro de un cuerpo físico que causaba limitaciones, que limitaba su comprensión y la hacía casi tan limitada como la oscuridad en comparación con la Luz. Y así, le dio a la oscuridad la oportunidad de ser capaz de restringir el crecimiento de la Luz y también de tener la oportunidad de transformar la Luz de nuevo en oscuridad a través del proceso de absorción.

En esencia, Gerod estaba diciendo que la encarnación humana era una forma de dar a las almas la libertad de elegir entre la oscuridad y la Luz. Volviendo a la metáfora anterior de Gerod, la encarnación física es donde se juega el juego. La limitada conciencia humana de un alma daba a la oscuridad un campo de juego nivelado para atraer un alma con sus promesas de poder y control, o alivio del dolor, o el olvido del sueño sin sueños. Cada alma elige, día tras día, y de muchas maneras.

Este escenario planteaba más preguntas. Algunas tardarían semanas en resolverse. Mi pregunta inmediata para Gerod, sin embargo, fue: ¿por qué, si la Luz era tan poderosa, accedería a semejante demanda? Y, en segundo lugar, ¿por qué tantas almas elegirían *libremente* encarnarse en una vida de dolor y sufrimiento en lugar de permanecer con otras almas en el reino espiritual, en la Unidad y el Amor de la Luz?

Gerod dijo que la Luz accedió a esto para que las almas tuvieran la misma elección que la Luz misma poseía.

Sesión 271 -6 de febrero de 1993

G. Es como decir que el Creador es consciente de su propia creación desde la oscuridad y, por lo tanto, sabe de dónde vino y elige permitir que aquello que ha creado tenga elección. . . . La Luz sabía que venía de la oscuridad, y en esa comprensión creyó que no tenía derecho a negar esa fuente a nadie.

T. De lo contrario, se encontraría en la misma posición de control y oscuridad...

G. Sí. Entonces, es como si se hubiese llegado un acuerdo mutuo.

T. (Pausa) Es un acuerdo difícil.

G. Lo es. Es muy difícil. Y por eso la Luz nunca ha abandonado a nadie, ni siquiera cuando están en la oscuridad.

T. Bueno, esto me hace pensar en la historia de Job y ciertamente podría arrojar una luz diferente al respecto.

Según Gerod, lo que la Luz creó fueron almas, semillas de sí misma, por así decirlo, cuya naturaleza entonces, también era crecer, crear y expandirse. Esta es la expansión desenfrenada contra la que, según Gerod, la oscuridad reaccionó y se opuso a la Luz.

Sesión 272-13 de febrero de 1993

T. Cuando la Luz fue creada, ¿fue también el momento en que todas las almas fueron creadas?

G. No.

T. Cuando la oscuridad se dio cuenta de lo que estaba sucediendo e intentó detenerla, ¿fue ese el momento en que todas las almas fueron creadas?

G. Sí.
T. ¿Puedes decir por qué ocurrió en ese momento?
G. Porque ese fue el momento en que la oscuridad se dio cuenta de que la Luz tenía la capacidad de reproducirse, re-crearse y expandirse.
T. ¿Fue entonces cuando la oscuridad reaccionó?
G. Fue entonces cuando la oscuridad descubrió la capacidad de aquello que había creado, la Luz, y se dio cuenta de que aquello que había creado podía hacer exactamente lo que ella había hecho, sólo que su poder era mucho mayor. Una vez que la Luz se re-creó a sí misma, lo hizo de una forma más concentrada.
T. ¿Hubo un límite, entonces, puesto en la creación de más almas, una vez que la oscuridad reaccionó? Has dicho que todas las almas fueron creadas en un momento dado. No estoy seguro de qué había para impedir que la Luz creara más almas.
G. El acuerdo.
T. El acuerdo. El acuerdo mutuo. No se crearían más almas.
G. No se crearían más almas hasta ese momento, como hemos hablado anteriormente, de la próxima expansión. En esa próxima expansión, entonces más almas podrían ser, y pueden ser creadas.

Este Acuerdo no me resultó fácil. Podía ver cómo una persona -un alma-podía sentir que había sido vendida, o que la Luz era, en última instancia, más débil que la oscuridad. Presioné a Gerod sobre este punto.

T. Simplemente no entiendo, Gerod, cuando dices que no se pueden crear más almas... y que se tuvo que llegar a una negociación o acuerdo mutuo. No estoy seguro de entender el poder que es capaz de exigir a la Luz que haga este compromiso.
G. Yo respondería a eso diciendo que es la respuesta compasiva y amorosa del Creador. Es el niño que tiene la capacidad de reconocer el miedo, la preocupación del padre y en lugar de anularlo, compasivamente reconoce y negocia para que pueda nacer una comprensión, una conciencia. Entonces, es como si la respuesta fuera una respuesta que, con suerte, engendrará una expansión de conciencia dentro de la oscuridad, por así decirlo. Es como si la Luz no tuviera necesariamente una agenda que cumplir. Su propósito es sólo existir, ser, y por lo tanto no tiene ningún -no estoy seguro de la palabra-no tiene ningún objetivo por el que deba empujar y anular todo lo demás.

Sabía que era cierto. Así es como Gerod hablaba siempre de la Luz, y así es como la Luz trabajaba con los estados del ego y los espíritus terrenales. Nunca forzaría o transgrediría la libre elección de un alma. Si lo hiciera, la Luz se transgrediría a sí misma. Sería lógico, entonces, que la Luz tampoco avasallara la oscuridad.

Volví a hablar con Gerod de este acuerdo varias veces en los meses siguientes. Era otra de esas ideas que desafiaban mi pensamiento de manera fundamental y desencadenaban sentimientos de resistencia. No sabía qué era más difícil: comprender este acuerdo y lo que implicaba para las almas, o aceptarlo emocionalmente como algo necesario o bueno a pesar del sufrimiento humano que implica.

Sesión 300 -6 de septiembre de 1993

T. Sigue siendo difícil comprender este asunto del acuerdo.

G. Sí.

T. Parece que, de cierto modo, que se haya llegado a este acuerdo significaría que el acuerdo, en cierto sentido, tenía que hacerse; que hay algo esencial en el acuerdo. ¿Crees que el acuerdo tenía que hacerse?

G. No. Pero era la forma en que la Luz honraba a su creador. Es la forma en que la Luz ofrece en ese vacío oscuro la oportunidad de hacer también una elección. En la oscuridad siempre está la semilla de un nuevo entendimiento. No negociar y llegar a un acuerdo con ello sería desechar algo que podría ser de gran valor. En la oscuridad existe el mal, sí. Pero en la oscuridad también están todas las preguntas sin respuesta que pueden abrir nuevos horizontes. Todo lo que la oscuridad es, es conciencia no examinada.

T. Entonces, el tema del mal y de las almas oscuras es más bien lo que ocurre cuando uno entra en ese horizonte y puede de alguna manera asustarse, o perderse, o atrincherarse y entonces reaccionar de las formas que hemos hablado antes -de intentar tener poder sobre los demás o control sobre los demás, usarlo sólo para fines egoístas. ¿Es así?

G. Eso puede ocurrir. Pero la oscuridad también puede ser el túnel hacia un lugar nuevo.

T. Sí. Ahí es donde dices que está el potencial para una mayor conciencia, una mayor Luz, ¿todo eso está ahí?

G. Sí.

El acuerdo, como decía Gerod, no era un punto muerto o un impasse entre la oscuridad y la Luz. Más bien, era la respuesta natural de la Luz a la oposición: el avance a través del amor, no de la transgresión y la fuerza.

En la historia de Gerod, la creación de almas -la Luz creando Luz- fue un paso exponencial en la expansión de la Luz. Fue un punto crítico. También fue el punto en el que la oscuridad reaccionó. La oscuridad sabía que, si no se le controlaba, el poder de la Luz para reconstruirse a sí misma la abrumaría. Las almas eran, por así decirlo, la punta de lanza de la expansión de la Luz, y como medio de esa expansión, las almas se convirtieron en un foco de contención. La oscuridad se oponía a ellas y si pudiera, las extinguiría como extinguiría toda Luz.

Según Gerod, la encarnación era el acuerdo mutuo, el punto de encuentro. El alma asume una conciencia limitada y entra en el mundo de la dualidad y la elección. Era una historia muy diferente de aquella con la que yo había crecido, es decir, almas expulsadas del jardín a causa de sus pecados y desterradas a una vida de sufrimiento y trabajo, sin garantía ni promesa de redención.

En la historia de Gerod, Dios no expulsaba a sus hijos del Edén porque fueran pecadores y malos o porque ahora supieran demasiado. Al contrario, Dios estaba enviando a las almas a un viaje para despertar. Dadas las limitaciones de la realidad física y de la conciencia del ego, se trata de un viaje que el alma suele realizar a lo largo de varias vidas.

La visión de Gerod de la encarnación humana como un viaje del alma hacia el despertar no era completamente nueva. Siempre había hablado de la vida de cada persona como una oportunidad para que el alma evolucionara y tomara conciencia. También había insistido siempre en que lo que ocurría en la vida de una persona no era aleatorio ni accidental, sino el resultado de las elecciones del alma: las que el alma había hecho antes de encarnarse, así como las propias elecciones de la persona en la vida presente. La historia de Gerod sobre la creación, el nacimiento de las almas y el acuerdo entre la oscuridad y la Luz era coherente con estos puntos de vista. Su historia ofrecía una explicación y un contexto más amplio para comprender el significado y la finalidad de la encarnación humana como medio para el despertar del alma. Para mí, era una respuesta más clara a la pregunta de por qué un alma elegiría entrar en una conciencia y una realidad limitadas.

El relato de Gerod también subrayaba y reafirmaba la libertad del alma como parte de su naturaleza esencial y fuente de su poder. El acuerdo no hacía libres a las almas, sino que reconocía su libertad como condición absoluta de la encarnación humana. Aunque la conciencia del alma se velara, no renunciaba ni perdía su libertad al encarnarse. Esta era la exigencia de la Luz, según Gerod, como parte del acuerdo con la oscuridad. La libertad del alma no podía ser retirada o suspendida. Incluso si un alma entraba en la oscuridad, tenía que ser por su propia voluntad. Y si un alma se enredaba en la oscuridad, o perseguía voluntariamente el poder de la oscuridad, seguía siendo libre en todo momento (en caso de que pudiera encontrar su camino despejado) de hacer una nueva elección y volver a la Luz.

El Verdadero Mal
La historia del acuerdo de Gerod se contó en términos míticos. Es la única forma que tenemos de hablar de tales fuerzas y realidades mayores. Como todos los mitos cósmicos, era una historia de comienzos y de la relación del hombre con el Creador y entre ambos. No son el tipo de historias que uno intenta demostrar en términos empíricos. Hablar a estos niveles puede convertirse fácilmente en algo antropomórfico y egocéntrico, que presenta a Dios a nuestra imagen y semejanza, y no al revés. Son, más bien, relatos de verdades espirituales.

Tardé un tiempo en aceptar la idea del acuerdo y las verdades espirituales que implicaba. Exigía un cambio radical en mi punto de vista sobre las almas y la encarnación humana, sobre la conciencia y la elección centradas en el ego y en el alma, y sobre la relación entre la oscuridad y la Luz. El acuerdo también reformuló el problema del mal dentro de esta perspectiva más amplia y trazó la distinción entre la oscuridad y el mal de forma aún más clara. La oscuridad era un caos devorador, una fuerza que consumiría todas las almas, y al propio Creador, si pudiera. El mal, por su parte, se refería a las almas que, viviendo en la oscuridad, transgreden el acuerdo tomando la energía de otra alma y obteniendo el control mediante el engaño y la manipulación.

Satanás ha sido llamado *el padre de la mentira*. El acuerdo, con su garantía de la libre elección de cada alma, explicaría lo que le ha valido ese nombre. Puesto que no se puede obligar a un alma a someterse, el diablo debe tener un modo de persuadir a un alma para que diga sí a su interferencia. Las almas oscuras pueden prometer a una persona la inmortalidad, la liberación del dolor, el poder sobre sus enemigos o la protección contra cualquier daño. No todas son mentiras. Hay algo de verdad en cada promesa, pero son verdades a medias. El alma ya es inmortal, así que, en la promesa de inmortalidad, a la persona se le "da" algo que, como alma, ya posee. Un alma puede encontrar alivio del dolor en la oscuridad, pero sólo sacrificando su conciencia. Las almas oscuras ejercen poder, pero es un poder tomado de almas encarnadas que ha sido retorcido y distorsionado en la oscuridad. La mentira central, sin embargo, en el corazón de cada engaño y trato es que una vez que un alma está de acuerdo, ya no es libre.

Esta conexión entre el mal y la transgresión de la libertad de un alma hacía eco a lo que Gerod había dicho en diferentes ocasiones sobre los espíritus oscuros y la verdadera naturaleza del mal.

Sesión 5 -29 de enero de 1988

Un espíritu verdaderamente maligno deseará poseer porque no quiere permitirte ninguna libertad de voluntad.

Volviendo a un pasaje citado anteriormente:

Sesión 122 -1 de diciembre de 1989

El verdadero mal es cuando deseas interferir con el libre albedrío y las elecciones de otra persona. Esto es lo que es el mal, y luego es algo que puede expresarse de muchas maneras diferentes, pero ésos son sus principios básicos... porque ésa es la promesa que Dios nos dio a todos: que tenemos libre albedrío, la capacidad de crear nuestra vida de cualquier manera que sea apropiada para nosotros. Cuando le quitas ese derecho a cualquier individuo o a cualquier alma, entonces has creado lo opuesto a lo que ha sido prometido. Le has quitado eso e interferido con su derecho básico como ser existente. Ahí es donde el mal puede entrar en escena, porque es un acto de control y manipulación que tiende a interferir con lo que debería ser.

A lo largo de los meses, quedó claro que, de acuerdo a Gerod, la transgresión de la libre elección de otra alma era algo que caracterizaba al mal. Un alma que transgrede a otra alma está violando su propia naturaleza, y sólo puede hacerlo adentrándose en la oscuridad, creando una separación de su propia luz. Esta comprensión también reveló una relación más compleja y simbiótica entre la oscuridad y el mal creada por las almas en la oscuridad.

Sesión 321 -19 de noviembre de 1993

T. Gerod, he pensado mucho en la distinción o diferencia entre la oscuridad misma y las almas alineadas con la oscuridad. Parece que estás diciendo que ambas son agentes activos.

G. Sí. Como hemos dicho antes, la oscuridad en sí no es mala. No es el activador de los acontecimientos per se. Lo que hace es consentir hasta cierto punto las acciones de quienes habitan en ella. A menudo, cuando utilizo el término "oscuridad", es un término general, un término genérico, para incluir y describir las actividades que tienen lugar en todos sus niveles.

T. ¿Es la propia oscuridad la que emite el mensaje o la llamada a las partes del alma? ¿O son las almas alineadas con la oscuridad las que están enfocadas en tomar pedazos de energía del alma?

G. La oscuridad es muy parecida a un humano que no desea asumir responsabilidades. Quiere lograr un resultado, pero no quiere ser responsable de cómo se logra ese resultado. El objetivo de la oscuridad es consumir la Luz, erradicarla, para su supuesta auto-preservación. Los que habitan en la oscuridad son conscientes de ello, por supuesto. Se alimentan de la Luz. Se dedican a sus tareas de autoconservación sin que la conciencia de la oscuridad interfiera en sus métodos, porque sus métodos, aunque se hagan por sus propias razones, en esencia, logran el objetivo de la oscuridad.

T. Además de la captura final de un alma en la oscuridad, ¿hay algún beneficio que las almas oscuras obtengan de tener posesión de partes del alma? ¿Puede utilizar su energía o vivir de su energía o...

G. Sí. Es una fuente muy directa de energía primaria, una fuente muy directa de Luz. No consume a un ritmo rápido -cómo podría decirlo- cuando un ser en la oscuridad está drenando luz de alguien que existe en la luz, en un cuerpo físico, sólo tiene energía limitada. Un trozo de alma es como un carbón encendido. Arde mucho más tiempo, mucho más intensamente. Y cuantas más piezas juntes, más tiempo arderá. Y si decide desarrollar su propia conciencia dentro de la oscuridad, puede mantenerse generada durante mucho tiempo. Si una pieza es demasiado pequeña, sin capacidad de conciencia, puede, en esencia, quedar inactiva tras un periodo de tiempo. La energía sólo se perpetúa con éxito cuando se reestructura con su propia energía. Esta es la razón por la que una pieza es deseable, pero dos piezas son más; tres piezas son mejores, cuatro aún mejor. Así que cuanto más se pueda acumular. . . casi se hace con la idea de tomar el alma entera, pieza por pieza, hasta que se reconstruya en la oscuridad.

La capacidad de las almas oscuras para acceder a una persona a nivel psíquico era un pensamiento inquietante, pero su habilidad para manipular los estados del ego para que facilitaran trozos de energía del alma era aún más perturbador.

17

El Poder de la Luz

El alma en su manifestación en la tierra no está en absoluto desconectada de las esferas superiores. Vive en todas las esferas, aunque generalmente sólo es consciente de un nivel. Sólo nos separa un velo. La propia alma del vidente se convierte en una antorcha en su mano. Es su propia luz la que ilumina su camino. Es como dirigir un reflector hacia rincones oscuros que uno no podía ver antes.—Hazrat Inayat Khan

No Hay Trato
Intelectual y teóricamente, trabajé con la idea del *Acuerdo*. Era una forma de pensar muy diferente. Creo que lo que más me ayudó a aceptarlo fueron sus implicaciones clínicas. Encontré tres tipos de situaciones con clientes en las que se puso a prueba la afirmación de Gerod de que existe un Acuerdo entre la oscuridad y la Luz.

La primera eran las situaciones de las que hablé antes, en las que un estado del ego había hecho un trato con un espíritu amenazador o intruso. Tal y como Gerod lo describió, el Acuerdo ofrecía una nueva perspectiva sobre estos tratos. No eran simplemente una estrategia entre muchas, sino una parte necesaria de cualquier estrategia que las almas oscuras utilizaran para acceder a otra alma. Tenían que tener el permiso de esa alma para entrar en ella o adherirse a ella. La pregunta clínica era si los tratos, una vez hechos, podían deshacerse.

La respuesta de Gerod a esta pregunta fue un sí inequívoco. Consideraba los tratos entre espíritus y estados del ego como un permiso otorgado a un alma oscura para entrar por la puerta trasera. Al dirigirse a una parte vulnerable y fragmentada del alma, un alma oscura consigue un punto de apoyo y luego afirma que el trato es legítimo. Parecen seguir muy de cerca esta ley.

Sesión 313 -24 de octubre de 1993

G. Principalmente, a la oscuridad se le aplican las mismas limitaciones que a mí. Como hemos hablado, yo no puedo arrastrar a nadie hacia la Luz ni la oscuridad puede arrastrar a nadie hacia la oscuridad. No puedo interferir con un desarrollo si es esencial. Hay momentos en los que puedo ofrecer información, pero hay momentos en los que ofrecer información sería muy, muy intrusivo de mi parte. La oscuridad, en esencia, tiene esa misma limitación. Sin embargo, no es tan respetuosa con ello. La oscuridad, por así decirlo, debe mover a los individuos a elegirla porque no puede forzarlos. Pero tiene sus métodos. No elige trabajar necesariamente con la conciencia y puede elegir atrapar al alma trabajando con todos esos muchos niveles internos, con estados del ego o energías que están presentes, mientras que la Luz elegirá trabajar principalmente con el alma y con la conciencia.

T. Es como si dijeras que la oscuridad debe obedecer la ley con mucha precisión.

G. Sí. Y como tu experiencia te ha mostrado, hay muchos individuos que trabajan en sintonía con la oscuridad no por una elección consciente y no necesariamente por una elección del alma, sino porque un estado del ego puede estar alineado con la oscuridad y abrir la puerta para permitirlo. La oscuridad percibe eso como un contacto válido. Sin embargo, la Luz percibe los estados del ego no como la totalidad del Yo, sino como un fragmento del Yo y, por lo tanto, no como el que necesariamente debe hacer elecciones tan importantes. Pero la oscuridad no hace esa discriminación. Es como si la oscuridad llamara a una puerta y quienquiera que responda es suficientemente bueno.

Gerod dijo que estos acuerdos no eran válidos. Transgredían el Acuerdo original que garantizaba a cada alma su absoluta libertad de elección. Dijo que un estado del ego, como parte del alma, comparte la libertad de elección del alma. Por lo tanto, tiene el poder de terminar cualquier trato o contrato con la oscuridad en cualquier momento que elija. El problema es que los estados del ego, con su perspectiva limitada, no saben que tienen este poder. Desde su punto de vista, una vez hecho un trato, creen que no tienen más remedio que acatarlo. Gerod dice que no es así.

Lo que se necesita en estas situaciones es que el estado del ego tome conciencia de su conexión con el alma y de su libertad y poder para poner fin a cualquier trato o acuerdo que haya hecho. Una vez que el estado del ego hace eso, los espíritus pierden su permiso, y si no se van por su cuenta, pueden ser expulsados. Gerod también dijo que en estas situaciones en las que los espíritus se niegan a marcharse, el Yo Superior debería ser capaz de identificar el o los estados del ego que se están utilizando como acceso.

Esta comprensión sugirió una estrategia muy diferente para tratar con los espíritus que se negaban a irse o a desvincularse del cliente. Cambió el enfoque del tratamiento, de forzar a los espíritus a salir a encontrar su punto de acceso. Así, en lugar de luchar, Gerod sugería que descubriéramos a quién estaban utilizando para acceder y lo o los ayudáramos a deshacer cualquier trato o acuerdo. Sin acuerdo, no hay acceso. En esencia, en lugar de intentar recuperar las llaves, íbamos a cambiar las cerraduras.

Empecé a probar esta estrategia con aquellos clientes en los que los espíritus se negaban a marcharse y el Yo Superior era incapaz de expulsarlos. En algunos casos, este nuevo enfoque dio resultados inmediatos y espectaculares. Incluso los espíritus más amenazadores y resistentes fueron expulsados sumariamente o sus conexiones con la persona se cortaron una vez que los estados del ego involucrados terminaron su trato. Esta es también la razón por la que un Yo Superior, actuando por su cuenta, no puede expulsar algunos espíritus. No transgredirá el acuerdo de libre elección del estado del ego. Una vez que un estado del ego elige terminar su acuerdo, el Yo Superior es libre de expulsarlos.

Estos tratos, como era de esperar, eran contrarios a la Luz y, de un modo u otro, impedían que los estados del ego recibieran mucha Luz, si es que la recibían. Un buen ejemplo es el estado del ego de siete años del Capítulo 13 que tenía la navaja. La navaja era un artefacto oscuro. Un espíritu externo le había dado el cuchillo y mientras el niño lo tuviera, la apertura para el alma oscura estaba en vigencia. Una vez que el Yo Superior le comunicó su capacidad de sanar, el niño le entregó el cuchillo al Yo Superior, y en ese momento se terminó el acuerdo. El estado del ego de 7 años era libre de moverse, y el Yo Superior podía cortar la conexión del espíritu con el alma del cliente.

Me tomó varios años aprender los tratos, trucos y engaños que estas almas oscuras usan para comprometer un estado del ego y obtener acceso. No quiero que parezca más fácil de lo que es. Muchas veces estas intrusiones espirituales son complejas. Pueden involucrar a más de un estado del ego. Puede haber profundos enredos, como en el caso de Rhonda, cuyos ataques de pánico comenzaron después de conocer a su nuevo jefe. Los enredos pueden durar varias vidas. Lo que ha sido consistente, sin embargo, desde entonces hasta ahora, es: 1) que los espíritus intrusos necesitan permiso para acceder a una persona, y 2) cuando ese permiso se encuentra y se elimina, el Yo Superior puede expulsar a los espíritus por la fuerza, si no se van por su propia voluntad.

He visto funcionar esta estrategia tantas veces que me ha parecido una fuerte confirmación del Acuerdo. ¿Cómo explicarlo si no? No importaba qué tipo de lucha o resistencia opusieran estos espíritus oscuros, una vez que un estado del ego accedía a que fueran expulsados, eso era todo. Eran expulsados. El punto principal es que los espíritus *tenían* que irse. No tenían elección. Fue la elección del estado del ego la que desencadenó un poder que los forzó a salir. Pensé que era el poder del alma. Había estado ahí todo el tiempo, pero al parecer también respetaba la elección del estado del ego y no la anulaba. Así que una vez que el estado del ego estaba de acuerdo con la Luz del alma, entonces sus elecciones eran totalmente apoyadas y efectuadas por la Luz.

Esto es lo que el Acuerdo predecía, y es lo que vi suceder una y otra vez. Me quedó muy claro que finalmente, es la persona la que tiene el poder de decidir si un espíritu intruso se queda o se va, no el espíritu.

Rescate del Alma
La segunda confirmación que tuve del Acuerdo se refería a clientes a los que les faltaban trozos de energía del alma o estados del ego. En los primeros años, no me daba cuenta de la importancia de las partes del alma que faltaban. Simplemente me basaba en el principio general de que todas las partes de la energía del alma pertenecían al alma y que cualquier parte que faltara debía ser devuelta. A medida que aprendí sobre la necesidad de las almas oscuras de obtener energía de la Luz, y la naturaleza depredadora de su participación con las almas encarnadas, empecé a ver las piezas faltantes del alma como un asunto más crítico en el proceso de sanación. Con los clientes donde las almas oscuras estaban involucradas, empecé a prestar más atención a si faltaba alguna

parte del alma y me volví más exigente acerca de cualquier acuerdo que se hubiera hecho.

Sesión 321 -19 de noviembre de 1993

G. Fragmentos del alma son entregados a la oscuridad por muchas razones por muchas partes diferentes del alma. Cada alma, cada cuerpo, puede tener un estado del ego; puede tener alguna parte de ellos mismos que ha tomado autoridad para negociar con el diablo, por así decirlo, y han creado un trato o un contrato que la oscuridad espera que sea completamente honrado y ese estado del ego puede estar muy dispuesto a honrarlo.

Por supuesto, no es un acuerdo honorable porque no se hace en nombre de todo el Yo, sino en nombre del interés propio de una o quizás más partes de todo el Yo. Por lo tanto, se trata de un contrato que se asienta sobre bases poco sólidas. Esa es la palanca que uno tiene para renegociar. La oscuridad sabe que es un contrato inestable, por así decirlo, que no está tratando con todo el ser. Está tratando con fragmentos del Yo y por eso sólo obtiene fragmentos del alma.

Las piezas que faltaban y los tratos con estados del ego respondían a la pregunta de *cómo* las almas oscuras obtenían la energía de otra alma. Empecé a ver la actividad de las almas oscuras y sus interacciones con los estados del ego más claramente como depredadoras, y dentro de ese contexto, empecé a ver la energía del alma como una mercancía para las almas en la oscuridad.

Con aquellos clientes en los que había espíritus oscuros involucrados, empecé a prestar más atención a si faltaba alguna parte del alma -alguien o algo-. Me volví más perspicaz sobre los tratos que se habían hecho. Quedó claro que los tratos con los estados del ego no sólo consistían en *acceder* al alma, sino también en sacar energía de ella.

El Acuerdo que Gerod describió explicaba la importancia y la necesidad de los tratos de los que oía hablar a los estados del ego. La energía de un alma no podía tomarse sin más; tenía que ser entregada. Poner fin a estos tratos y cerrar el acceso era un objetivo primordial en estas situaciones. La siguiente pregunta era: ¿podía recuperarse la energía del alma que había sido tomada? Con su absoluta libertad de elección, ¿poseía un alma el poder de reclamar y recuperar la parte de su energía que le había sido arrebatada? Gerod dijo que sí, que, de acuerdo con el Acuerdo, el alma puede elegir en cualquier momento recuperar cualquier parte de su propia energía. Pero hay un inconveniente: el Yo Superior o los guías espirituales no pueden ir a la oscuridad para recuperar esas partes del alma; deben ser entregadas por las almas que las poseen.

Lo que tiene que ocurrir, dijo Gerod, es una renegociación del trato original por el que se entregó la energía del alma. Habló como si la oscuridad y las almas oscuras realmente no tuvieran elección al respecto. Era más bien como si dijera que el intercambio tenía que hacerse de manera formal. Una vez hecho, dijo, las almas oscuras involucradas *debían* renunciar a la energía del alma. No hacerlo, en ese momento, sería una violación del Acuerdo.

Sesión 321 -19 de noviembre de 1993
La renegociación la puede llevar a cabo el Yo Superior o la puede llevar a cabo, por ejemplo, el estado del ego que creó el contrato original. Si retira su apoyo, ésa es la señal clara para la oscuridad de que era y es un contrato inválido y era inválido en el sentido de que no provenía del Yo como totalidad.

Puse a prueba este procedimiento con varios clientes en los que encontramos estados del ego o trozos de energía del alma desaparecidos. En cada caso, seguí los mismos pasos básicos sugeridos por Gerod.

- Encontrar al o los estados del ego que hicieron el trato original.
- Ayudarlos a conectarse con la Luz y que hagan su elección.
- Iniciar la renegociación.
- Recibir la energía del alma como se devuelva.

Durante los años siguientes, vi cómo este proceso de rescate funcionaba una y otra vez. Una vez que un estado del ego terminaba cualquier contrato o trato con estos espíritus, pedía al Yo Superior y a los guías que utilizaran la vibración de Luz del alma para recuperar cualquier estado del ego o energía del alma que faltara. Estaba bastante claro que estos espíritus oscuros devolvían la energía del alma no porque quisieran, sino porque *tenían* que hacerlo. No sabía cómo tenía lugar esta renegociación. Sólo sabía que, en cada caso, una vez hecha, se recuperaba la energía del alma. Algunos la cedían más fácilmente que otros, pero en todos los casos que recuerdo, la energía del alma era devuelta. Incluso aquellos espíritus que se negaban e intentaban luchar o reclamar la propiedad de un alma, al final se veían obligados a entregarla. Era como si la disputa se llevase a un tribunal superior y se dictase sentencia.

Redención

La tercera situación en la que se puso a prueba la información de Gerod sobre el Acuerdo tuvo que ver con las propias almas oscuras. Antes de conocer el Acuerdo, mi método con los espíritus intrusos o adheridos consistía en hacerles mirar hacia dentro de sí mismos para que se reconectaran con su propia luz. Luego les pedía que permitieran que un maestro de la Luz se acercara y les diera información sobre su propio lugar en el reino espiritual. Este enfoque funcionó muy bien con los espíritus que estaban dispuestos a dar estos dos pasos. La promesa de redención, junto con la garantía de que podían decir que 'no' en cualquier momento, fueron fuertes alicientes para que muchos de estos espíritus permitieran un contacto inicial con la Luz. Una vez que lo hicieron, casi todos optaron por volver a la Luz.

Pero también estaban los espíritus que se negaban a dar cualquier paso. Se oponían a buscar en su interior su propia Luz, como sugería Gerod. No permitían que un maestro espiritual de la Luz se acercara a ellos, ni siquiera que les enviaran información. Aquí había un límite absoluto, y estos espíritus en la oscuridad no podían, o no querían, cruzarlo. A pesar de todas las tranquilizaciones e incentivos, seguían sin permitir ni una pizca de Luz. La mayoría tenían la impresión de que les ocurriría algo terrible si lo hacían. Algunos temían a la Luz, temían que les hiciera daño o les destruyera. Algunos estaban enfadados con la Luz y la culpaban de lo que les había ocurrido. Muchos fueron esclavizados por otras almas mediante el engaño y su propia ignorancia, y otros eran malvados y te arrancarían la garganta si pudieran. Sin embargo, lo que todas ellas tenían en común era este límite tajante entre ellas y la Luz. Éstas eran las que yo llamaba *almas oscuras*. Como era de esperar, también eran los espíritus que se negaban rotundamente a abandonar a un cliente o a cortar su conexión con el alma. También eran los que normalmente se dedicaban a robar la energía del alma.

Antes de conocer el Acuerdo, mis encuentros con estas almas oscuras solían acabar en una pelea a empujones intentando echarlas. A veces funcionaba, a veces no, o me llevaba varias sesiones. No lo consideraba óptimo. Óptimo es cuando un espíritu acepta irse por su cuenta y retira todos sus anzuelos.

Cuando conocí el Acuerdo, cambió mi forma de entender los tratos que las almas oscuras hacían con los estados del ego. Ayudar a los estados del ego a poner fin a estos tratos era mucho más eficaz, tanto para cortar los lazos con los espíritus intrusos como para avanzar en su propia sanación e integración. En algún momento, me di cuenta de que lo mismo había ocurrido con estas almas oscuras. Estaban en la oscuridad porque en algún nivel, a sabiendas o no, partes del alma habían hecho sus propios tratos o acuerdos. La razón de su rechazo absoluto de la Luz era porque ellos también habían hecho un acuerdo o acuerdos y ahora creían que no había salida. Ellos tampoco sabían de su absoluta libertad para terminar esos acuerdos. Muchos habían estado en la oscuridad durante tanto tiempo que habían olvidado la Luz.

Esta percepción cambió mi forma de acercarme a estas almas oscuras. Cuando me encontré con esta negativa absoluta, empecé a preguntar al espíritu involucrado si no podía recibir la Luz porque había un acuerdo. Un número significativo de ellos dijo que sí. Fue una confirmación en sí misma de que los acuerdos eran importantes. Fue otro caso en el que por fin hacía la pregunta correcta. A los que dijeron que sí, les dije que el acuerdo no era válido y que, como almas, eran libres de poner fin a cualquier acuerdo cuando quisieran. Esta información era nueva para ellos, y la mayoría aceptó que se les enviara más información. Una vez que dieron este paso, siguieron el mismo rumbo de otros espíritus con los que yo había trabajado. Eligieron pasar a la Luz inmediatamente o poco después de recibir la información.

Vi cómo se producía este cambio una y otra vez. Un espíritu rechaza la Luz, luego recibe información sobre el Acuerdo y entonces decide pasar a la Luz. Saber sobre del Acuerdo parecía ser el factor crítico. Una vez que sabían que podían elegir, elegían. Esto ocurría de forma tan constante que para mí era una confirmación más del Acuerdo. Funcionó. Y sigue funcionando. Si se le da una opción clara, un alma elegirá la Luz, su propia fuente. Vi que esto sucedía con espíritus que estaban profundamente enredados en la oscuridad, y también con almas malignas. Una vez que un alma decidía pasar a la Luz, estaba hecho. Sabía que algún poder debía estar imponiendo esto porque las almas en la oscuridad se resistían a devolver la energía del alma. No la entregaban voluntariamente. También bloquearon a otras almas en la oscuridad que empezaron a romper filas y aceptar información. Al final, sin embargo, no podían anular la libre elección de un alma.

18

El Alma

Los pasos que da un hombre desde el día de su nacimiento hasta el de su muerte trazan en el tiempo una figura inconcebible. La Mente Divina capta intuitivamente esa forma de inmediato, como los hombres captan un triángulo. —Jorge Luis Borges, extracto del libro *El Espejo de los Enigmas*.

No existe una regla general de método aplicable a todos los que aspiran llegar a Dios. Cada hombre debe elaborar su propia salvación, y debe elegir su propio método, aunque su elección está determinada en su mayor parte por el efecto total de las impresiones mentales (sanskaras) adquiridas en vidas anteriores. Debe guiarse por el credo de su conciencia y seguir el método que mejor se adapte a su tendencia espiritual, su aptitud física y sus circunstancias externas. La Verdad es Una, pero el acercamiento a ella es esencialmente individual. Los sufíes dicen: "Hay tantos caminos hacia Dios como almas de hombres". —Meher Baba, extracto del libro *Dios Habla*.

La Visión de Gerod

Según Gerod, cada persona es un alma, creada de Luz, que eligió encarnar y que en su mayoría ha tenido otras encarnaciones. En algún lugar de nuestros diálogos dijo que toda alma sigue anclada en la Luz cuando encarna. Es como si el alma siempre tuviera una parte de sí misma anclada en lo Divino para guiarla en la vida y llamarla a casa al morir. Como humanos, la mayoría de nosotros no podemos percibir o conocer directamente este nivel de conciencia de nuestra alma. Como condición de la encarnación, Gerod dijo que el alma acepta entrar en una conciencia limitada en la que el conocimiento directo de sí misma como la Luz está velado de su conciencia humana. Como dicen algunas culturas, al entrar en el cuerpo, el alma olvida.

Este límite de la conciencia, según Gerod, este *olvido*, es deliberado. No es un castigo, ni un exilio del Edén, ni una separación de la Luz. Por el contrario, este límite es una de las condiciones necesarias para que el alma experimente la libertad de elección. Al asumir una conciencia limitada, el alma entra en el mundo de la dualidad, Luz y oscuridad, y comienza una vida única de experiencia y elección. Es en la elección de la persona, dijo Gerod, que el alma aprende y crece en su conciencia de la Luz. En última instancia, dijo que el objetivo de cada alma es despertar conscientemente a su Unidad con Dios.

Sin este límite de conciencia, no habría desafío para el alma, ni punto de resistencia, ni espejo. No habría elección. Una persona que vive en el pleno conocimiento de la Luz del alma nunca experimentaría un problema o la necesidad de elegir. Como un bebé en brazos de su madre, la conciencia del alma permanecería en su unidad con Dios. Este conocimiento, dijo Gerod, anularía el propósito del alma de aceptar el reto de la encarnación en primer lugar. Sería como saber de antemano las respuestas del examen. No habría examen. Sin embargo, es en la prueba, dijo Gerod, que el alma crece en conciencia y conocimiento de sí misma como la Luz; es en la prueba "que llega a saber lo que es".

Para la mayoría de las almas, Gerod dio a entender que este viaje de despertar tiene lugar a lo largo de muchas encarnaciones. Como alma, cada persona lleva en su interior no sólo el conocimiento de la Luz, sino también la experiencia y la memoria del alma acumuladas a lo largo de muchas vidas. Sin embargo, al igual que ocurre con la Luz, el conocimiento directo y la conciencia de estas vidas están velados para el Yo consciente, pues de lo contrario también se frustraría el propósito del alma al encarnar.

Gerod no considera que la vida actual de una persona, o las vidas pasadas del alma, sean aleatorias o accidentales. Afirma que el alma elige cada vida con fines y objetivos específicos. Dice que cada alma lleva dentro un plan de vidas diseñado, como una secuencia de códigos, para orquestar el despertar del alma. Estas vidas se construyen unas sobre otras y el plan de cada vida mantiene al alma -si no es siempre por el buen camino -al menos en su verdadera trayectoria. Es como si en cada vida el alma enviara a su campeón al mundo de la experiencia y la elección para lograr un avance significativo en su proceso de despertar. Aunque a menudo nos sintamos como Don Quijote luchando contra molinos de viento, estamos haciendo el trabajo de nuestra alma.

Nuestra alma crece y se expande a través de nuestra experiencia. A través de una vida de pruebas y tribulaciones, alegrías y penas, éxitos y fracasos, la experiencia de una persona abre los ojos del alma a una conciencia mayor. En uno de nuestros diálogos, Gerod llamó al alma "un gigante dormido". Yo llegué a pensar en el alma como un gigante de mil ojos dormido en proceso de despertar. Abriendo un ojo en cada vida, y en algún momento, todos los ojos estarán abiertos.

Según Gerod, cada alma encarna con un proyecto para esa vida en particular. Cada alma, normalmente con la ayuda de guías de alto nivel de conciencia, elige a sus padres, junto con el conocimiento del cuerpo genético en el que encarnará. En colaboración con las almas de los padres, el alma elige el momento, el lugar y las circunstancias de su nacimiento. El proyecto también incluye las elecciones del alma sobre relaciones, acontecimientos y retos importantes que la persona experimentará durante su vida.

Gerod dijo que una vez hechas estas elecciones y concebido el feto, el alma puede entrar en el cuerpo en cualquier momento entre la concepción y los instantes posteriores al nacimiento. (El alma encarnada puede permanecer cerca de la madre durante el embarazo hasta que entra en el cuerpo, o puede permanecer concentrada en el reino espiritual hasta el momento del nacimiento. No parece haber reglas estrictas.

También puede ocurrir que un embarazo se interrumpa por enfermedad, accidente o aborto. Gerod dio la impresión de que la mayoría de las almas que encarnan en estas situaciones son conscientes de antemano de estas probabilidades. Un alma puede aceptar participar en tal desenvolvimiento sabiendo que la breve experiencia de un cuerpo físico podría ser un paso significativo en su propio aprendizaje y evolución. Puede, por ejemplo, ofrecer una lección que el alma necesita abordar sobre la unidad y la separación. La elección del alma es también participar en las lecciones que se desarrollan para las otras almas involucradas: los padres, la familia extendida y los amigos de la familia, todos los cuales se verán afectados por la pérdida del niño.

Aunque un alma toma decisiones y crea un proyecto para su próxima encarnación, eso no significa que la vida se desarrolle exactamente como estaba previsto. Una vez encarnada, el alma conserva su libertad de elección. Describe a la persona consciente como "el punto de conciencia del alma" durante esa vida, y por eso ejerce esa libre elección. Podemos ser inconscientes sobre nuestra elección, o ignorarla y negarla, o achacársela a otra persona, pero eso no lo cambia. Nosotros elegimos.

La vida que vivimos también depende de los acuerdos que hicimos con otras almas antes de encarnar. Como cada alma es libre, esos acuerdos pueden cambiar y hay que hacer nuevas elecciones. Debido al libre albedrío, no puede haber una predicción absoluta de lo que una persona elegirá y qué efecto tendrán esas elecciones en los demás y en la propia alma. Una vez encarnada, el alma puede ejercer una enorme influencia sobre el Yo consciente, pero no lo controla. Si bien el alma puede preparar el escenario, es la persona quien elige lo que sucede una vez que se levanta el telón.

En cierto modo, es como plantearle un problema a un niño, de modo que, en la experiencia de resolver el problema, el niño aprende y crece. El alma se plantea a sí misma una serie de problemas y desafíos que sabe que tendrá que superar cuando encarne. El alma utiliza las encarnaciones, por así decirlo, como una forma de hacer crecer su conciencia.

Antes he comparado el proceso con un juego en el que el alma entra en una vida con un plan, sabiendo ciertas cosas y teniendo ciertas estrategias y objetivos. Sin embargo, una vez que comienza el juego, la personalidad consciente toma las decisiones y lo lleva a cabo. Es muy posible que el juego se desarrolle de acuerdo con el plan en sus detalles más significativos, pero también puede haber desviaciones importantes.

Según Gerod, esto no es un problema. Los programas y planes de las vidas futuras de un alma no están grabados en piedra. Es más bien como un tapiz vivo. Cuando se produce una desviación significativa del proyecto debido a las elecciones de una persona, a las elecciones de otros o a acontecimientos inesperados, el alma modificará sus proyectos de vidas futuras para adaptarse a ello. El alma hace nuevas elecciones y crea nuevos caminos que se entretejerán en esas vidas para que el alma pueda alcanzar su objetivo de despertar. Gerod dijo más de una vez que no hay elecciones equivocadas. El alma aprende a través de cada experiencia y siempre es, por así decirlo, un trabajo en construcción.

Desde el punto de vista de Gerod, la vida de cada persona forma parte de la evolución de la conciencia de su alma. Considera que cada uno de nosotros vive la historia de su alma en este momento y que importa cómo la vivimos, qué elegimos y qué deseamos manifestar. Dijo que cada elección es una elección personal, pero también es una elección del alma. Muchos de los mayores retos y de las pruebas más difíciles que una persona afronta en su vida, o que puede estar afrontando ahora, muy probablemente tienen que ver con experiencias y lecciones que el alma ha elegido para sí misma en esta vida. Mi impresión luego de estas conversaciones con Gerod, fue que la mayoría de las relaciones significativas de una persona en la vida se basan en acuerdos hechos entre almas antes de encarnar.

Las implicaciones del punto de vista de Gerod son vertiginosas y, desde una perspectiva centrada en el ego, pueden ser abrumadoras. El ego no puede imaginar los niveles de conciencia y conocimiento que deben existir para que este escenario sea cierto: que las almas eligen vidas, abordan el karma, crean desafíos y llegan a acuerdos con otras almas para participar en las vidas de los demás. El único nombre que tenemos para esa conciencia es el nombre que tenemos para Dios. Esto lleva la analogía de Borges, citada al principio de este capítulo, a otro nivel. En vez de los pasos de un hombre en una sola vida, son los pasos del alma a lo largo de muchas vidas los que van trazando una figura inconcebible. Para el ego, comprender esta figura sería como intentar comprender la mente de Dios.

Cambio de Paradigmas

Este libro no pretende dar una visión teórica exhaustiva de las realidades psíquicas y espirituales. Sin embargo, defiende la existencia de estas dimensiones no físicas del Ser y de la realidad. Hay muchos fenómenos con los que me he encontrado en mi trabajo con clientes que no podrían incluirse en un solo libro. No he hablado, por ejemplo, del poder de la oración y la intención consciente, de los viajes del alma en los reinos oníricos o de la comunicación e interacción psíquicas que se producen inconscientemente entre las personas todo el tiempo. Todos estos fenómenos son importantes de reconocer, tanto en general como en términos de sanación. Sin embargo, para poder hablar de estas realidades, primero hay que reconocerlas.

En la Introducción, hablé de nuestro paradigma occidental y de sus limitaciones a la hora de abordar las realidades psíquicas y espirituales. Es un paradigma dominado por la ciencia empírica y su suposición fundamental de que la materia es la base de toda realidad. No reconocemos oficialmente la existencia de espíritus, realidades psíquicas o fuerzas sobrenaturales. Tratamos estas realidades en nuestro discurso público como si no existieran y no importaran. Las experiencias de la gente con estas dimensiones -una visión, un sueño, un encuentro, una experiencia de lo sagrado-se tratan oficialmente como si no fueran reales o significativas. Las alucinaciones, los desequilibrios químicos o la imaginación hiperactiva son algunas de las explicaciones que se dan para explicar estos fenómenos *sólo* como fantasmas mentales.

La ciencia no tiene una base empírica ni métodos para reconocer, estudiar o siquiera pensar en estas realidades invisibles. La ciencia empírica, por sus propias reglas de evidencia, ha trazado una frontera en el umbral de estos reinos no físicos y los ha declarado prohibidos. En el paradigma empírico, algo es real sólo si puede reducirse en última instancia a componentes físicos que puedan observarse, medirse y probarse experimentalmente. A la inversa, si algo no tiene masa ni medida física, entonces no es real (o debe tratarse como irreal). Desde un punto de vista estrictamente empírico, llevado a su extremo lógico, las realidades psíquicas y espirituales no existen.

Sólo con plantear la pregunta, la ciencia empírica estaría poniendo en tela de juicio la validez de sus propios supuestos, es decir, que la materia es el fundamento y la medida final de la realidad. La idea de realidades no físicas es una contradicción para la ciencia empírica y, en última instancia, la llevaría al borde de sus propios horizontes. La ciencia debe resolver esta evidente contradicción antes de poder abordar la pregunta de qué hay más allá de este horizonte, si es que hay algo. Para responder a la pregunta, creo que la ciencia tendrá que sacrificar (al menos teóricamente) el suelo sobre el que se asienta y establecer un nuevo suelo, centrado más allá de lo físico. Aún no hemos llegado a ese punto. Esta es la paradoja.

Debido a estas limitaciones, al principio de este libro pedí al lector que saliera temporalmente de nuestro paradigma occidental y de sus suposiciones sobre lo que es real. Sabía que los fenómenos y realidades sobre los que escribiría en *Sanación Centrada en el Alma* no encajarían en este paradigma. Al contrario, desafiarían y contradecirían lo que ese paradigma empírico dice que es real y verdadero. No quería que nos viéramos atrapados desde el principio en discusiones sobre lo que era real y lo que no. Si se juzgara desde un punto de vista estrictamente

El Alma

empírico, este libro no tendría ningún sentido. Sabía que nunca podría *demostrar* las realidades psíquicas y espirituales basándome únicamente en criterios empíricos. Desde mi punto de vista, sería como comparar manzanas y naranjas. Por eso, a quienes les costaba creer que esas dimensiones pudieran ser reales, les pedí que, a efectos de este libro, trataran las dimensiones psíquica y espiritual "como si" fueran reales.

Volvemos ahora sobre este punto. Lo que he escrito en este libro sobre las realidades psíquicas y espirituales no constituye una prueba empírica de su existencia. Sin embargo, yo diría que proporciona pruebas clínicas sólidas de estas realidades. También me gustaría argumentar que hay una gran cantidad de pruebas clínicas y anecdóticas procedentes de muchas fuentes diferentes.

Lo que nos falta no son pruebas, sino una forma de entender lo que las pruebas implican, lo que significan. Necesitamos un nuevo paradigma, una nueva visión de nosotros mismos que reconozca las dimensiones psíquicas y espirituales de la realidad, además de la realidad física. Sin este reconocimiento, mantendremos cerradas estas dimensiones de la realidad y seguiremos hablando de ellas como metáfora e imaginación. Mientras sea así, no comprenderemos realmente quiénes somos como almas y seres espirituales. Es vivir en la ignorancia de nuestra verdadera naturaleza. Las palabras de Teilhard de Chardin lo captan exactamente: "No somos seres humanos que tienen una experiencia espiritual. Somos seres espirituales teniendo una experiencia humana".

Creo que cuando nos cambiemos al nuevo paradigma esta visión será aceptada como un hecho, que todos somos seres espirituales, almas encarnadas. No hay almas musulmanas, almas judías o almas cristianas. No hay almas americanas, ni francesas, ni demócratas, ni republicanas. Sólo hay almas. El nuevo paradigma, creo, reconocerá que nuestra naturaleza humana es una naturaleza espiritual. Este reconocimiento a nivel cultural marcará un punto de inflexión, creo, en nuestro cambio hacia un nuevo punto de vista. En ese momento, también aceptaremos a cierto nivel que todos somos hermanos y hermanas en la Luz, y que lo que nos hacemos unos a otros o unos por otros, nos lo hacemos a nosotros mismos y para nosotros mismos. Este paso incluirá el reconocimiento colectivo de que formamos parte de una realidad trascendente que lo abarca todo.

Creo que ahora mismo estamos experimentando este cambio como cultura. Estamos cambiando nuestra forma de pensar sobre la realidad y sobre quiénes somos como individuos y como raza. No sé si estamos al borde de este cambio o nos acercamos a su umbral. Un cambio de esta magnitud se produce a lo largo de décadas o generaciones. Puede que sea dentro de tres años, puede que dentro de veinte. Pero el cambio en sí incluirá el reconocimiento público de las dimensiones psíquicas y espirituales de la realidad. También creo que reconocerá a todos los humanos como almas encarnadas. Todos somos almas que viven entre almas.

Sé que estoy hablando de grandes conceptos en términos amplios y arrolladores. Sin embargo, esta idea cuenta con el apoyo de muchos sectores, incluida la propia ciencia. Una discusión completa de este cambio de paradigma está mucho más allá del alcance de este libro. Mi propósito aquí es reconocer estas fuerzas culturales y colectivas en lugar de centrarme en ellas de forma específica. Hay muchos libros excelentes cuyos autores escriben en profundidad sobre el cambio de paradigma que ven que se está produciendo hoy en nuestra cultura occidental y en todo el mundo. Algunos ejemplos son *El Cambio de Mentalidad* de Willis Harman, *The Great Turning* (El Gran Cambio) de David C. Korten, *La Pasión de la Mente Occidental* de Richard Tarnas, *Las Conexiones Ocultas* de Fritjof Capra y *La Experiencia Akásica: la Ciencia y el Campo de Memoria Cósmica* de Ervin Laszlo.

El punto central aquí es que no podemos hablar, estudiar o poner a prueba nuestro conocimiento de estas realidades únicamente desde el paradigma empírico. No tenemos los conceptos científicos ni el lenguaje para ello. Al mismo tiempo, desde un punto de vista clínico, este libro argumenta no sólo que los fenómenos psíquicos y espirituales son reales, sino que también pueden ser una fuente primaria de enfermedad, de dolor emocional o de la confusión mental de una persona. La causa de las dificultades de una persona puede deberse a la intrusión de espíritus, o a conflictos de vidas pasadas, o a sub-personalidades que aún viven traumatizadas. Cuando se da cualquiera de estos casos, la persona necesita una forma de identificar lo que está ocurriendo a estos niveles y lo que puede hacer para resolverlo.

Al escribir este libro, me he centrado en la historia clínica: la experiencia de mis clientes y los fenómenos constantes que he encontrado en nuestras sesiones. Entre ellos se incluyen las sub-personalidades, los Yo Superiores, la participación de espíritus, los traumas de vidas

El Alma

pasadas y las fuerzas espirituales. Son fenómenos que he observado y comprobado repetidamente en mi práctica clínica durante muchos años.

Este enfoque en lo clínico más que en lo teórico refleja la tensión tradicional entre la práctica y la teoría, trabajando en las trincheras o en la torre de marfil, pero va más allá. Las implicaciones de la Sanación Centrada en el Alma conducen a un tema más amplio sobre los paradigmas y sobre qué visión de la realidad tendremos sobre el universo en el que vivimos. No vamos a ser capaces de sanar los problemas que están arraigados en estos niveles más profundos de conciencia y realidad hasta que reconozcamos que existen.

Hay otras culturas en el mundo en las que muchos de los fenómenos sobre los que estoy escribiendo (y muchos más) son conocidos y aceptados. Aunque puedan tener creencias y enseñanzas diferentes sobre estas dimensiones, estas culturas han reconocido la existencia de realidades psíquicas y espirituales durante siglos. Las fuerzas de la Luz y de la oscuridad, el contacto con los espíritus o la idea de la reencarnación, por ejemplo, no les resultan extraños, sino que los consideran parte de "las cosas como son".

En nuestra cultura, aún no disponemos de un lenguaje o marco de referencia común en el que podamos pensar y hablar de estas realidades. Creo, sin embargo, que en nuestras ciencias seguiremos empujando los límites de la materia hasta que nos veamos obligados a traspasarlos. Tal es el afán de la humanidad por conocer la verdad.

No es necesario que centremos continuamente nuestra atención consciente en estos niveles para vivir bien nuestro día a día. Sin embargo, es importante ser consciente de que estas dimensiones son inmediatas y reales y que nos afectan de diferentes maneras y en diferentes grados. Cada persona puede ser más consciente o estar más involucrada en estas dimensiones en diferentes momentos del día, en diferentes actividades o durante periodos concretos de su vida. Ya sea en la oración o en la meditación, en el pensamiento o en los sueños, o en la crisis o en el miedo, todo el mundo centra su atención en estos otros niveles de vez en cuando. Sin embargo, al igual que con nuestro cuerpo, no tenemos que estar centrados en las realidades psíquicas y espirituales para estar en armonía con ellas. De hecho, es más probable que ocurra lo contrario: cuanto más en armonía estemos con esos niveles de nuestro propio cuerpo, mente y espíritu, más libres seremos para vivir el presente.

Sanación Centrada en el Alma

La Sanación Centrada en el Alma reconoce a cada persona como un alma, un ser de Luz, que ha encarnado en esta vida con una historia y unos objetivos del alma únicos. Es un enfoque que reconoce que hay dimensiones de conciencia y realidad más allá de lo físico y más allá del alcance de la conciencia del ego. La Sanación Centrada en el Alma acepta que, como almas, existimos en estas dimensiones de forma tan real como en la física. Se denominan dimensiones *sutiles*, y ciertamente son más sutiles que lo físico, pero no por ello dejan de ser reales.

La Sanación Centrada en el Alma reconoce que existen fenómenos, condiciones, entidades y fuerzas que operan en estos niveles sutiles y que pueden causar dolor, conflicto y confusión a una persona. La Sanación Centrada en el Alma es un método para ayudar a una persona a acceder a estos niveles y trabajar terapéuticamente en ellos cuando son una fuente de dolor y angustia. La pregunta con cada cliente es si están ocurriendo cosas en estos niveles que causan o contribuyen a su dolor y angustia -físicos, emocionales o mentales.

Esto puede incluir, por ejemplo, el desencadenamiento fuerte o frecuente de estados del ego, ya sea de vidas pasadas o presentes, cuyo dolor y percepciones todavía pueden afectar a una persona muy profundamente. El problema puede ser la intrusión, a menudo profunda, de entidades externas -como espíritus -en la mente y el alma de una persona a través de vulnerabilidades psíquicas. El problema también puede ser un ataque psíquico por parte de otra persona, o un enredo en la oscuridad que el alma ha estado intentando resolver a lo largo de muchas vidas.

No existe un caso "típico" en este proceso de sanación. La historia de cada persona, su mundo interior y la historia de su alma son únicas, y el viaje de sanación de cada persona sigue su propio rumbo. Citando de nuevo a los sufíes: "Hay tantos caminos hacia Dios como almas de hombres". El objetivo del proceso de sanación no es conocer de antemano el desarrollo de la historia del alma de una persona ni predecir el curso del tratamiento. El objetivo es ayudar a la persona a entablar un diálogo consciente con los niveles normalmente inconscientes de sí misma para resolver los conflictos y bloqueos que son la fuente de su dolor, miedo o ira.

Aunque el viaje de sanación de cada persona es único, comparten estos objetivos comunes: poner las partes fragmentadas del Yo/alma en sincronía con el Yo consciente y la Luz del alma; proteger el Yo y el alma de intrusiones y transgresiones psíquicas; y conocerse a uno mismo y a los demás como seres espirituales. Esto último no es tanto un objetivo directo como un resultado natural del propio proceso de sanación. Cuando una persona se conecta con su Yo Superior, con recuerdos de vidas pasadas o con una entidad espiritual, son experiencias que llevan consigo su propia confirmación de las dimensiones psíquica y espiritual. También conllevan la convicción de la propia naturaleza espiritual.

Cuando una persona resuelve las voces contrapuestas, los desencadenantes emocionales y las percepciones erróneas, también se centra más en sí misma como ser espiritual. Este cambio de una perspectiva centrada en el ego a otra centrada en el alma es diferente para cada persona. Para algunos, es un cambio radical de pensamiento, mientras que para otros puede parecer que su centro de gravedad se ha desplazado. Otros llegan al tratamiento habiendo ya experimentado este cambio de conciencia. En general, el objetivo de la sanación es ayudar a la persona a ser más clara, centrada y segura de quién es en el presente y de quién elige ser.

No es que todas las voces y emociones tengan que resolverse antes de que la claridad y la confianza puedan comenzar. La claridad puede venir simplemente de saber qué voz es de quién, y de dónde viene: de dentro del Yo/alma o de fuera; de esta vida presente o del pasado; de la Luz y el Amor o de la oscuridad.

La claridad viene también de saber que lo que es cierto para nosotros es cierto para los demás. Nuestra familia, nuestros amigos, vecinos y extraños son almas encarnadas que también viven con voces que compiten, tormentas emocionales, percepciones erróneas y guía interior. Saber esto puede ayudarnos a mantenernos abiertos a los demás, incluso reconociendo las protecciones, defensas y limitaciones que nos mantienen enredados y atados por el miedo y la confusión. No tenemos que comprender todas las realidades y luchas internas de una persona para saber que sus sentimientos y comportamientos, como los nuestros, a menudo están impulsados por los miedos y los instintos protectores del ego. Esta claridad hace que sea más fácil en nuestra vida cotidiana responder a los demás *de alma a alma* y ser conscientes de nuestra elección entre la oscuridad y la Luz.

La Sanación Centrada en el Alma se basa en el poder sanador de la Luz. Sus técnicas y métodos son más a menudo para identificar y eliminar bloqueos, para que la Luz pueda expandirse y operar más libremente dentro del ser. El proceso es como recorrer una casa vieja, habitación por habitación, abriendo todas las contraventanas al sol de la mañana. No puedo explicar las propiedades sanadoras de la Luz, pero observo sus efectos. La Luz actúa como un principio auto-organizador y una fuerza trascendente que lleva todo lo que toca a una conciencia de Unidad y de relaciones adecuadas. El objetivo central del proceso de sanación es ayudar a una persona a conectar con la Luz y abrirse más plenamente a ella, para que la Luz pueda hacer lo que hace: ¡expandirse!

Al llevar Luz a las partes del Ser que cargan consigo dolor y al llevar Luz a las zonas del alma que se han nublado u oscurecido, la Sanación Centrada en el Alma ayuda a la persona a conocer su propia Luz. Esto no es meramente un reconocimiento cognitivo. Es una experiencia. Es un conocimiento, y la sanación misma ocurre a través de la experiencia de la persona con la Luz. Esta es la parte que no puede transmitirse a través de un libro.

En su sentido más profundo, la Sanación Centrada en el Alma consiste en ayudar a una persona a abrir y expandir su conexión con su alma. Se trata de profundizar en los canales de Luz que fluyen entre uno mismo y el alma. Y al abrirse a la propia Luz, la persona se abre a lo Divino y a la Luz de todas las almas. Es a este nivel, como diría Gerod, que conocemos la Unidad de Todo Lo Que Es.

Epílogo

Hace casi diez años que terminó mi colaboración con Gerod. Sigo hablando con él de vez en cuando sobre clientes concretos, pero ya no mantenemos el diálogo activo y la exploración de las dimensiones psíquica y espiritual.

Mi colaboración de catorce años con Gerod terminó en el 2001, y fue así por muchas razones. Continuar habría exigido llevar nuestros diálogos a un nuevo nivel, alejándome de mi trabajo como terapeuta. Para Katharine, habría supuesto una mayor exigencia de su energía. Pero, sobre todo, terminó porque tenía que digerir e integrar todo lo que había aprendido y puesto en práctica a partir de esta colaboración. Este libro es el resultado de esa reflexión y consolidación.

Durante este período, he continuado trabajando con clientes, y creo que los principios y métodos que aprendí de Gerod se mantienen bien en la práctica clínica. Los protocolos y las técnicas para trabajar con estados del ego, las vidas pasadas y los espíritus intrusos funcionan de forma coherente, y la historia del alma y el viaje de sanación de cada cliente siguen siendo absolutamente únicos.

A lo largo de este libro he hecho hincapié en que se trata de una obra clínica. Se ha centrado en la sanación y en el individuo. Hay mucho más, sin embargo, que ha sido implicado y declarado aquí que no puede seguir sin cambiar nuestro enfoque de la sanación a la metafísica. Preguntas sobre la existencia de espíritus y reinos espirituales, por ejemplo. O sobre las dimensiones oníricas, o los chakras, o las implicaciones de la reencarnación para nuestra cultura occidental. Aunque en este libro no se abordan directamente todos estos fenómenos, creo que es necesario que nos ocupemos de estas preguntas más amplias.

Cambiar creencias, abandonar tradiciones arraigadas y cambiar estilos de vida no es fácil. Me he dado cuenta de la transformación radical de la conciencia que se produciría en nuestra sociedad al reconocer estas realidades y seres no físicos. Implica una forma de pensar totalmente distinta. Reconocer las realidades psíquicas y espirituales confirmaría, en efecto, que nosotros mismos formamos parte de una imagen mucho mayor que el paradigma egocéntrico que tenemos hoy. Consciente o inconscientemente, desplazaría el centro de gravedad psicológico de las personas, del cuerpo como base de la identidad al alma/esencia que sobrevive a la muerte. Espero que este libro pueda servir de puente hacia ese nuevo paradigma y el despertar al alma.

Glosario

Alma Oscura: Estas son almas que se han separado, o de alguna manera se han aislado de la Luz -su propia Luz como alma, así como la del Creador. Existen en la oscuridad, pero como seres de Luz, cada uno todavía necesita Luz para existir y extraerá Luz de las almas encarnadas. Hay muchas maneras diferentes que han desarrollado para hacer esto.
Alter o Alter de la Personalidad: Véase *Estado del Ego*
Capa Kármica: Aquellas partes no resueltas del alma que se guardan y se vuelven latentes cuando el alma se desencarna y regresa a la Luz. Cuando el alma reencarna, esta 'bolsa' se abrirá de nuevo y al menos parte de ella puede activarse en la vida actual de la persona.
Disociación: Defensa psicológica en la que la mente crea una división para separar una experiencia traumática del Yo consciente de la persona.
Dispositivo: Energía/objetos creados por las almas que pueden ser adheridos o insertados en los niveles psíquicos o espirituales de una persona. Nuevamente, desde una perspectiva de sanación, el énfasis aquí está en los dispositivos creados por las almas en la oscuridad. Estos son los dispositivos que pueden causar angustia y dolor a una persona. Los dispositivos pueden venir en cualquier forma -un pasador de pelo, una caja con algo dentro, un juguete, o altavoces de audio. La forma no importa, sólo que el dispositivo sea aceptado. Un dispositivo es como un marcador de energía que da acceso a un alma externa o a ciertos controles dentro de una persona.
Entidad: Un ser creado por la energía del pensamiento, pero que no posee alma. Las entidades tienen una conciencia y una inteligencia limitadas, y no actúan por iniciativa propia. En la sanación, el foco de atención son las entidades creadas por las almas en la oscuridad y utilizadas contra las almas encarnadas de diferentes maneras. La mayoría de las entidades creadas en la oscuridad no pueden recibir

Luz, y no abandonarán a una persona por sí mismas. Normalmente, deben ser forzadas a irse.

Espíritus Asistentes: (*También llamados guías espirituales, maestros y sanadores*): Término general para las almas que existen en la Luz y que se centran en el reino humano para ayudar a las almas encarnadas. En la Sanación Centrada en el Alma, los espíritus asistentes son llamados para ayudar de muchas formas, desde tratar con espíritus intrusos hasta comunicarse directamente con el Yo Superior.

Espíritu Terrenal: Cuando el cuerpo muere, el alma es atraída naturalmente hacia la Luz. Sin embargo, una persona/alma puede quedar atada a la Tierra si algo interfiere con ese movimiento natural. Una muerte accidental, por ejemplo, que llega rápidamente y la conciencia de la persona permanece centrada en lo físico. Sentimientos intensos de culpa o miedo también pueden llevar a una persona, en el momento de la muerte, a alejarse de la Luz. Los espíritus terrenales suelen ser benignos y no son conscientes de que pueden ir a la Luz.

Estado del Ego: Una parte del Yo, una sub-personalidad, creada con el propósito de autoprotegerse durante una experiencia en la que una persona ya no puede tolerar conscientemente lo que está sucediendo. De esta disociación resulta un estado del ego, y es el estado del ego el que vive el trauma. Una vez que es seguro para que el Yo vuelva a ser consciente, el estado del ego se traslada al inconsciente. Continúa existiendo como *una entidad consciente en su propia realidad*. Los estados del ego se comprenden mejor como seres psíquicos, aunque con conciencia limitada.

Estado del Ego de Vida Pasada: El mismo tipo de ser psíquico que un estado del ego de vida presente. Sólo que se trata de un estado creado en una vida pasada o diferente y que permanece sin resolver en el alma. Se trabaja con él de la misma manera que con un estado del ego de la vida presente, sólo que su integración tiene lugar a nivel del alma y no en la conciencia actual.

Etérico: En la literatura esotérica, se refiere a los niveles de energía sutil, los más cercanos al cuerpo físico. Los chakras, el aura, los meridianos, por ejemplo, existen y operan en niveles etéricos. El etérico también se describe como un nivel intermedio entre los reinos físico y psíquico. En este libro, se considera que los estados del ego existen en un nivel etérico/psíquico. Interactúan con los niveles físico y etérico del cuerpo y, como seres conscientes, también operan a un nivel psíquico.

Fragmentar el Alma: Técnica utilizada por las almas en la oscuridad para crear una entidad a partir de fragmentos de la energía de un alma. La entidad resultante creería entonces que es una creación de la oscuridad, y no sería consciente de la luz del alma como su verdadera fuente. Como sigue siendo parte del alma, es libre de elegir la Luz y volver a su propia alma una vez que descubra su verdadera naturaleza.

Karma: La ley de causa y efecto. Cosechamos lo que sembramos. El karma es lo que llega a nosotros como resultado de nuestras propias acciones, ya sea en esta vida presente o de otras vidas del alma.

Paradigma: Visión del mundo de una cultura en la que sus miembros comparten suposiciones, verdades y creencias básicas sobre lo que es real. Cada cultura vive dentro de un paradigma y, a medida que una cultura crece y se hace más compleja, un nuevo paradigma sustituirá y superará al antiguo.

Plano Astral: Término genérico que designa aquellas dimensiones o planos de existencia no físicos en los que existen almas y entidades desencarnadas fuera del reino espiritual de la Luz. Puesto que la cultura occidental no reconoce estas realidades, no tiene una definición o delimitación clara de estas dimensiones. Esto es algo que podemos aprender de las tradiciones orientales.

Punto de Conexión: Es un punto en el cuerpo, normalmente en el centro del corazón, donde el alma se une por primera vez al cuerpo cuando se encarna. Es el alma la que da energía al cuerpo, y el punto de conexión es su referencia primaria. Cuando se unen, Gerod dice que el alma y el punto de conexión forman un diamante. Sin embargo, una vez unidos, pueden separarse con fines de protección. Cuando esto ocurre, parece causar algún nivel de interrupción o disminución en la conexión Yo/alma.

Señalización Ideomotora: Técnica hipnótica que utiliza señales no verbales -generalmente movimientos de los dedos o de la cabeza- para comunicarse con la mente inconsciente del individuo. El doctor Milton Erickson desarrolló esta técnica, que fue definida con más detalle por David Cheek y Leslie LeCron.

Sub-personalidad: Véase *Estado del Ego*.

Trastornos Disociativos: Los trastornos disociativos se denominan así porque se caracterizan por una disociación o interrupción de los aspectos fundamentales de la conciencia despierta (como la identidad personal, la historia personal, etc.). Los trastornos disociativos se presentan en muchas formas, la más famosa de las cuales es el Trastorno de Identidad Disociativo (antes conocido como Trastorno de Personalidad Múltiple). Se cree que todos los trastornos disociativos tienen su origen en un trauma vivido por el individuo que los padece. Se cree que el aspecto disociativo es un mecanismo de afrontamiento: la persona se disocia literalmente de una situación o experiencia demasiado traumática para integrarla con su Yo consciente. Los síntomas de estos trastornos, o incluso uno o más de los trastornos en sí, también se observan en otras enfermedades mentales, como el trastorno de estrés postraumático, el trastorno de pánico y el trastorno obsesivo compulsivo. (De PSYweb.com)

Yo Superior: Una parte del Yo creada por el alma y proyectada en la vida presente de una persona. El Yo Superior es consciente de sí mismo como parte del alma, y es consciente también de la realidad presente de la persona. Conoce la vida presente y la historia del alma de la persona. Sabe lo que es de la Luz y lo que no lo es. Y sabe qué es parte del alma y qué o quién no lo es. Es un aliado primario en el proceso de Sanación Centrada en el Alma.

Zona Oscura (Lado Oscuro): Una región interior de la mente donde no hay Luz. Todo el mundo pasa periódicamente por su zona oscura. Dependiendo de la persona, esa estancia en la oscuridad puede ser relativamente fácil o extremadamente dolorosa. El Yo consciente puede incluso quedar atrapado en esta zona oscura.

Notas

Capítulo 1: Mundos dentro de otros Mundos
1. Singer y Pope, eds., *El Poder de la Imaginación Humana*, 127.
2. Hoy se llama Sociedad Internacional para el Estudio del Trauma y la Disociación.

Capítulo 2: Terapia de Estados del Ego
1. John G. Watkins, *Técnicas Hipnoterapéuticas*, vol. 1, 50.
2. Ibid.
3. John G. Watkins y Helen H. Watkins, *El Manejo de Estados del Ego Malintencionados en el Trastorno de Personalidad Multiple*. 67.
4. John G. Watkins, *Técnicas Hipnoterapéuticas*, vol. 1, 51.
5. Carl G. Jung, *Dos Ensayos sobre Psicología Analítica*, 80.
6. John Rowan, *Sub-Personalidades: Las Personas dentro de Nosotros*, 8.
7. Ernest Rossi y David Cheek, *Terapia Mente-Cuerpo*, xxf.
8. Milton H. Erickson, Ernest Rossi y Sheila Rossi, *Realidades Hipnóticas*, 80.
9. Ernest Rossi y David Cheek, *Terapia Mente-Cuerpo*, 16-18.
10. Charles Cooke y A. E. Van Vogt, *El Manual del Hipnotismo*, 122.
11. Ernest Rossi y David Cheek, *Terapia Mente-Cuerpo*, 12.
12. Ibid.
13. Ibíd., 14.

Capítulo 3: En un Callejón sin Salida
1. John G. Watkins y Helen H. Watkins, *Estados del Ego: Teoría y Terapia*, 49.

Capítulo 4: En la Frontera del Espíritu
1. Malachi Martin, *El Rehén del Diablo*, 24.
2. Robert Monroe, *Viajes Lejanos*, 3.

Capítulo 6: Espíritus Terrenales
1. Robert Monroe, *Viajes lejanos*, 153.
2. Raymond Moody, *Reflexiones Sobre la Vida Después de la Vida*, 18-21.
3. Scott Rogo, *Frontera Infinita*, 298.
4. Melvin Morse, *Más Cerca de la Luz*, 120.
5. Wilson, *Vida Después de la Muerte*, 215-16.
6. Ibid., 225.

Capítulo 7: El Despertar
1. Edith Fiore, *La Posesión*, 14.
2. Ibid., 134-39.
3. Ibid., 132.

Capítulo 8: A través del Espejo
1. Esta es una copia literal de mis notas durante la sesión con Marta. En este caso y en los siguientes que presento, utilizaré mis notas para dar al lector una idea de lo que comparte el cliente.

Capítulo 10: El Yo Superior
1. Ralph B. Allison, *Un Nuevo Enfoque de Tratamiento para Personalidades Múltiples*, 15-32.
2. Ralph B. Allison, *Asistentes Espirituales que he Conocido*, 4-5.

Capítulo 11: Sanación Centrada en el Alma
1. Puede resultar que la probabilidad de que existan diferentes formas de estados del ego dependa de la cultura a la que pertenezca una persona. Para los nativos americanos, por ejemplo, las formas animales pueden ser más comunes que en nuestra cultura occidental.
2. Mucha gente piensa que la memoria es sólo visual. Tengo que decir a mis clientes, cuando empezamos el trabajo interior, que la memoria puede codificarse de distintas formas: visual, auditiva, cinestésica, emocional o cualquier combinación de ellas. Tengo clientes cuya memoria se comparte como una reproducción de vídeo en Tecnicolor. El recuerdo es tan nítido que el cliente puede relatar hasta el más mínimo detalle a medida que se desarrolla la escena. El recuerdo, sin embargo, puede ser limitado para los clientes que sólo reciben una imagen instantánea, o una oleada de emoción, o experimentan un dolor físico sin imágenes.

Capítulo 14: Vidas Pasadas: El Tejido de las Historias del Alma

1. Existen innumerables libros y artículos en los que encontramos estos ejemplos y estudios. La obra de Ian Stevenson y el libro *Los Ciclos de la Vida* (*Lifecycles*), de Christopher Bache, son dos buenos puntos de partida.

Bibliografía

Allison, Ralph B. "A New Treatment Approach for Multiple Personalities." *American Journal of Clinical Hypnosis* 17 (1974): 15–32.

———. "Spiritual Helpers I Have Met." *Association for the Anthropological Study of Consciousness Newsletter* 6 (1985): 4–5.

Assagioli, Roberto. *Psychosynthesis*. New York: Penguin Books, 1965.

Bache, Christopher. *Lifecycles: Reincarnation and the Web of Life*. New York: Paragon House, 1994.

Barnett, E. A. *Analytical Hypnotherapy*. Kingston, Ontario: Junica, 1981.

Brennan, Barbara. *Hands of Light*. New York: Bantam Books, 1987

Berne, Eric. *Transactional Analysis in Psychotherapy: A Systematic Individual and Social Psychiatry*. New York: Grove Press, 1961.

Braude, Stephen. *First Person Plural: Multiple Personality and the Philosophy of Mind*. Lanham, Maryland: Rowman & Littlefield, 1995.

Capra, Fritjof. *The Hidden Connections*. New York: Doubleday, 2002.

Castle, Kit, and Stefan Bechtel. *Katherine, It's Time*. New York: Harper & Row, 1989.

Cheek, David. *Hypnosis: The Application of Ideomotor Techniques*. Boston: Allyn & Bacon, 1993.

Cooke, Charles Edward, and A. E. Van Vogt. *The Hypnotism Handbook*. Alahambra, CA: Borden, 1965.

Denning, Melita, and Osborne Phillips. *Astral Projection*. St. Paul: Llewellyn, 1979.

Ellenberger, Henri. *The Discovery of the Unconscious: The History and Evolution of Dynamic Psychiatry*. New York: Basic Books, 1970.

Erickson, Milton H. *The Nature of Hypnosis and Suggestion*. The Collected Papers of Milton H. Erickson on Hypnosis, vol. 1. New York: Irvington, 1980.

Erickson, Milton H., Ernest Rossi, and Sheila Rossi. *Hypnotic Realities: The Induction of Clinical Hypnosis and Forms of Indirect Suggestion*. New York: Irvington, 1976.

Evans-Wentz, W. Y, trans. *The Tibetan Book of the Dead*. New York: Oxford University Press, 1960.

Fiore, Edith. *The Unquiet Dead: A Psychologist Treats Spirit Possession.* New York: Doubleday, 1987.

Fuller, John G. *Ghost of the 29 Megacycles.* New York: New American Library, 1986.

———. *The Interrupted Journey: Two Lost Hours Aboard a Flying Saucer.* New York: The Dial Press, 1966.

———. *Incident at Exeter: The Story of Unidentified Flying Objects over America Today.* New York: G. P. Putnam & Sons, 1966.

Gerber, Richard. *Vibrational Medicine.* Rochester, VT: Bear & Company, 1988.

Grof, Stanislav. *The Holotropic Mind.* San Francisco: Harper, 1993.

Harmon, Willis. *Global Mind Change: The Promise of the 21st Century.* 2nd ed. San Francisco: Berret-Koehler, 1998.

Harner, Michael. *The Way of the Shaman: A Guide to Power and Healing.* New York: Bantam Books, 1980.

Hopkins, Budd. *Intruders: The Incredible Visitations at Copley Woods.* New York: Random House, 1987.

Jacobi, Jolanda. *Complex, Archetype, Symbol in the Psychology of C. G. Jung.* Princeton, NJ: Princeton University Press, 1959.

Jung, Carl G. *Two Essays on Analytical Psychology.* New York: World Publishing Company, 1953.

———. *Analytical Psychology: Its Theory and Practice.* New York: Vintage Books, 1970.

———. *The Structure and Dynamics of the Psyche.* R.F.C. Hall, trans. Princeton, NJ: Princeton University Press, 1960.

Kardec, Allan. *The Spirits' Book.* Revised edition. São Paulo, Brazil, 1857.

Kaye, Maribeth, and Lawrence Klein. "Clinical Indicators of Satanic Cult Victimization." Paper presented at the Fourth International Conference on Multiple Personality/Dissociation, Chicago, 1987.

Keyes, Daniel. *The Minds of Billy Milligan.* New York: Random House, 1987.

Laszlo, Ervin. *Science and the Akashic Field: An Integral Theory of Everything.* Rochester, VT: Inner Traditions, 2004.

Korten, David C. *The Great Turning: From Empire to Earth Community.* San Francisco: Berritt-Koehler, 2006.

Leadbetter, C. W. *The Chakras.* Wheaton, IL: Theosophical Publishing House, 1927.

Lenz, Frederick. *Lifetimes: True Accounts of Reincarnation.* New York: Bobbs-Merrill, 1979.

Martin, Malachi. *Hostage to the Devil.* New York: Harper & Row, 1976.

McClain, Florence Wagner. *A Practical Guide to Past Life Regression.* St. Paul, MN: Llewellyn, 1997.

Monroe, Robert. *Far Journeys.* New York: Doubleday, 1985.

Moody, Raymond. *Life after Life: The Investigation of a Phenomenon—Survival of Bodily Death*. Atlanta: Mockingbird Books, 1975.

———. *Reflections on Life After Life*. New York: Bantam Books, 1977.

Morse, Melvin. *Closer to the Light*. Boston: G. K. Hall, 1991.

Oschman, James. *Energy Medicine: The Scientific Basis*. New York: Churchill, Livingstone, 2000.

Richelieu, Peter. *A Soul's Journey*. Garden City, NY: Doubleday, 1973.

Ring, Kenneth. *Life at Death: A Scientific Investigation of the Near-Death Experience*. New York: Quill, 1982.

Roberts, Jane. *Seth Speaks*. New York: Bantam Books, 1972.

Rogo, Scott. *Infinite Boundary*. New York: Dodd, Mead, & Co., 1987.

———. *Leaving the Body: A Complete Guide to Astral Projection*. New York: Prentice Hall, 1983.

———. *The Search for Yesterday: A Critical Examination of the Evidence for Reincarnation*. Englewood Cliffs, NJ: Prentice-Hall, 1985.

Roll, William G. *The Poltergeist*. New York: Nelson Doubleday, 1972.

Rossi, Ernest, and David Cheek. *Mind–Body Therapy: Methods of Ideodynamic Healing in Hypnosis*. New York: W. W. Norton, 1988.

Rowan, John. *Subpersonalities: The People Inside Us*. London: Routledge, 1990.

———. *Discover Your Subpersonalities: Our Inner World and the People in It*. London: Routledge, 1993.

Singer, Jerome L., and Kenneth S. Pope, eds. *The Power of Human Imagination: New Methods in Psychotherapy*. New York: Plenum Press, 1978.

Tigunait, Pandit Rajmani. *The Eleventh Hour*. Honesdale, PA: Himalayan Institute, 2004.

Watkins, John G. *Hypnotherapeutic Techniques*. New York: Irvington, 1986.

Watkins, John G., and Helen H. Watkins. "The Management of Malevolent Ego States in Multiple Personality Disorder." *Dissociation* 1 (March 1988): 67–72.

———. *Ego States: Theory and Therapy*. New York: W.W. Norton, 1997.

Wilson, Colin. *Afterlife*. Garden City, NY: Doubleday, 1987.

www.ingramcontent.com/pod-product-compliance
Lightning Source LLC
Chambersburg PA
CBHW071144160426
43196CB00011B/2004